Ludmila Sokolowa • Heiner Zeller

Ключи 1

Ein Russischlehrwerk für Erwachsene

Lehrbuch

Max Hueber Verlag

Beratende Mitarbeit

Dr. Brigitta Godel, Europabeauftragte für das Russischzertifikat der WBT und wissenschaftliche Mitarbeiterin am Bundesinstitut für ostwissenschaftliche und internationale Studien in Köln

Ingrid Junesch, wissenschaftliche Angestellte und Dozentin für Russisch am Sprachenzentrum der Universität Stuttgart, Leiterin von Aus- und Fortbildungsseminaren des Volkshochschulverbandes Baden-Württemberg

Dr. Nadja Naumann, Fachbereichsleiterin Fremdsprachen an der Volkshochschule Dresden, Leiterin von Aus- und Fortbildungsveranstaltungen des Volkshochschulverbandes Sachsen

Das Werk und seine Teile sind urheberrechtlich geschützt.
Jede Verwertung in anderen als den gesetzlich zugelassenen
Fällen bedarf deshalb der vorherigen schriftlichen
Einwilligung des Verlags.

Hinweis zu § 52a UrhG: Weder das Werk noch seine Teile dürfen ohne
eine solche Einwilligung überspielt, gespeichert und in ein Netzwerk
eingespielt werden. Dies gilt auch für Intranets von Firmen und von Schulen
und sonstigen Bildungseinrichtungen.

| 5. 4. 3. | Die letzten Ziffern |
| 2010 09 08 07 06 | bezeichnen Zahl und Jahr des Druckes. |

Alle Drucke dieser Auflage können, da unverändert,
nebeneinander benutzt werden.
1. Auflage
© 2001 Max Hueber Verlag, 85737 Ismaning, Deutschland
Verlagsredaktion: Gaby Bauer-Negenborn M.A., Weßling
Umschlaggestaltung: Bettina Kammerer, München
Fotos: Wjatscheslaw Mitrochin, Orjol
Zeichnungen: Svetlana Gilenko, Ulm
Druck und Bindung: Ludwig Auer GmbH, Donauwörth
Printed in Germany
ISBN 3-19-004471-6

Введение

Здравствуйте!

Меня зовут Людмила Соколова. Я – русская, eine russische Deutschlehrerin aus Lipezk (450 km südöstlich von Moskau).

Hallo!

Ich bin Heiner Zeller, немецкий учитель русского языка. Ich habe sechs Jahre in Russland gelebt und gearbeitet.

Über dieses Buch haben wir lange diskutiert und manchmal auch gestritten: Wie können erwachsene Deutsche in der Volkshochschule am interessantesten Russisch lernen? Warum wollen sie überhaupt gerade Russisch lernen?

Tja – warum lernen Sie Russisch?

Ludmila und ich – wir denken, dass Sie sich für Russland interessieren, ein Land, das die meisten Deutschen anzieht und, zumindest den älteren, gleichzeitig immer noch ein bisschen unberechenbar und gefährlich vorkommt, ein Land, in dem das schreckliche Experiment des Kommunismus in Kontrast zu einer Herzlichkeit steht, nach der wir Deutschen uns sehnen, weil sie uns bereichern könnte.

Wir freuen uns, dass Sie sich Russland über seine Sprache nähern möchten und haben uns angestrengt, diese Annäherung unterhaltsam und effektiv zu gestalten. Gleichzeitig möchten wir Ihnen auch den emotionalen Zugang zur Wirklichkeit in Russland ermöglichen: In jeder Lektion können Sie ein weiteres Stück Russland entdecken und erleben. Dazu müssen Sie sich natürlich bemühen, die Andersartigkeit, die Ihnen begegnen wird, auch in sehr einfacher sprachlicher Form zu spüren. Machen Sie sich Ihre Gedanken über das, was Sie lesen. Und scheuen Sie sich nicht, an den Kursabenden Fragen zu stellen. Ihre Kursleiterin oder Ihr Kursleiter wird sich darüber freuen, denn der Abend wird durch eine kleine Diskussion viel unterhaltsamer. Und Sie werden sich wundern, wie viel leichter Sie auf diese Art behalten, was Sie gelernt haben.

Справка, einen landeskundlichen Nachschlageteil, finden Sie im Anhang ab Seite 188. Dort gibt es genauere Erläuterungen zu den manchmal schon sehr andersartigen Verhältnissen in Russland, unterhaltsam geschrieben mit vielen interessanten Hinweisen. Die Informationen sind lektionsweise geordnet, Sie finden sie also leicht. Справка eignet sich auch ganz einfach zum Schmökern, z.B. auf dem Weg zum Kurs oder zur Arbeit.

Auf der Umschlaginnenseite vorne im Buch finden Sie das russische Alphabet – das hilft in den ersten Wochen. Im Anhang gibt es eine Zusammenfassung der Grammatik, in der alle in **Ключи 1** vorkommenden Themen kompakt und übersichtlich zum bequemen Nachschlagen dargestellt sind.

Und ganz zum Schluss folgt noch ein Wörterverzeichnis – falls Sie doch mal eine Vokabel vergessen sollten. Internationale Wörter sind darin nur aufgenommen, wenn man sie nicht erschließen oder sie falsch verstehen kann. Bei den Vokabeln gibt es noch eine Besonderheit: Damit die Texte nicht langweilig werden, haben wir auch Wörter gebraucht, die nicht so häufig vorkommen. Diese Vokabeln sind (ab Урок 4) mit einem ° versehen. Sie brauchen sie nicht zu lernen. Es genügt, wenn Sie sie verstehen.

Arbeitsanweisungen und Grammatik haben wir so erklärt, dass Sie verstehen, warum Sie eine Übung machen sollen und wozu Sie die Grammatik benutzen können, die Sie büffeln sollen. So können Sie auch selbstständig nacharbeiten, wenn Sie einmal einen Abend versäumt haben.

Zu Beginn des Arbeitsbuches finden Sie weitere Hinweise, wie Sie sich das Lernen erleichtern können.

Wie ist **Ключи** aufgebaut?

Jede Lektion (ab Урок 2) bietet drei Texte zu einem Thema, die Ihnen ein Stück Russland erschließen können. Diese Texte sollen Sie wirklich informieren, rühren, bewegen und nicht als Verpackung für neue Vokabeln und Grammatik dienen. Deshalb finden Sie vor den Texten А und Б jeweils eine Vorbereitung (Подготовка) mit Übungen, in denen Sie das neue Material kennen lernen. Dann können Sie sich beim Text selbst auf den Inhalt konzentrieren. Text В verstehen Sie ohne Vorbereitung.

Bei den Übungen, auch bei denen im Arbeitsbuch, ist das Wichtigste, dass Sie mitdenken: Warum haben die Autoren genau diese Übung gemacht? Was soll ich damit lernen? Brauche ich sie wirklich? Kann ich sie vielleicht weglassen? Übrigens: Auch die meisten Übungen enthalten Informationen und Botschaften aus Russland. Sie nehmen sich selbst ein Vergnügen, wenn Sie versuchen, sie nur mechanisch zu lösen – und Sie behalten weniger!

Und was ist das mit dem Zertifikat?

Sie müssen natürlich kein Russischzertifikat erwerben. Aber **Ключи** ist so geschrieben, dass Sie sich damit auf die Zertifikatsprüfung vorbereiten können. Und Sie lernen nach im Europarat verabredeten, für alle Sprachen gültigen Lernzielen.

Wird **Ключи** für Sie der Schlüssel zu Russland werden? Wir wünschen uns das sehr und freuen uns, wenn Sie uns schreiben. Viel Erfolg!

Людмила Соколова & Heiner Zeller

Symbole und Piktogramme

- Wenn Sie dieses Symbol sehen, wissen Sie, dass sich ein Text oder eine Übung auf den Tonträgern befindet.

- Dieses Piktogramm steht immer dann, wenn Sie zu zweit oder in Gruppen arbeiten sollten.

- Schriftliche Übungen erkennen Sie an dem Stift.

- Die Zwiebeltürmchen machen Sie auf Zusatzinformationen in der Справка aufmerksam. Schlagen Sie auf den Seiten 188–210 nach.

- Вечно хранить! (Ewig bewahren!) sollten Sie alle grammatischen Grundmuster. Der Stempel mit dem Siegel weist Sie darauf hin.

- AB 1/2 Übungen im Arbeitsbuch sollten Sie immer dann einschieben, wenn Sie dieses Symbol am Rand entdecken.

- ! Damit Sie die Grammatik auch wirklich beachten, steht das Ausrufezeichen am Ende jeder Lektion bei Грамматика – не беда! (Grammatik ist doch kein Unglück!)

Inhalt

Содержание

Lektion	Worüber ich etwas erfahre und was ich auf Russisch sagen kann	Welche grammatischen Formen ich dazu übe	Seite
1 Привет!	Denken – fragen – handeln – verstehen – damit geht's los! Und natürlich mit den Buchstaben. Sie sagen, was interessant ist und führen Ihr erstes Gespräch.	Die zwei Konjugationen, nach denen sich die meisten russischen Verben richten.	7
2 Первое знакомство	Besuch aus Moskau! Wie man jemanden begrüßt, sich vorstellt, sagt, wo man wohnt und andere danach fragt.	Die Deklination der Substantive im Femininum Singular.	15
3 В Москве	Ein Russischkurs fährt nach Moskau und plant das Besichtigungsprogramm. Erste Kontakte mit Russen, Familienmitglieder vorstellen. U-Bahn fahren.	Die Zahlen bis 12. Die Deklination im Maskulinum und Neutrum Singular. Unregelmäßige Verben.	25
Тест № 1	Die Stunde der Wahrheit! Was haben Sie tatsächlich gelernt? Nicht ganz einfach, aber schaffen können Sie es ohne Weiteres!		39
4 В гостях у московской семьи	Wohnverhältnisse in Russland und bei uns. Zu Gast in einer russischen Familie. Und warum Herr Krämer SOS funkt.	*Etwas haben/besitzen*. Einige häufige unregelmäßige Verben.	43
5 Спальный вагон в Липецк	Einkommen und Lebensbedingungen. Wie man sich in Metro und Eisenbahn zurechtfindet und ein komplizierteres Gespräch bewältigt.	Die Zahlen bis 30. Der Plural der Substantive und Possessivpronomen.	55
6 В Липецке	Arbeitsmarktsituation in einer Provinzstadt und warum sie so ist. Unbeabsichtigte Taktlosigkeit. Zeitungsartikel verstehen und im Restaurant bestellen.	Die Zahlen bis 1.000.000, Zahlwörter und Kasus der Substantive.	69
Тест № 2	Wenn Sie mitdenken und nicht mechanisch antworten, ist es gar nicht so schwer. Stimmt's?		83
7 8 Марта	Russische Feiertage. Warum Frau Куликова weint und wie man über die Gründe reden kann. Pläne für die Zukunft machen.	Das Futur.	87

пять

Lektion	Worüber ich etwas erfahre und was ich auf Russisch sagen kann	Welche grammatischen Formen ich dazu übe	Seite
8 Средний класс	Wieso es Igor Gorschkow heute viel besser geht als früher. Was er und sein deutscher Freund in Moskau unternehmen.	Das Präteritum.	101
9 Учительница из Минусинска	Die Lehrerin Soja Kisljakowa bekommt kein Gehalt, arbeitet aber weiter. Ein trauriger Brief nach Grimma. Lebensbedingungen in der sibirischen Provinz.	Die Deklination der Adjektive im Singular. Ordnungszahlen und Pronomen.	115
Тест № 3	Einen unbekannten Text von der Kassette oder CD zu verstehen – macht das nicht auch Spaß?		129
10 Мы помогаем	Tschernobyl-Kinder zu Gast in einer deutschen Familie. Interview mit einer Studentin über ihre Gefühle. Über ihre Beweggründe diskutieren.	Die Deklination der Adjektive im Plural. Reflexive Verben.	135
11 Города-партнёры	Russen von 14–81 berichten über ihren Aufenthalt in ihrer deutschen Partnerstadt. Schriftsprache verstehen.	Die Deklination der Personalpronomen und der Imperativ.	149
12 Я рада, что мы познакомились!	Freundschaft zwischen einer deutschen Botschaftsrätin und einer russischen Professorin. Emotionen ausdrücken und sich über persönliche Probleme austauschen.	Die Steigerung der Adjektive: Komparativ und Superlativ. Der Konjunktiv.	165
Тест № 4	Sie sind auf dem direkten Weg zum Volkshochschulzertifikat Russisch! In **Ключи 2** bereiten wir Sie weiter darauf vor – und wiederholen natürlich vieles, damit es noch besser sitzt. Viel Spaß!		181

Anhang
Справка — 188
Грамматика — 211
Grammatische Fachbegriffe / Abkürzungen — 227
Alphabetische Wortliste — 228
Internationale Wörter — 242
Eigennamen — 245
Quellenverzeichnis — 247
Russlandkarte — 248

Урок № 1

Привет!

Russisch hat den Ruf, eine schwierige Sprache zu sein, und zwar vor allem wegen der Schrift. Wir behaupten nicht, dass Russisch ganz einfach ist, aber Sie werden schon in der ersten Unterrichtsstunde ganze russische Sätze lesen und verstehen und sich sogar zwei sinnvolle Fragen stellen. Fangen wir an? Wir möchten, dass Sie gleich mit einem richtigen Gespräch beginnen.

A Fragen, was jemand tut   Подготовка / Vorbereitung

Und so bereiten Sie sich darauf vor:
– Hören Sie den Text mehrmals von der Kassette/CD. Achten Sie darauf, wie die russischen Sprecherinnen und Sprecher die Wörter betonen. Versuchen Sie gleich von Anfang an, die russische Satzmelodie nachzuahmen.
– Machen Sie sich genau klar, was Sie hören und lesen. Fragen Sie nach, wenn etwas unklar ist.
– Im Arbeitsbuch finden Sie Vorlagen und Hinweise zum Schreiben der kyrillischen Buchstaben.

 Я думаю   **Текст**

– Что вы делаете?
– Я думаю.
– О чём вы думаете?
– Я думаю о Москве.
– О Москве? А, понимаю!

Tipp
Denken – Verstehen – Handeln: Wir sind der Meinung, dass dies das Wichtigste ist, auch beim Lernen einer Fremdsprache. Deshalb begegnen Ihnen diese drei Wörter zuerst.

Что вы делаете?
Я думаю.
О чём вы думаете?
Я думаю о Москве.
А, понимаю!

семь 7

а!	aha!	о чём	woran, worüber
вы	ihr, Sie	понима́ю	(ich) verstehe
(вы) де́лаете	ihr macht, Sie machen	приве́т	Gruß; hallo!, grüß dich!
(вы) ду́маете	ihr denkt, Sie denken	что	was; dass
(я) ду́маю	ich denke	я	ich
о (+ Präp.)	über, an		

1 О чём вы думаете?

So, und jetzt stellen Sie Ihrer Nachbarin/Ihrem Nachbarn doch mal eine russische Frage. Sie/er wird sie bestimmt beantworten – auf Russisch natürlich.

 AB 3–5

Im Arbeitsbuch finden Sie eine Anleitung, wie Sie diese Fragen und Antworten schreiben. Schreiben Sie möglichst oft. Sie prägen sich dabei die Wörter besser ein, als wenn Sie gleich zur nächsten Einheit übergehen. Viel Spaß!

Tipp

Die Arbeitsanweisungen haben wir so formuliert, dass Sie selbstständig nacharbeiten können, wenn Sie einmal eine Unterrichtsstunde versäumt haben. Aber natürlich sollen sie Ihre Kursleiterin/Ihren Kursleiter nicht ersetzen: Sie/er kann viel individueller auf Sie eingehen und den Unterricht, unabhängig von unseren Hinweisen, am besten gestalten.

я	ду́маю
ты	ду́маешь
он / она́	ду́мает
мы	ду́маем
вы	ду́маете
они́	ду́мают

Hier sehen Sie alle Personen des Verbs ду́мать (denken) auf einen Blick. Der Infinitiv – die Form, in der Sie das Verb im Wörterbuch finden – endet auf -ть. Nach diesem Muster werden auch die Verben де́лать (machen) und понима́ть (verstehen) konjugiert. Mehr zur Konjugation finden Sie auf Seite 14. Hören Sie zunächst die Aussprache der Formen von der Kassette / CD und lernen Sie dann das Muster auswendig.

8 восемь

Урок № 1

 Sagen, dass man Russisch spricht   Подготовка / Vorbereitung

Willkommen in Teil Б! Sie kennen bereits mehr als die Hälfte der russischen Buchstaben. Hätten Sie das gedacht?

 Я говорю по-русски   Текст

AB 6 Jetzt geht es darum, wer Sie versteht, wenn Sie Russisch sprechen. Versteht Sie Herr Reimann, der Leiter des Englischkurses von nebenan? Gehen Sie genauso vor wie in Teil A.

– Я говорю по-русски.
  Вы понимаете меня?
– Понимаю, понимаю!
– А господин Райман, он
5 понимает, что мы говорим?
– Нет, он не понимает, что
  мы говорим. Он немец.
  Он не говорит по-русски.
– А госпожа Смирнова?
10 – Она русская. Она понимает,
  что мы говорим. Она говорит
  по-русски и по-немецки.

а	und, aber	не	nicht
(мы) говори́м	wir sprechen	не́мец	Deutscher
(он / она́) говори́т	er / sie spricht	нет	nein
(я) говорю́	ich spreche	он	er
господи́н (г-н)	Herr *(Anrede)*	она́	sie *(3. Pers. Sg.)*
госпожа́ (г-жа)	Frau *(Anrede)*	по-неме́цки	deutsch, auf Deutsch
и	und, auch	по-ру́сски	russisch, auf Russisch
меня́	mich	ру́сская	Russin
мы	wir		

девять 9

2 Ирина и Маркус

AB 7 Sehen Sie sich die Fotos genau an. Schreiben Sie auf, was Sie über die beiden Personen auf Russisch sagen können. Lesen Sie den Text Ihrer Partnerin/Ihrem Partner vor und hören Sie ihre/seine Variante. Arbeiten Sie gemeinsam eine dritte Fassung aus, die die Vorzüge beider Texte vereint.

я	говорю́
ты	говори́шь
он / она́	говори́т
мы	говори́м
вы	говори́те
они́	говоря́т

Im Abschnitt A haben Sie die e-Konjugation kennen gelernt. Neben der e-Konjugation gibt es im Russischen noch die i-Konjugation. Lernen Sie das Muster говори́ть (sprechen) ebenfalls auswendig. Die meisten russischen Verben richten sich nach diesen beiden Konjugationen. Mehr dazu auf Seite 14.

3 А что вы делаете?

AB 8/9 Bearbeiten Sie zur Vorbereitung auf Ihren ersten freien Dialog zunächst die Übungen 8 und 9 im Arbeitsbuch. Jetzt wird es ernst! Schaffen Sie es, direkt zu antworten? Fragen Sie Ihre Partnerin/Ihren Partner, was sie/er im Russischunterricht tut.

Что вы делаете?   Вы думаете?   Вы понимаете по-русски?   А он/она ....?

О чём вы думаете?   А он/она понимает меня?   Вы понимаете, что я говорю?

Вы понимаете меня?   Он/она говорит по-русски?   Вы говорите по-русски?

B Fragen, ob etwas interessant ist

Подготовка / Vorbereitung

 Inzwischen können Sie fast alle russischen Buchstaben schreiben. In diesem Abschnitt begegnen Ihnen noch vier weitere. Die restlichen drei Buchstaben lernen Sie in Урок 2 kennen.

– Борис играет в баскетбол.
– А это интересно?
– Очень!

– Зоя играет в футбол.
– Разве это интересно?
– Я думаю, что это скучно.

– Ты знаешь, что Саша играет на балалайке?
– Знаю, это здорово!

> **Tipp**
> Beachten Sie die Präpositionen:
> Man spielt im Russischen *auf* der Balalaika – **на** балала́йк**е**, aber **в** баскетбо́л.

Борис играет в баскетбол, а Зоя играет в футбол. Разве это интересно? Да, это здорово!

в	in, im	о́чень	sehr
здо́рово!	toll, prima	ра́зве …?	(ist das) etwa … ?
знать	wissen, kennen	ску́чно	langweilig
игра́ть	spielen	ты	du
на	auf	э́то	das (ist), dies (ist)

4 Разве это интересно?

Verwenden Sie das Beispiel und unterhalten Sie sich mit Ihrer Nachbarin/Ihrem Nachbarn.

– Вы зна́ете, что Ната́ша игра́ет в те́ннис?
– Зна́ю.
– А ра́зве э́то интере́сно?
– Я ду́маю, что э́то …

здо́рово!
о́чень интере́сно
интере́сно
не о́чень интере́сно
неинтере́сно
ску́чно
о́чень ску́чно

Са́ша на гита́ре
А́лла на балала́йке
Зо́я в волейбо́л
Све́та в футбо́л
И́горь в баскетбо́л
Ната́ша в те́ннис
Оле́г – на компью́тере

Где Саша?

Текст

Мо́ника: И́горь, ты не зна́ешь, где Са́ша?
И́горь: Зна́ю, он до́ма.
Мо́ника: До́ма? А что он там де́лает?
И́горь: Я ду́маю, что он игра́ет на компью́тере.
Мо́ника: Ра́зве э́то интере́сно?
И́горь: Ты ду́маешь, что э́то неинтере́сно? Я то́же так ду́маю. А что интере́сно?
Мо́ника: Наприме́р, игра́ть в волейбо́л и́ли слу́шать рок-конце́рт.
   В па́рке игра́ет рок-гру́ппа, а Са́ша игра́ет на компью́тере!

где?	wo?	слу́шать	hören
до́ма	zu Hause	так	so
и́ли	oder	там	dort
наприме́р	zum Beispiel	то́же	auch

Урок № 1

AB 13–16 Damit Sie sich auch per Du im Russischen sicher fühlen, sollten Sie das Gespräch zwischen Monika und Игорь paarweise lesen. In Übung 13 im Arbeitsbuch schreiben Sie einen weiteren Dialog. Wenn Sie das geschafft haben, tragen Sie mit Ihrer Partnerin/Ihrem Partner beide Dialoge in der Klasse vor. Mit den Übungen 14–16 im Arbeitsbuch können Sie sich noch ganz fit machen.

> **Tipp**
>
> Hören Sie auch zu Hause möglichst oft die Kassette / CD, damit Sie die Aussprache nicht vergessen. Alle mit dem entsprechenden Symbol gekennzeichneten Texte sind in Moskau von russischen Muttersprachlerinnen/ Muttersprachlern für Sie aufgenommen worden.

5 Это вы понимаете!

a) Hören Sie den Text von der Kassette / CD und achten Sie besonders auf die Namen. Wundern Sie sich nicht, wenn Sie nicht jedes Wort verstehen. Es sind einige unbekannte Wörter enthalten. Sie werden in den meisten Gesprächen mit Russinnen/Russen – egal, wie gut Sie die Sprache beherrschen – auch unbekannte Wörter hören. Deshalb möchten wir Sie gleich von Anfang an daran gewöhnen, einem Hörtext gezielte Informationen zu entnehmen, ohne jedes einzelne Wort zu verstehen.

b) Hören Sie den Text jetzt zum zweiten Mal und kreuzen Sie an, welche der genannten Personen Russisch verstehen. Nur diese Information ist wichtig.

	да	нет
г-жа Кюне	X	
г-н Хофман		X
г-н Бижу	X	X
г-жа Хименес		X
г-н Ванг		X
г-жа Заславская	X	

6 Ролевая игра

Haben Sie schon einmal von den EUROPÄISCHEN SPRACHENZERTIFIKATEN gehört? Ihre Kursleiterin/ Ihr Kursleiter kann Ihnen Näheres zum RUSSISCHZERTIFIKAT sagen. Mit **Ключи** können Sie sich auf diese Prüfung vorbereiten, z. B. mit der Übungsform des Rollenspiels.

Карточка А
– Sie suchen Frau Смирнова / Herrn Райман / Жанна / ...
– Sie fragen Ihre Nachbarin/Ihren Nachbarn, wo sie/er ist und was sie/er wohl macht (что он/она делает?)
– Sie fragen Ihre Nachbarin/Ihren Nachbarn, ob sie/er das interessant findet.
– Sie sagen Ihre Meinung zur Ansicht Ihrer Nachbarin/Ihres Nachbarn.
– Sagen Sie, was Sie interessant / ... finden.

Карточка Б
– Вы знаете, где г-жа Смирнова / г-н Райман / Жанна / ...
– дома / в спортзале / парке / ...
– играет на аккордеоне / гитаре / контрабасе / балалайке / ...
– играет в волейбол / теннис / футбол / ...
– Sagen Sie, ob diese Beschäftigung interessant ist.

Machen Sie möglichst regelmäßig Hausaufgaben. Arbeiten Sie aber lieber 15–20 Minuten täglich als einmal in der Woche eine Stunde. Neben den Übungen, in denen Sie schreiben lernen, gibt es im Arbeitsbuch eine Menge Vorschläge, wie Sie Ihre Russischkenntnisse schon jetzt dazu benutzen können, etwas für Sie Wichtiges zu sagen. Verwenden Sie im Moment nur die bereits bekannten Ausdrücke. Sie lernen so, sich auch mit einem begrenzten Wortschatz in der Fremdsprache auszudrücken – eine wichtige Fähigkeit für das freie Sprechen.

Und vor allem: Haben Sie keine Angst vor Fehlern! Es muss nicht alles grammatisch einwandfrei sein, was Sie zu Papier bringen. Viel wichtiger ist es, dass Ihnen die Arbeit mit der russischen Sprache Spaß macht.

! Грамматика – не беда!

Grammatik ist kein Unglück! Unter dieser Überschrift finden Sie am Ende jeder Lektion die neuen grammatischen Strukturen zusammengefasst und erläutert. Im Anhang des Buches gibt es zusätzlich einen ausführlichen Grammatikkommentar und eine tabellarische Übersicht über die wichtigsten Kapitel der russischen Grammatik.

In Урок 1 haben Sie neben dem Alphabet bereits zahlreiche Verben kennen gelernt. Die meisten russischen Verben werden nach den Regeln der e-Konjugation oder der i-Konjugation konjugiert. Ausschlaggebend ist der Vokal, der ab der 2. Person Singular vor der Endung steht: ты ду́ма**е**шь / ты говор**и́**шь. Wenn Sie die beiden Muster gut beherrschen, können Sie die überwiegende Zahl der russischen Verben selbstständig verwenden.

	e-Konjugation		i-Konjugation
	ду́мать (denken)		говори́ть (sprechen)
я	ду́маю	я	говорю́
ты	ду́ма**е**шь	ты	говори́шь
он / она́ / оно́	ду́ма**е**т	он / она́ / оно́	говори́т
мы	ду́ма**е**м	мы	говори́м
вы	ду́ма**е**те	вы	говори́те
они́	ду́мают	они́	говоря́т

Nach den Regeln der e-Konjugation werden auch die Verben де́лать, понима́ть, знать, игра́ть und слу́шать konjugiert. Herzlichen Glückwunsch: Sie können das Präsens! Eine ganze Menge für den Anfang. Здо́рово!

Урок № 2

Первое знакомство

Im Teil A dieser Lektion lernen Sie die letzten drei Buchstaben des kyrillischen Alphabets kennen. Nachdem Sie einiges über sich selbst berichtet haben, begleiten Sie unseren Russischkurs auf der Reise nach Moskau.

A Sich vorstellen   Подготовка

– Меня зовут Макс Лохнер. А как вас зовут?
– Меня зовут Елена Шохина. Лохнер – это фамилия?
– Да, фамилия.
– А кто вы по профессии?
– Я архитектор. А вы?
– Я химик.

Tipp

Меня зовут … (Ich heiße …) bedeutet wörtlich: *mich ruft man.* Entsprechend lautet die Frage: Как вас зовут? (Wie heißen Sie? / Wie ruft man Sie?) oder Как тебя зовут? (Wie heißt du?). Vorsicht: Фамилия heißt nicht *Familie,* sondern *Familienname!*

Вот информация:

Хрущёв – политик.
Щусев – архитектор.
Зощенко – сатирик.

Вот объяснение:

– Щи – что это?
– Щи – это суп.
– А борщ – что это?
– Борщ – это тоже суп.

борщ	Rote-Bete-Suppe	объяснение	Erklärung
вас	euch, Sie	первое знакомство	erste Bekanntschaft
вот	hier, da (ist)	по (+ Dat.)	von, nach, über
(меня) зовут	ich heiße	суп	Suppe
да	ja	тебя	dich
как?	wie?	фамилия	Familienname
кто?	wer?	щи	Kohlsuppe

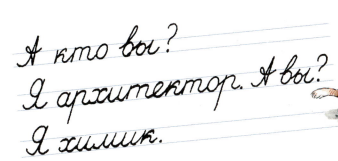

пятнадцать   15

Здравствуйте! Текст

Татья́на Смирно́ва hat ihren Teilnehmerinnen und Teilnehmern versprochen, bald eine ‚echte' Russin mitzubringen. Deshalb kommt es zunächst zu einem kleinen Missverständnis, als eine unbekannte Frau vor dem Unterrichtsraum erscheint.

г-н Кре́мер: А вы зна́ете, кто э́то?
г-жа Мю́ллер: Нет, не зна́ю. Но я ду́маю, что э́та госпожа́ – ру́сская.

Frau Smirnowa kommt herein und begrüßt die Gruppe. Herr Krämer stellt die neue Teilnehmerin vor.

г-н Кре́мер: Здра́вствуйте! Э́то госпожа́ Шрёдер. Она́ но́вая сокурсница и ещё
5   не говори́т по-ру́сски. Она́ не понима́ет, что мы говори́м. Но она́ зна́ет, как
      по-ру́сски ‹Guten Tag›.
«Здра́вствуйте!», говори́т госпожа́ Смирно́ва, «und wie heißt auf Russisch ‹ich heiße›?»
«Меня́ зову́т», отвеча́ет госпожа́ Мю́ллер, «меня́ зову́т Мю́ллер. А вас как
зову́т?», спра́шивает она́.
10   «Меня́ зову́т Шрёдер», sagt Frau Schröder unsicher.
г-жа Смирно́ва: Ой, как здо́рово! А вы хорошо́ говори́те по-ру́сски!
г-жа Мю́ллер: Спаси́бо.
г-жа Шрёдер: Спаси́бо.

здра́вствуйте	guten Tag	спаси́бо	danke
ещё	noch	соку́рсница	Kursteilnehmerin
но	aber	спра́шивать	fragen
но́вая (f.)	neue	хорошо́	gut
ой!	oh!	э́та (f.)	diese
отвеча́ть	antworten		

1   Как вас зову́т?

Diese Szene können Sie in Gruppen (vier Personen) spielen. Zuerst aber lesen und verstehen, mehrmals von der Kassette/CD hören, gut einprägen, nochmals lesen und dann – aufführen. Zur Festigung der Buchstaben können Sie den Dialog zu Hause abschreiben. Interessanter wird es, wenn Sie russische Namen verwenden. Der Auszug aus einem russischen Telefonbuch hilft Ihnen dabei.

Гаричева Т. М.	72-34-40	Геберт Б. Я.	71-19-48	Герасимов А. И.	24-88-28
ул. Октябрьская д. 25		ул. Первомайская д. 86		ул. Терешковой д. 5/144	
Гаркин Н. Е.	41-94-16	Гегель Л. С.	23-19-29	Герасимова Г. Г.	41-02-77
ул. Московская д. 89/15		ул. Космонавтов д. 2		ул. 8-ого марта д. 38/3	
Гаркуша В. Г.	26-14-05	Гейне Е. К.	73.42.22	Герштейн Т. П.	24-55-34
ул. Гагарина д. 39		ул. Коммунистическая д. 71/54		ул. Пушкина д. 13	
Гаркушин И. А.	74-50-98	Гербеев А. Е.	24-68-72	Гетманская Л. А.	17-33-51
ул. Плеханова д. 71/6		ул. Строительная д. 55		ул. Ленина д. 38/33	
Гаршина Е. С.	44-24-59	Гербеева Л. П.	26-44-31	Гетти А. Ф.	77-73-98
ул. Ленина д. 13		ул. Космонавтов д. 42/11		ул. Космонавтов д. 25	

Tipp

Die Familiennamen der weiblichen Familienmitglieder unterscheiden sich im Russischen von den männlichen. Endet die männliche Form auf einen Konsonanten, wird in der weiblichen ein **-a** angehängt: господи́н Гера́симов → госпожа́ Гера́симов**а**. Vorsicht: Das gilt nur bei russischen Familiennamen!

Урок № 2

 2 А как тебя зовут?

Und wie lautet das Gespräch, wenn die Teilnehmerinnen/Teilnehmer sich duzen? Übertragen Sie den Dialog in Partnerarbeit (mündlich oder schriftlich) in die Du-Form und tragen Sie ihn vor.

 3 Кто это?

 Kennen Sie diese russischen Persönlichkeiten? Hören Sie zunächst die Aussprache von der Kassette/CD und ordnen Sie danach die Namen den Porträts zu. Wenn Sie jemanden nicht kennen, fragen Sie Ihre Kursleiterin/ Ihren Kursleiter: Иван Бунин – кто это?

 Übrigens: Sie müssen nicht warten, bis Sie genug Russisch können, um Бунин oder Айтматов im Original zu lesen – es gibt wirklich sehr gute Übersetzungen.

> **Tipp**
>
> Auf den Seiten 188–210 finden Sie ein landeskundliches Wörterbuch. Auf Russisch heißt das страноведческий справочник. Da das ein Zungenbrecher ist, nennen wir es kurz **Справка**. Immer wenn Sie den kleinen Zwiebelturm am Rand sehen, finden Sie im Anhang landeskundliche Informationen.

1 Александр Пушкин
2 Алла Пугачёва
3 Антон Макаренко
4 Дмитрий Менделеев
5 Иван Бунин
6 Лев Толстой
7 Майя Плисецкая
8 Марина Цветаева
9 Михаил Горбачёв
10 Пётр Чайковский
11 Чингиз Айтматов
12 Юрий Гагарин

семнадцать **17**

4 Как по-русски …?

Stellen Sie sich gegenseitig Fragen und überprüfen Sie, ob Sie die Vokabeln aus Урок 1 noch alle parat haben.

Как по-русски ‹Suppe›?

Как по-немецки ‹ещё›?

‹Suppe› по-русски суп.

Ещё по-немецки ‹noch›.

Б Den Wohnort angeben

Подготовка

Nachdem Sie nun alle kyrillischen Buchstaben kennen, können Sie mit Ihrer Partnerin/Ihrem Partner über Ihren Wohnort sprechen. Suchen Sie die russischen Städte auf der Landkarte hinten im Buch (Seite 248).

Tipp

Auch im Russischen gibt es drei Geschlechter. Anders als im Deutschen erkennt man das Geschlecht eines russischen Substantivs aber nicht am Artikel, sondern an der Endung. Näheres dazu auf Seite 24. Im Russischen gibt es sechs Fälle. Der 6. Fall (Präpositiv) beantwortet die Fragen *wo?/worüber?*. Die Endung lautet in der Regel **-e**: в Дрéзден**е** / в Москв**é**.

Noch eine Anmerkung zu den Verben: Neben den regelmäßigen Verben gibt es im Russischen auch einige unregelmäßige. In den Wortlisten finden Sie bei diesen Verben neben dem Infinitiv immer die 1. und 2. Person Singular (Sg.) und die 3. Person Plural (Pl.). Die anderen Personen können Sie von diesen Formen ableiten.

– Где вы живёте?
– Я живу в Дрездене. А вы, где вы живёте?
– Я живу в Кёльне.

– А где вы живёте? В Москве?
– Да, я живу в Москве. А вы, где вы живёте? Вы тоже живёте в Москве?
– Нет, я живу в Новосибирске.

– Где ты живёшь? В Москве или в Петербурге?
– Я живу в Липецке. А ты, где ты живёшь? В Берлине?
– Нет, мы живём в Ростоке.
– А, Ганза Росток! Как интересно!

жить   wohnen; leben
живу́, живёшь, живу́т

18 восемнадцать

Урок № 2

Где вы живёте?   Текст

Татьяна Смирнова hat Besuch aus Moskau. Sie stellt ihre Schwester der Klasse vor.

г-жа Смирнова: Здравствуйте! Я думаю, что вы ещё не знаете, кто это?
г-жа Мюллер: Нет, не знаем. Это ваша подруга?
г-жа Смирнова: Нет, это моя сестра.
г-жа Вандер: Ваша сестра? А как зовут вашу сестру?
5   Инна Викторовна: Меня зовут Филиппова, Инна Викторовна.
г-жа Вандер: А вы нас понимаете?
Инна Викторовна: Понимаю, понимаю. Вы очень хорошо говорите по-русски.
г-н Кремер: Госпожа Филиппова, а где вы живёте? В Москве?
Инна Викторовна: Да, в Москве.
10 г-жа Мюллер: Ой, как интересно!
г-н Кремер: А что вы делаете в ФРГ?
Инна Викторовна: Таня и я, мы слушаем русскую
        музыку, читаем газету, смотрим видеокассету, …
г-жа Мюллер: А ещё? Что ещё вы делаете?
15 Инна Викторовна: Мы говорим о Москве.
г-н Кремер: О Москве? Но вы там живёте!?
Инна Викторовна: Да, но Таня живёт в ФРГ.
        Она не знает, какая Москва сегодня.
г-н Кремер: Понимаю.

Tipp

Sie erkennen Feminina im Russischen in der Regel an der Endung -а / -я im Nominativ: в́аша сестр́а, мо́я сестр́а. Die Akkusativendung lautet -у / -ю: в́ашу сестр́у, мо́ю сестр́у. Näheres dazu auf Seite 24.

в́аша	eure, Ihre	сестр́а	Schwester
газ́ета	Zeitung	смотр́еть	anschauen, besichtigen
каќая? (f.)	was für eine?	смотрю́, смо́тришь, смо́трят	
мо́я	meine	ФРГ	BRD
нас	uns	(Федерати́вная	(Bundesrepublik
он́и	sie (3. Pers. Pl.)	Респу́блика	Deutschland)
подру́га	Freundin	Герм́ания)	
сего́дня	heute	чит́ать	lesen

моя́	сестра́
мое́й	сестры́
мое́й	сестре́
мою́	сестру́
с мое́й	сестро́й
о мое́й	сестре́

Sie wissen bereits, dass es im Russischen drei Geschlechter gibt: maskulin (m.), feminin (f.) und neutrum (n.). Wir beginnen mit den femininen Substantiven im Singular. Lernen Sie die Formen auswendig. Da Substantive oft von Possessivpronomen begleitet werden, sollten Sie sie gleich mitlernen. Näheres zur Deklination finden Sie auf Seite 24.

5   Алфавит

Vereinbaren Sie mit Ihrer Partnerin/Ihrem Partner einen russischen Buchstaben und schreiben Sie alle Wörter auf, in denen er vorkommt. Wer kennt mehr?

6 Здравствуйте!

Stellen Sie sich in der Gruppe vor – natürlich auf Russisch! Wenn Sie den Dialog aus dem Arbeitsbuch (Übung 12) mit dem Gespräch in Б (Подготовка) verbinden, können Sie schon allerhand über Ihre Gesprächspartnerin/Ihren Gesprächspartner erfahren. Im zweiten Durchgang sind Sie übrigens per Du!

Как вас зовут?

Где вы живёте?

Вы говорите по-русски?

Что вы делаете? (z.B. in Ihrer Freizeit)

 7 Кто говорит?

a) Hören Sie den Text von der Kassette/CD und notieren Sie die Namen, die in dem Gespräch erwähnt werden.

1. _____
2. _____
3. _____

b) Lesen Sie die Sätze rechts und hören Sie den Text noch einmal. Welche Aussage ist richtig, welche falsch? Kreuzen Sie an.

1. Подругу зовут Светлана.
2. Она живёт в Москве.
3. Ингрид не знает Москву.
4. Ингрид не знает Самару.
5. Она не говорит по-русски.
6. Петер не понимает по-русски.

да	нет

Б Fragen, was jemand gerne liest

Подготовка

Кто что читает? Госпожа Вандер знает, что читает Татьяна Смирнова (фото!).

Она спрашивает: А что вы читаете, госпожа Филиппова?

5 Инна Викторовна отвечает: Я читаю ‹Аргументы и факты›.

г-жа Вандер: А журнал ‹Шпигель› вы не читаете?

Инна Викторовна: Нет, я ещё не очень хорошо понимаю по-немецки.

Урок № 2

8 Что вы читаете?

Fragen Sie die anderen Kursteilnehmerinnen/Kursteilnehmer, welche Zeitung oder Zeitschrift sie lesen. Sie können eine Kettenübung daraus machen. Wer hält am längsten durch? Wiederholen Sie, was bisher gesagt wurde und fügen Sie abschließend hinzu, welche Zeitung/Zeitschrift Sie selbst lesen: г-жа Бауэр читает …, Забине читает …, Маркус читает … , а я читаю … .

Лейпцигер Фольксцайтунг	
Штерн	Зюдьдойче Цайтунг
Франкфуртер Аллгемайне Цайтунг	Бригитте
	Тагесцайтунг
Нойес Дойчланд	Фокус

9 Что это?

Hören Sie zunächst die Kassette/CD. Lesen Sie anschließend die Schilder. Wenn Sie nicht herausfinden können, was die einzelnen Schilder bedeuten, fragen Sie Ihre Kursleiterin/Ihren Kursleiter – natürlich auf Russisch: Парикмахерская – что это?

двадцать один 21

В Москве

Текст

Вы с группой в Москве. Группа на автобусе едет в гостиницу ‹Россия›. Гостиница ‹Россия› в центре Москвы. Автобус едет и едет. На улице вы
5 видите рекламу. Это интересно, и вы читаете. Что вы понимаете?

Татьяна Смирнова читает газету.
Господин Кремер думает: «Что это читает и читает госпожа Смирнова? Это ‹Правда›?»
10 Наконец он спрашивает: «Госпожа Смирнова, вы читаете ‹Правду›?»
г-жа Смирнова: Нет, это не ‹Правда›, я читаю ‹МК›.
г-жа Шрёдер: ‹МК› – что это?
15 г-жа Смирнова: Это ‹Московский Комсомолец›. Эту газету в Москве знают и читают все.
г-жа Вандер: Госпожа Смирнова …
г-жа Смирнова: Вы знаете, мы в Москве. Там, в ФРГ, я – госпожа Смирнова. А в Москве
20 меня зовут Татьяна Петровна. Хорошо?
г-жа Вандер: Хорошо, Татьяна Петровна.

Tipp

Die Endungen von Adjektiven und Pronomen sind im Russischen abhängig vom Geschlecht des folgenden Substantivs: Моско́вский Комсомо́лец (Moskauer Komsomolze).
Die Endungen lauten bei Maskulina **-ый (-ий / -о́й)**, bei Feminina **-ая (-яя)** und bei Neutra **-ое (-ее)**. Mehr dazu später. In den Wortlisten finden Sie künftig die Endungen für alle drei Geschlechter.

ви́деть	sehen, erblicken	наконе́ц	endlich
ви́жу, ви́дишь, ви́дят		Пра́вда	*kommunistische Tageszeitung*
все	alle		
гости́ница	Hotel	Росси́я	Russland
е́хать	fahren	с (+ Instr.)	mit
е́ду, е́дешь, е́дут		у́лица	Straße
МК (Моско́вский Комсомо́лец)	*größte Moskauer Tageszeitung*		

Урок № **2**

10 Кто с кем?

a) Hören Sie den Text von der Kassette / CD und achten Sie auf die Freizeitbeschäftigungen.
b) Finden Sie heraus кто с кем? Zeichnen Sie es ein.

15/16

Сергей Иванович	Елена Петровна
Нина Андреевна	Ирина Егоровна
Тамара Петровна	Андрей Николаевич
Олег Михайлович	Светлана Ивановна
Оксана Игоревна	Евгений Александрович

11 А вы?

Fragen Sie sich gegenseitig. (Achtung: Endungen!)

1. Он едет в Санкт-Петербург.
   А вы? (Москва)
2. Турист читает рекламу.
   А вы? (газета)
3. Я играю в теннис с моей подругой.
   А вы? (моя сестра)
4. Манфред спрашивает о моей сестре.
   А вы? (моя сокурсница)
5. Бернд говорит комплимент моей сестре.
   А вы? (моя подруга)
6. Катрин слушает рекламу.
   А вы? (музыка)

12 Я думаю, …

17/18

Notieren Sie in Partnerarbeit die Infinitive der 13 Verben, die Sie in den ersten beiden Lektionen kennen gelernt haben. Finden Sie alle? Wenn Ihre Liste komplett ist, suchen Sie sich ein Verb aus und konjugieren Sie es in allen Personen. Schaffen Sie es, einen Satz mit diesem Verb zu bilden? Schreiben Sie ihn auf. Jetzt ist Ihre Partnerin/Ihr Partner an der Reihe.

13 Пантомима

Zum Abschluss noch eine Übung zur Wiederholung. Stellen Sie reihum die Verben aus den ersten beiden Lektionen in einem Zusammenhang pantomimisch dar. Wer richtig rät, darf weitermachen. Hier zwei Anregungen:

– Вы думаете, что слушать поп-музыку – это интересно?
– Нет, я думаю, что играть в теннис – это неинтересно.

двадцать три

! **Грамматика – не беда!**

In Уро́к 2 haben Sie erfahren, dass es im Russischen genau wie im Deutschen drei Geschlechter gibt. Im Deutschen erkennen Sie das Geschlecht eines Substantivs am Artikel. Im Russischen gibt es weder einen bestimmten Artikel (der, die, das) noch einen unbestimmten (einer, eine, eines): Сестра́ heißt entweder *die* Schwester oder *eine* Schwester, je nach dem Zusammenhang, in dem das Wort verwendet wird.

Das Geschlecht eines Substantivs erkennen Sie im Russischen an der Endung: Maskulina enden in der Regel auf einen Konsonanten, Feminina auf **-а / -я**, Neutra auf **-о / -е**: суп (m.), сестра́ (f.), кино́ (n.). Genau wie im Deutschen werden auch im Russischen die Substantive dekliniert. Die ersten vier Fälle stimmen mit den deutschen überein. Neu sind der Instrumental (5. Fall) und der Präpositiv (6. Fall). Sie antworten auf die Fragen *mit wem?* bzw. *wo?/über wen?/worüber?*. Die Substantive haben in den einzelnen Fällen unterschiedliche Endungen, die Sie gut lernen müssen.

Da ein Substantiv oft zusammen mit einem Possessivpronomen benutzt wird, und deren Endungen in den einzelnen Fällen auch unterschiedlich sind, sollten Sie beides gleich zusammen lernen. In dieser Lektion geht es um den Singular der femininen Substantive. Das Muster моя́ сестра́ ist Ihnen bereits auf Seite 19 begegnet.

		Femininum Singular		
Nom.	(кто?)		моя́	сестра́
Gen.	(кого́?)		мое́й	сестры́
Dat.	(кому́?)		мое́й	сестре́
Akk.	(кого́?)		мою́	сестру́
Instr.	(с кем?)	(с)	мое́й	сестро́й
Präp.	(о ком?)	(о)	мое́й	сестре́

Sie kennen aus dem Deutschen bereits die Fragewörter *wer, wessen, wem, wen.* Im Russischen kommen noch die Fragewörter für den 5. Fall (с кем? – *mit wem?*) und den 6. Fall (о ком? – *über wen?/von wem?*) dazu.

Bei einigen Substantiven gibt es noch eine kleine Besonderheit zu beachten: Steht vor dem **-а** im Nominativ **г, к, х** oder ein Zischlaut, endet der Genitiv nie auf **-ы**, sondern immer auf **-и**: подру́га – подру́ги, госпожа́ – госпожи́.

So, das war das Wichtigste hierzu.

Jetzt kommen wir noch zur russischen Anrede. Ihnen ist sicher aufgefallen, dass Tatjanas Schwester bei der Vorstellung nicht nur ihren Familiennamen, sondern auch ihren Vor- und Vatersnamen genannt hat: Филиппо́ва, И́нна Ви́кторовна. (Wie lautet der Vorname des Vaters?) Wenn Sie jemanden siezen, verwenden Sie im Russischen in der Regel den Vor- und Vatersnamen. Господи́н / госпожа́ mit dem Familiennamen wird hauptsächlich im Gespräch mit Ausländern benutzt. Sind Sie mit jemandem per Du, gebrauchen Sie wie im Deutschen den Vornamen. Jetzt müssen Sie sich nur noch merken, dass der Vatersname bei Frauen und Männern unterschiedlich gebildet wird.

-овна / -евна	-ович / -евич	
И́нна Ви́кторовна	Оле́г Ви́кторович	Endet der Vatersname auf einen Konsonanten, wird die Endung -овна (f.) bzw. -ович (m.) angehängt. Statt **-й** (Серге́й) steht die Endung -евна (f.) bzw. -евич (m.).
А́нна Серге́евна	Ива́н Серге́евич	

Урок № 3

В Москве

Auf dem Roten Platz (Красная площадь) in Moskau machen zwei Mitglieder der Reisegruppe eine interessante Bekanntschaft. Das ist in Russland viel spontaner möglich als bei uns. Schon am nächsten Tag trinken die beiden за знакомство – auf die neue Bekanntschaft und erfahren einiges über Wohnverhältnisse und Gastfreundschaft in Russland.

A Planen und Vorschläge machen   Подготовка

Татьяна Петровна stellt ein Programm für den ersten Tag in Moskau zusammen, das sie mit den Teilnehmerinnen/Teilnehmern ihrer Reisegruppe beim Frühstück bespricht.

AB 1–3

Утром мы завтракаем в гостинице. Днём мы едем на метро в центр Москвы и посмотрим Кремль. Потом мы идём в кафе и пьём кофе или кока колу. Вечером мы идём в театр.

А как вы думаете? Это интересно?

> **Tipp**
> Beachten Sie, dass Russen *auf* der U-Bahn fahren und nicht *mit* der U-Bahn wie wir. Das gilt für alle Verkehrsmittel: **на** + Präpositiv:
> **на** метро́, **на** автóбусе, …

ве́чером	abends	пить	trinken
днём	tagsüber	пью, пьёшь, пьют	
за́втракать	frühstücken	посмотре́ть	anschauen, besichtigen
идти́	gehen	посмотрю́, посмо́тришь, посмо́трят	
иду́, идёшь, иду́т		пото́м	dann
		у́тром	morgens

 1 Что вы делаете утром?

AB 4–6

Fragen Sie Ihre Gesprächspartnerin/Ihren Gesprächspartner, was sie/er vormittags, nachmittags und abends macht.

утром	читать	газета	
днём	слушать	кока кола	
вечером	пить	сестра	
	играть	музыка	
	говорить (с)	гитара	

> **Tipp**
> Erinnern Sie sich an die Akkusativendung der Feminina?

двадцать пять **25**

я	пью
ты	пьёшь
он / она́	пьёт
мы	пьём
вы	пьёте
они́	пьют

Sie wissen bereits, dass es neben den regelmäßigen Verben im Russischen auch einige (wenige) unregelmäßige Verben gibt, deren Konjugation Sie einfach auswendig lernen müssen.
Zu diesen Verben gehört das Wort пить (trinken). Lernen Sie die Formen gut, denn Sie werden sie oft brauchen.

2 Программа

Hören Sie auf der Kassette / CD, wie die Sehenswürdigkeiten ausgesprochen werden. Welche Bezeichnung gehört zu welchem Foto? Wenn Sie eine Sehenswürdigkeit nicht kennen, schlagen Sie in der **Справка** nach oder fragen Sie Ihre Kursleiterin/Ihren Kursleiter: Поклонная гора – что это?

AB 7/8

1 Большо́й теа́тр
2 Кра́сная пло́щадь
3 Музе́й Маяко́вского
4 Покло́нная гора́
5 Университе́т
6 Храм Христа́ Спаси́теля

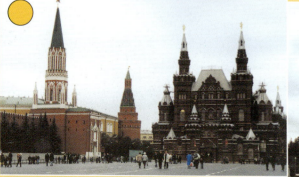

26 два́дцать шесть

Урок № 3

 Вечером посмотрим Красную площадь!   Текст

Утром в девять группа завтракает в ресторане гостиницы ‹Россия›. Татьяна Петровна объясняет: «В холле гостиницы – обмен валюты,
5 где можно обменять деньги. Там и банкомат. Он принимает вашу кредитную карточку. В одиннадцать мы посмотрим центр Москвы и метро.»
10 г-жа Мюллер: «Центр Москвы! Ой, как интересно!»
г-н Кремер: «А Красную площадь мы тоже посмотрим?»
г-жа Шрёдер: «А Кремль?
15 Когда мы посмотрим Кремль?»
Татьяна Петровна: «Давайте, сначала центр, а потом Кремль.»
г-жа Вандер: «А вечером?»
г-жа Мюллер: «Вечером мы идём
20 в театр.»
г-жа Вандер: «В театр? Давайте посмотрим Красную площадь!»
Татьяна Петровна: «Давайте!»

Tipp

Mit кредитная карточка und Красная площадь haben Sie gleich zwei feminine Adjektive kennen gelernt. Den Akkusativ (**-ую**) brauchen Sie häufig: кредитную карточку.

Und noch etwas: Substantive auf **-ь** können entweder feminin oder maskulin sein. Das müssen Sie jeweils mitlernen. Tut uns Leid. Площадь ist feminin und bleibt im Akkusativ unverändert: Красную площадь.

давайте …	lasst / lassen Sie uns …	кредитный, -ая, -ое	Kredit-
давайте посмотрим …	lasst uns … besichtigen, wir wollen … anschauen	обмен	Wechsel, Tausch
деньги (Pl.)	Geld	обменять	wechseln
когда?	wann?; als	объяснять	erklären
можно	(ist es) möglich	площадь (f.)	Platz
карточка	Karte, Kärtchen	принимать	nehmen, empfangen
красный, -ая, -ое	rot	сначала	zuerst, anfangs

3   Что делает группа в Москве?

AB 9–11

Schreiben Sie auf, was die Gruppe am Vormittag, Nachmittag und Abend unternimmt. Lesen Sie Ihre Notizen Ihrer Gesprächspartnerin/Ihrem Gesprächspartner vor und hören Sie, was sie/er notiert hat:
Утром в … группа завтракает в гостинице. Сначала … Днём … Потом …

0	ноль / нуль	5	пять
1	один (m.)	6	шесть
	одна (w.)	7	семь
	одно (s.)	8	восемь
2	два (m./s.)	9	девять
	две (w.)	10	десять
3	три	11	одиннадцать
4	четыре	12	двенадцать

4 Москва

Nachdem Татьяна Петровна das Programm für den ersten Tag in Moskau zusammengestellt hat, unterhalten sich die Teilnehmerinnen/Teilnehmer der Gruppe darüber, was sie am nächsten Tag gerne unternehmen würden. Schreiben Sie das Gespräch auf und lesen Sie Ihrer Nachbarin/Ihrem Nachbarn vor, wer zu welcher Tageszeit (vormittags, tagsüber und abends) was anschauen möchte. Hören Sie anschließend ihre/seine Variante.

г-н Кремер: Давайте утром посмотрим университет. А днём посмотрим …
г-жа Вандер: Нет, университет неинтересно. Давайте утром посмотрим …
г-жа Шрёдер: Я думаю, что …

5 Экскурсия

a) Auf der Kassette / CD hören Sie die verschiedenen Stationen einer Stadtrundfahrt in Moskau. Prima, wie viel Sie schon verstehen! Schreiben Sie die Ausflugsziele auf.
b) In welcher Reihenfolge findet die экскурсия statt? Tragen Sie die Ziffern in die Kästchen ein.
c) Sie haben es bereits gemerkt: Zwei Stationen sind nicht auf Seite 26 abgebildet. Welche? Möchten Sie etwas darüber erfahren? Fragen Sie Ihre Kursleiterin/Ihren Kursleiter oder schlagen Sie in der **Справка** nach.

1. _____ ☐   5. _____ ☐
2. _____ ☐   6. _____ ☐
3. _____ ☐   7. _____ ☐
4. _____ ☐   8. _____ ☐

6 А ваша экскурсия?

Wie soll Ihre Stadtrundfahrt durch Moskau aussehen? Arbeiten Sie in Gruppen (zu viert oder fünft).
a) Wählen Sie zunächst Ihre Reiseleiterin/Ihren Reiseleiter.
b) Einigen Sie sich nun auf einen Ausgangspunkt. Benutzen Sie die Anregungen in Übung 5 und besprechen Sie den Verlauf Ihrer Exkursion. Vielleicht kennen Sie ja noch andere Sehenswürdigkeiten der russischen Hauptstadt? Oder Sie holen sich Anregungen aus der **Справка**.

Die Vorschläge der anderen Teilnehmer ablehnen und stimmlich auch nachdrücklich für Ihren Vorschlag eintreten – das können Sie schon. Streiten Sie doch mal richtig! Da Sie sich nicht einigen können, schlägt Ihre Reiseleiterin/Ihr Reiseleiter abschließend vor, was Sie утром, днём и вечером machen könnten. Sie nehmen den Vorschlag an: Хорошо, давайте утром …

Б Eine Einladung

Подготовка

Wenn Sie eingeladen werden, wollen Sie sicher nicht nur ‚ja' oder ‚nein' sagen, sondern erfreut zusagen oder höflich ablehnen. Wie das auf Russisch geht, erfahren Sie jetzt (im zweiten Teil erfolgt die Einladung telefonisch).

до свида́ния	auf Wiedersehen	пожа́луйста	bitte
извини́	entschuldige	пригласи́ть	einladen
к (+ Dat.)	zu	с удово́льствием	mit Vergnügen, gern
(одну́) мину́точку	einen Augenblick		

7 Алло?

Hören Sie die beiden Telefongespräche noch einmal von der Kassette/CD. Achten Sie auf die Satzmelodie und die Betonung der russischen Sprecherinnen/Sprecher. Telefonieren Sie anschließend mit Ihrer Partnerin/Ihrem Partner – natürlich auf Russisch! Im Anhang dieses Buches (Seite 245) finden Sie eine Liste mit russischen Namen. Suchen Sie sich aus, wen Sie einladen möchten.

8 ‹Familie› по-русски семья

Erinnern Sie sich an Инна Викторовна Филиппова? Nachdem sie die Reisegruppe ihrer Schwester in Moskau begrüßt hat, erkundigen sich die Teilnehmer nach ihrer Familie.
a) Hören Sie zunächst von der Kassette/CD, was Инна erzählt.
b) Ergänzen Sie beim zweiten Durchgang die passenden Wörter zu den Personen in der Zeichnung.

Нина Петровна

Инна Викторовна   Андрей Иванович

Катя   Егор

Виктор Михайлович

дочь (f.)	Tochter	мой	mein
бабушка	Großmutter, Oma	муж	(Ehe-)Mann
жена́	(Ehe-)Frau	мужчи́на	Mann
же́нщина	Frau	семья́	Familie
ма́льчик	Junge	сын	Sohn

9 А ваша семья?

Eine der ersten Fragen, die Sie gestellt bekommen, wenn Sie in einer russischen Familie zu Gast sind, ist die nach Ihrer Familie. Zeigen Sie Ihrer Gesprächspartnerin/Ihrem Gesprächspartner Fotos von Ihrer Familie und erklären Sie möglichst ausführlich, wer darauf zu sehen ist.

Gleich werden Sie staunen. Hätten Sie gedacht, dass Sie bereits einen so langen Text, wie den auf Seite 31, ohne Schwierigkeiten lesen können?

Урок № 3

А вы откуда?

Текст

Вечером госпожа Мюллер и господин Кремер идут на Красную площадь. Там гуляют москвичи и туристы. Госпожа Мюллер и господин Кремер стоят и смотрят на Кремль. Рядом стоят мужчина, женщина и мальчик. Они тоже смотрят на Кремль. Мужчина понимает, что господин Кремер и госпожа Мюллер туристы. Он спрашивает: «Извините, вы откуда?» Господин Кремер отвечает: «Я немец.»
«Немец? Ой, как интересно! А где вы живёте?» Отвечает госпожа Мюллер: «Мы живём в Дрездене. А в Москве мы живём в гостинице ‹Россия›.»
«Вы очень хорошо говорите по-русски! Правда, Вера?» Женщина отвечает: «Да, очень хорошо!»
«Спасибо», отвечает госпожа Мюллер, «но я думаю, что мы ещё не очень хорошо говорим по-русски. Правда, господин Кремер?»

> **Tipp**
>
> Они **смо́трят** на Кремль.
> Das passiert in diesem Augenblick.
> Дава́йте **посмо́трим** Кремль!
> Das kommt noch, es wird erst in der Zukunft passieren. Russen unterscheiden hier genauer als wir. Deshalb gibt es zu (fast) jedem deutschen Verb zwei russische Verben: **смотре́ть / посмотре́ть** (anschauen, besichtigen). Mehr dazu später.

> **Tipp**
>
> Sie erinnern sich, dass bei меня́ зову́т (mich nennt man) das Personalpronomen im Akkusativ steht? Das gilt auch bei: А сы́на как зову́т? – Моего́ сы́на зову́т Ди́ма. Die Deklination der Maskulina und der Possessivpronomen finden Sie auf Seite 32. Noch mehr dazu auf Seite 38.

«Да», говорит господин Кремер. «А как вас зовут?»
«Меня зовут Михаил Борисович Удальцов. Это Вера Валентиновна, моя жена, а это мой сын.»
«А сына как зовут?», спрашивает госпожа Мюллер.
«Моего сына зовут Дима.»
«Михаил Борисович, Вера Валентиновна и Дима – здравствуйте!», говорит господин Кремер.
«Меня зовут Бернд Кремер, а это Гудрун Мюллер.»
«Очень приятно!»
Михаил Борисович смотрит на жену. Потом он спрашивает: «А можно вас пригласить?»
«Пригласить?», спрашивает господин Кремер.
«А куда?»
«Домой.»
«Домой?», спрашивает госпожа Мюллер, «ой, как это хорошо! Большое спасибо.»
Господин Кремер ещё спрашивает: «А когда?»
«Завтра вечером.»
«И где вы живёте?»
«На улице Волгина, это метро ‹Калужская›», отвечает Вера Валентиновна. «Тогда завтра в вестибюле метро, хорошо?»
«Очень хорошо!», говорит госпожа Мюллер.
«А во сколько?»
«В семь.»
«Ещё раз спасибо!»
Удальцовы отвечают: «До свидания! До завтра!»

тридцать один 31

большо́е спаси́бо	vielen Dank	отку́да?	woher?
гуля́ть	spazieren gehen	(о́чень) прия́тно	(sehr) angenehm
до (+ Gen.)	bis, zu	(ещё) раз	(noch) einmal
домо́й	nach Hause	ря́дом	neben
за́втра	morgen	ско́лько?	wie viel?
извини́те	entschuldigt / entschuldigen Sie	Во ско́лько?	Um wie viel (Uhr)?
		стоя́ть	stehen
куда́?	wohin?	стою́, стои́шь, стоя́т	
москвичи́ (Pl.)	(die) Moskauer	тогда́	dann
		Удальцо́вы (Pl.)	(die) Udalzows

мой сын
моего́ сы́на
моему́ сы́ну
моего́ сы́на
с мои́м сы́ном
о моём сы́не

Nachdem Sie in Уро́к 2 die Deklination der Feminina im Singular kennen gelernt haben, folgen jetzt die Maskulina. Bei den Maskulina unterscheidet man im Russischen zwischen belebten und unbelebten Wörtern. Bei belebten Substantiven stimmen die Endungen im Genitiv und Akkusativ überein. Mehr dazu auf Seite 38.

10 Мо́жно пригласи́ть тебя́ в …?

a) Hören Sie die Einladung auf der Kassette / CD. Besonders bei telefonischen Einladungen müssen Sie sprachlich fit sein. Wer spricht auf der Kassette / CD?
b) Ergänzen Sie im zweiten Durchgang die fehlenden Textstellen.
c) Üben Sie das Gespräch mit Ihrer Partnerin/Ihrem Partner ein. Wenn es gut klappt, erweitern Sie das Telefonat um interessante Einzelheiten. Verwenden Sie Wörter und Wendungen, die Sie schon gelernt haben. Sie können fragen, ob Ihre Gesprächspartnerin/Ihr Gesprächspartner Sie gut versteht, was sie/er gerade macht usw.

урок № 3

11 Можно вас пригласить?

In der Zeitung haben Sie gelesen, dass in Ihrer Heimatstadt eine Reisegruppe aus der russischen Partnerstadt zu Besuch ist. Sie nehmen an dem gemütlichen Beisammensein teil. Einer der russischen Gäste gefällt Ihnen besonders. Stellen Sie sich vor, erzählen Sie ein wenig von sich und Ihrer Familie und laden Sie die betreffende Person möglichst höflich zu sich nach Hause ein.

B За знакомство   Текст

Бернд Кремер и Гудрун Мюллер в метро. Давайте посмотрим по схеме, как они едут: Китай-город – Третьяковская … – Калужская.
Там уже Михаил Борисович и Дима.
На автобусе все едут на улицу Волгина. Удальцовы живут на седьмом этаже, но в доме лифт. В квартире госпожа Мюллер и господин Кремер думают: «Какая маленькая квартира!»
Они не понимают, как мама, папа, Дима и ещё бабушка живут в такой маленькой квартире. В квартире только две комнаты, маленькая кухня и очень маленькая ванная.
«Пожалуйста за стол!», говорит Вера Валентиновна. «Ужин готов.»
Госпожа Мюллер и господин Кремер смотрят на стол и думают: «Что это?»
На столе салат, рыба, ветчина, колбаса, икра, … И ещё вино, водка, шампанское, сок и минеральная вода. Михаил Борисович говорит: «За знакомство!»

Станция ‹Китай-город›.
Осторожно, двери закрываются.
Следующая станция ‹Третьяковская›.

Tipp

В так**ой** м**а**леньк**ой** кварт**и**р**е** – die Endungen der Demonstrativpronomen stimmen mit denen der Adjektive überein. Das **-е** des Substantivs zeigt Ihnen, dass es sich um den Präpositiv (*wo?*) handelt. Das gilt auch für **на** седьм**о**м этаж**е**. Da этаж männlich ist, кварт**и**ра aber weiblich, unterscheiden sich die Endungen der Adjektive.

Gerade haben Sie gelernt, dass nach **на** und **в** der Präpositiv steht. Das gilt aber leider nur für die Antwort auf die Frage *wo?*. Lautet die Frage *wohin?*, ziehen beide Präpositionen den Akkusativ nach sich: **на** стол.

Продолжение следует в уроке 4.

ва́нная	Badezimmer	ку́хня	Küche
ветчина́	Schinken	ма́ленький, -ая, -ое	klein
вино́	Wein	продолже́ние сле́дует	Fortsetzung folgt
вода́	Wasser	ры́ба	Fisch
гото́в	fertig, bereit	седьмо́й, -ая, -ое	siebter
дом	Haus	сок	Saft
за (+ Akk.)	für, zu, an	стол	Tisch
икра́	Kaviar	тако́й, -ая, -ое	solch ein
кварти́ра	Wohnung	то́лько	nur
колбаса́	Wurst	уже́	schon, bereits
ко́мната	Zimmer	у́жин	Abendessen

12 Ужин гото́в!

AB 21/22

Notieren Sie sich Fragen, mit denen Sie möglichst viel über den Text «За знако́мство» erfahren können: Кто уже́ в вестибю́ле метро́ ‹Калу́жская›? Fragen Sie sich anhand Ihres Fragenkatalogs gegenseitig.

13 Éхать на метро́

AB 23/24

a) Hören Sie auf der Kassette / CD die Ansagen in der Moskauer метро́ und verfolgen Sie auf dem U-Bahn-Plan auf Seite 35, wo Frau Müller und Herr Krämer einsteigen und wohin sie fahren.

b) Schreiben Sie die Stationen auf und besprechen Sie Ihre Ergebnisse mit Ihrer Nachbarin/Ihrem Nachbarn.

14 Где они́? Куда́ е́дут?

AB 25

a) Hören Sie auf der Kassette / CD die Ansagen in der Moskauer метро́ und finden Sie heraus, in welcher Linie des Metro-Netzes sich Татья́на Петро́вна und ihre Schwester gerade befinden.

b) Notieren Sie drei Stationen der U-Bahn-Linie, die die beiden benutzen. An der vierten Haltestelle steigen sie um. Schreiben Sie den Umsteigebahnhof und zwei Stationen der neuen Linie auf. Wie lautet die Endstation der Linie?

1. _____   4. _____

2. _____   5. _____

3. _____   6. _____

Урок № 3

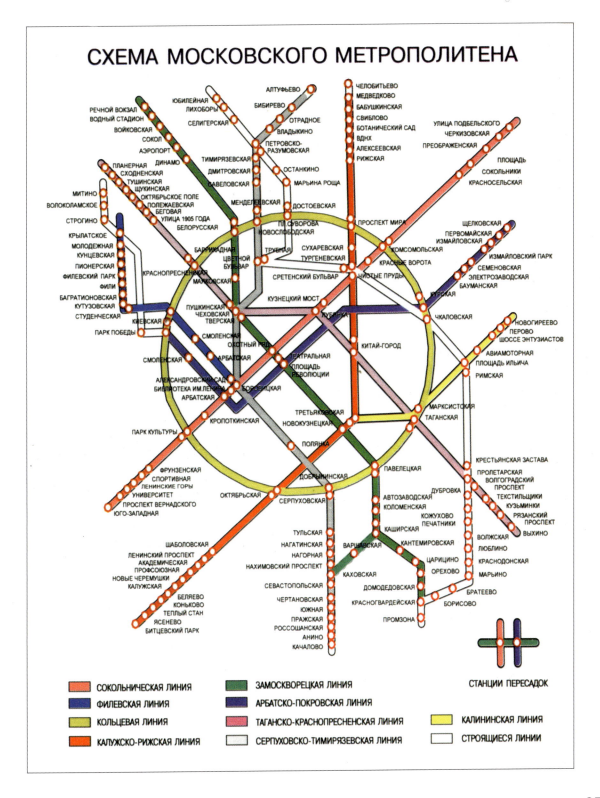

15 Реклама

a) Lesen Sie zunächst die Anzeigen. Mit etwas Fantasie schaffen Sie das! b) Beantworten Sie jetzt die Fragen. Notieren Sie die richtigen Buchstaben.

1. In welchen Geschäften bekommen Sie auch antialkoholische Getränke? _____
2. Welches Geschäft bietet ein deutsches Produkt an? _____
3. In welchen Geschäften gibt es auch Lebensmittel? _____
4. Welches der Geschäfte bietet auch Tabakwaren an? _____

¹тушёнка *Dosenfleisch*

16 А почему это так?

Gab es Stellen im Text, die Sie überrascht haben? Schreiben Sie sie heraus und versuchen Sie, auf Russisch zu sagen, was Sie verwundert hat. Verwenden Sie das Fragewort почему? (*warum?*): Почему в квартире только две комнаты? Besprechen Sie die Textstellen im Kurs ruhig auf Deutsch. Denn für die nächste Übung brauchen Sie nicht nur Vokabeln, sondern auch Verständnis!

17 А как вы думаете?

Госпожа Мюллер думает, что квартира Веры и Михаила очень маленькая. А как вы думаете?	Я думаю, что она … … (не) (очень) большая. … (не) (очень) маленькая.

Wenn man in einer Fremdsprache mit wenig Wörtern viel ausdrücken möchte, muss man einfacher denken, als wir das normalerweise in unserer Muttersprache tun. Versuchen Sie es, Sie werden sehen, Ihre Ausdrucksmöglichkeiten wachsen bei gleichem Wortschatz sofort. Und Ihre russischen Gesprächspartnerinnen/Gesprächspartner werden Ihre einfachen Konstruktionen nicht etwa belächeln, sondern im Gegenteil überrascht sein, dass Sie mit wenigen Sprachmitteln nicht nur eine Aussage machen, sondern sie sogar schon begründen können.

Suchen Sie in allen drei Texten nach Aussagen und Informationen, über die man unterschiedlicher Meinung sein kann, und sprechen Sie mit Ihrer Partnerin/Ihrem Partner darüber.

Я думаю, что это очень маленькая квартира. Разве можно, что мама, папа, Дима и бабушка живут в квартире, где только две комнаты?

урок № 3

18 Ключи от моих дверей *Слова:* Макаревич / *Музыка:* Гребенщиков

Wir möchten Ihnen unseren Titelsong vorstellen. Natürlich brauchen Sie den Text nicht zu erarbeiten, wir haben Ihnen die Übersetzung gleich mitgeliefert. Wenn Ihnen das Lied gefällt, können Sie die zwei Zeilen des Refrains auswendig lernen.

Между тем, кем я был и тем, кем я стал
лежит бесконечный путь.
Но я шёл весь день и я устал
И мне хотелось уснуть.

    И она не спросила, кто я такой
    и с чем я стучался к ней.
    Она сказала: «Возьми с собой
    ключи от моих дверей.»

Между тем, кем я стал и тем, кем я был
семь часов до утра.
Я ушёл до рассвета и я забыл
чьё лицо я носил вчера.

    И она не спросила, куда я ушёл,
    северней или южней.
    Она сказала: «Возьми с собой
    ключи от моих дверей.»

А я трубил в эти дни в жестяную трубу.
Я играл с терновым венцом.
И мои восемь струн казались мне
то воздухом, то свинцом.

    И десяткам друзей хотелось сварить
    суп из моих зверей.
    Она сказала: «Возьми с собой
    ключи от моих дверей.»

И когда я решил, что некому петь,
я стал молчать и охрип.
И когда я решил, что нет людей
между свиней и рыб,

    и когда я решил, что остался один
    мой джокер среди их козырей.
    Она сказала: «Возьми с собой
    ключи от моих дверей.»

Zwischen dem, der ich war und dem, der ich bin
liegt ein unendlicher Weg.
Und ich lief den ganzen Tag und ich wurde müde
und wollte gerne einschlafen.

Und sie fragte nicht, wer ich denn sei,
und wie ich an sie geraten sei.
Sie sagte: »Nimm mit dir
die Schlüssel von meiner Tür.«

Zwischen dem, der ich geworden bin, und dem, der ich war
liegen sieben Stunden bis zum Morgen.
Ich bin vor Morgengrauen gegangen und habe vergessen,
wessen Gesicht das war, das ich gestern trug.

Und sie hat nicht gefragt, wohin ich ging,
eher nach Norden oder nach Süden.
Sie sagte: »Nimm mit dir
die Schlüssel von meiner Tür.«

Und ich blies in diesen Tagen auf der Blechtrompete
und spielte mit der Dornenkrone.
Und meine acht Saiten kamen mir manchmal vor
wie aus Luft und manchmal wie aus Blei.

Und ein Dutzend Freunde wollte Suppe
aus meinen Tieren kochen.
Sie sagte: »Nimm mit dir
die Schlüssel von meiner Tür.«

Und als ich begriffen hatte, dass da niemand war, für den
man hätte singen können, da begann ich zu schweigen
und wurde heiser. Und als ich begriffen hatte, dass es
unter den Schweinen und Fischen keine Menschen gab,

und als ich begriff, dass mein Joker
unter ihren Trümpfen allein geblieben war,
sagte sie: »Nimm mit dir
die Schlüssel von meiner Tür.«

тридцать семь

Грамматика – не беда!

Nachdem Sie die Deklination der Feminina schon gut beherrschen, haben Sie in Урок 3 die Maskulina mit dem dazugehörigen Possessivpronomen kennen gelernt. Im Russischen unterscheidet man zwischen belebten und unbelebten Maskulina. Belebt sind im wesentlichen Personen und Tiere. Bei belebten männlichen Substantiven stehen im Akkusativ die gleichen Endungen wie im Genitiv. Bei unbelebten Maskulina stehen im Akkusativ die gleichen Endungen wie im Nominativ. Wenn Sie das beachten, brauchen Sie das Muster für стол nicht zu lernen, sondern Sie können es einfach ableiten. Das gleiche gilt für die Neutra. Sie verhalten sich wie unbelebte Maskulina, d.h. der Akkusativ stimmt mit dem Nominativ überein. Beachten müssen Sie nur die Endung **-o / -e** im Nominativ.

		Maskulinum Singular (belebt)			**Maskulinum** (unbelebt)		**Neutrum**
Nom.	(кто?)	мой	сын	(что?)		стол	вино́
Gen.	(кого́?)	моего́	сы́на	(чего́?)		стола́	вина́
Dat.	(кому́?)	моему́	сы́ну	(чему́?)		столу́	вину́
Akk.	(кого́?)	моего́	сы́на	(что?)		стол	вино́
Instr.	(с кем?)	(с) мои́м	сы́ном	(с чем?)		столо́м	вино́м
Präp.	(о ком?)	(о) моём	сы́не	(о чём?)	(о)	столе́	(о) вине́

Soviel zur Singulardeklination der Maskulina und Neutra.

Was haben Sie in Урок 3 noch gelernt? Richtig, die Konjugation einiger unregelmäßiger Verben. Lernen Sie die Formen auswendig. Sicher ist Ihnen aufgefallen, dass die Wörter mit **ё** kein Betonungszeichen enthalten. Das liegt daran, dass **ё** immer betont ist. Gut, nicht wahr?

	идти́ (gehen)	**е́хать** (fahren)	**пить** (trinken)	**смотре́ть** (anschauen, besichtigen)
я	иду́	е́ду	пью	смотрю́
ты	идёшь	е́дешь	пьёшь	смо́тришь
он / она́ / оно́	идёт	е́дет	пьёт	смо́трит
мы	идём	е́дем	пьём	смо́трим
вы	идёте	е́дете	пьёте	смо́трите
они́	иду́т	е́дут	пьют	смо́трят

In den ersten drei Lektionen sind Ihnen bereits zahlreiche Präpositionen begegnet. Da diese Wörter bestimmen, in welchem Fall das nachfolgende Substantiv steht, sollten Sie den Fall immer gleich mitlernen. Einige Präpositionen können mit mehreren Fällen stehen, z.B. **на** und **в**. Welchen Fall Sie brauchen, sagen Ihnen die Fragewörter, z.B.: *wohin?* = Akkusativ, *wo?* = Präpositiv.

до	(+ Gen.)	до свида́ния, до до́ма	за	(+ Akk.)	за Ве́ру, за стол
к	(+ Dat.)	к сестре́, к телефо́ну	с	(+ Instr.)	с подру́гой, с сы́ном
по	(+ Dat.)	по схе́ме, по профе́ссии	в	(+ Akk.)	в кварти́ру, в парк
на	(+ Akk.)	на у́лицу, на стол		(+ Präp.)	в кварти́ре, в па́рке
	(+ Präp.)	на у́лице, на этаже́	о	(+ Präp.)	о сестре́, о сы́не
	(+ Präp.)	на метро́, на авто́бусе			

Тест № 1

A Wortschatz und Grammatik — Слова и грамматика

 1 Салат – ресторан

Welche zwei Wörter passen zusammen? Schreiben Sie sie auf.

| футбол | турист | комната | салат | мужчина | кассета | муж |
| гостиница | женщина | ресторан | музыка | квартира | жена | спорт |

салат – ресторан _____

_____

_____

 2 Пять минус один

Welches Wort gehört nicht in die Gruppe? Erklären Sie, warum?

1	2	3	4	5
говорить ехать делает жить играть	сестра мужчина бабушка женщина подруга	Самара Правда Москва Петербург Липецк	дом ванная комната суп кухня	Таня Ирина Никита Елена Мария

1. _____ 2. _____ 3. _____ 4. _____ 5. _____

 3 Кто говорит?

Setzen Sie die Verben in der richtigen Person ein.

– Что вы _____ (делать) сегодня вечером?

– Я ещё не _____ (знать).

– Давайте мы вечером _____ (посмотреть) фильм.

– Хорошо.

– А что _____ (делать) папа?

– Он _____ (читать) газету.

– А бабушка?

– Она _____ (гулять) в парке.

– А Маша с Катей, они что _____ (делать)?

– Разве ты не _____ (знать)?

  Они _____ (играть) на компьютере.

тридцать девять 39

4 Легенда

Frau Berger erzählt von Ihrer Reise nach Moskau. Ergänzen Sie die passenden Wörter aus dem Kasten. Vorsicht: Einige Wörter kommen mehrmals vor.

| моя подруга | Москва | гостиница | газета | гитара | кассета |
| реклама | улица | рок-музыка | кока-кола | легенда | автобус |

Моя подруга живёт в _____ . Я еду к _____ _____ !
Я еду в _____ . В _____ я живу не в _____ ,
а у _____ _____ . Мы говорим по-русски и я понимаю _____
_____ . Как это хорошо! Я читаю _____ или играю
на _____ . Моя подруга слушает _____ с немецкой
_____ . Потом мы едем на _____ . Я смотрю на
_____ и читаю _____ : Пей[1] легенду! Что это?
Я не понимаю и спрашиваю _____ _____ . Она говорит, что это
реклама _____ . «Вы разве не пьёте _____ ?»
смеётся[2] она.

[1]trink [2]lacht

Б Mündlicher Ausdruck — Устная речь

5 Ролевая игра

Erinnern Sie sich noch an das Rollenspiel aus Урок 1?
a) Unterhalten Sie sich mit Ihrer Gesprächspartnerin/Ihrem Gesprächspartner zuerst über sich selbst.
b) Berichten Sie anschließend über Ihre beste Freundin/Ihren besten Freund.

Карточка А

Fragen Sie Ihre Gesprächspartnerin/Ihren Gesprächspartner
– … wie sie/er heißt,
– … wo sie/er wohnt,
– … ob sie/er Russisch spricht,
– … nach den Familienmitgliedern,
– … nach der Wohnsituation,
– … nach den bevorzugten Freizeitbeschäftigungen.

Карточка Б

Beantworten Sie die Fragen Ihrer Partnerin/Ihres Partners und fragen Sie sie/ihn anschließend
– … nach dem Namen,
– … nach dem Wohnort,
– … nach den Russischkenntnissen,
– … nach den Familienmitgliedern,
– … nach der Wohnsituation,
– … nach den Freizeitbeschäftigungen.

Тест № 1

B Leseverstehen — Понимание при чтении

6 Бланк

Füllen Sie das Formular aus und kreuzen Sie die auf Sie zutreffenden Aussagen an.

Фамилия: _____

Имя: _____

Отчество: _____

Пол: мужской _____ женский _____

Национальность: русский / русская _____
немец / немка _____

Языки: немецкий _____
русский _____

Адрес: _____

Телефон: _____ Факс: _____

E-mail: _____

Имя мужа / жены: _____

Дети: сын _____ дочь _____

Дата: _____

Подпись: _____

7 Диалог

Das Gespräch ist durcheinander geraten. Bringen Sie es in die richtige Reihenfolge.

	– А ‹Freundin›?
	– Сестра.
	– Что ты читаешь?
	– Да, я читаю и понимаю по-русски, но ещё не очень хорошо.
	– Спасибо.
	– Ты знаешь как по-русски ‹Schwester›?
	– Читаю.
1	– Что ты делаешь?
	– Подруга.
	– Газеты. Это русская газета ‹Аргументы и факты›.
	– Да, ты хорошо говоришь по-русски.
	– Разве ты читаешь по-русски?

сорок один 41

Hörverstehen Понимание при аудировании

 8 Слова? Слова!

Tragen Sie die Wörter, die Sie von der Kassette/CD hören, in die richtige Spalte ein.

Eigennamen	Sonstige Wörter

 9 Да или нет?

 a) Lesen Sie zunächst die Fragen. b) Hören Sie dann die Kassette/CD. Sie werden sicher nicht jedes Wort verstehen, aber das ist auch gar nicht nötig. Sie sollen lediglich herausfinden, ob die Antworten auf die Fragen да oder нет lauten. Kreuzen Sie an.

	да	нет

1. Вы приглашаете подругу в кино.
   Nimmt sie die Einladung an?
2. Ваша русская подруга говорит о семье и о квартире.
   Wohnt sie in einer 2-Zimmer-Wohnung?
3. Ваша подруга ждёт вас на станции метро ‹Третьяковская›.
   Hören Sie die Ansage. Sollen Sie an der nächsten Station aussteigen?

Schriftlicher Ausdruck Письмо

 10 Электронная почта

Der Partnerschaftsverein Ihrer Heimatstadt vermittelt Briefkontakte nach Russland. Sie haben Interesse bekundet und eine E-Mail erhalten. Beantworten Sie sie.

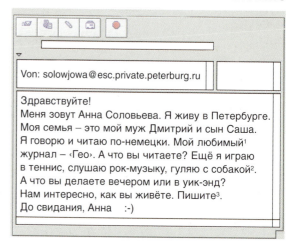

Von: solowjowa@esc.private.peterburg.ru

Здравствуйте!
Меня зовут Анна Соловьева. Я живу в Петербурге.
Моя семья – это мой муж Дмитрий и сын Саша.
Я говорю и читаю по-немецки. Мой любимый[1] журнал – ‹Гео›. А что вы читаете? Ещё я играю в теннис, слушаю рок-музыку, гуляю с собакой[2].
А что вы делаете вечером или в уик-энд?
Нам интересно, как вы живёте. Пишите[3].
До свидания, Анна   :-)

[1]*Lieblings-* [2]*Hund* [3]*schreiben Sie*

Урок № 4

В гостях у московской семьи

Manches kommt uns zunächst merkwürdig vor, wenn wir bei einer russischen Familie zu Besuch sind. Meistens steht die Wohnungsfrage im Mittelpunkt des Gesprächs. Aber es gibt in dieser Lektion noch viele andere Kleinigkeiten, die Sie überraschen werden. Finden Sie sie heraus!

A Eine Wohnung beschreiben — Подготовка

Frau Schröder unterhält sich mit Инна Викторовна über deren neue Wohnung.

У Инны Викторовны сын и дочь. Они живут в новой квартире. Госпожа Шрёдер спрашивает сестру Татьяны Петровны: «А какая у вас квартира?»
Инна говорит: «У нас большая двухкомнатная квартира.»
г-жа Шрёдер: «У вас сын и дочь. А детская у вас есть?»
Инна Викторовна: «Есть. Дочь и сын спят в детской, а мы с мужем – в другой комнате. А кухня, к сожалению, очень маленькая.»
Госпожа Шрёдер думает: «Девочка и мальчик спят в одной комнате?»
Но вслух она говорит: «Действительно, маленькая кухня – это неудобно.»
«Да, это правда. Вот наш дом», говорит Инна и показывает фото.

Tipp

Какая у вас квартира? Wörtlich heißt das: *Was für eine Wohnung (ist) bei Ihnen?* Die Antwort: *Bei uns (ist) eine 2-Zimmer-Wohnung.* У нас двухкомнатная квартира. Etwas haben/besitzen wird auf Russisch mit **y** + Genitiv ausgedrückt. Wenn man fragen will, ob jemand etwas wirklich hat, oder mit Nachdruck antworten will, fügt man noch **есть** (es gibt, es ist vorhanden) hinzu: А детская у вас есть? Die Antwort: Есть. Mehr dazu auf den Seiten 44 und 54.

Мы с му́жем: Wir sagen im Deutschen *mein Mann und ich*. Russen sprechen nicht von sich selbst und einem anderem, sondern sagen *wir zusammen mit ...*: мы с жен**ой**, мы с сы́н**ом**.

большо́й, -а́я, -о́е	groß	есть	es gibt, es ist vorhanden
°вслух	laut *(sagen)*	к сожале́нию	leider
го́сти (Pl.)	Gäste	°моско́вский, -ая, -ое	Moskauer
в гостя́х (Pl.)	zu Gast		
де́вочка	Mädchen	наш, на́ша, на́ше	unser
действи́тельно	wirklich, tatsächlich	°неудо́бно	unbequem
де́тская	Kinderzimmer	пока́зывать	zeigen
°двухко́мнатный, -ая, -ое	2-Zimmer-	спать	schlafen
		сплю, спишь, спят	
друго́й, -а́я, -о́е	anderer	y (+ Gen.)	bei, an

сорок три 43

AB 2–6

я	у меня́
ты	у тебя́
он / оно́	у него́
она́	у неё
мы	у нас
вы	у вас
они́	у них

Die Personalpronomen kennen Sie bereits aus Уро́к 1. Um zu sagen, dass Sie *etwas haben* oder *besitzen*, brauchen Sie die Präposition у und den Genitiv der Pronomen. Einige der Formen kommen Ihnen sicher bekannt vor: Как тебя́ / вас зову́т? Меня́ зову́т … Richtig, der Genitiv stimmt mit dem Akkusativ überein. Sie müssen also gar nicht so viele neue Wörter lernen. Mehr dazu auf Seite 54.

→← **1 А где живу́т Уда́льцовы?**

AB 7

Einige dieser Häuser wurden in Russland fotografiert, andere in Deutschland. Welches Haus stammt aus welchem Land? Tragen Sie ein R (Russland) oder D (Deutschland) in die Kreise ein. Welche der Häuser könnten sowohl in Russland als auch in Deutschland stehen? In welchem der Häuser könnte Familie Уда́льцов, die russische Familie, die Sie in Уро́к 3 kennen gelernt haben, wohnen?

Урок № 4

2 Это Удальцовы

Erinnern Sie sich an die Namen der Udalzows? (Die бабушка heißt Антонина Николаевна.)

Stellen Sie sich gegenseitig möglichst viele Fragen zur Familie Удальцов und deren Wohnung:

А вы не знаете, как …?
где …?
какая …?

Но она же маленькая!

Текст

«У нас, к сожалению, только двухкомнатная квартира», говорит Борис Михайлович. «А это наша большая комната.»
5 Он наливает шампанское.
«Большая комната? Но она же маленькая!» думает госпожа Мюллер, но вслух она говорит: «А шампанское у вас очень вкусное – спасибо за
10 приглашение!»
«У меня тост», говорит господин Кремер. «За ваше здоровье!»
Они поднимают бокалы.
«А ещё у нас маленький подарок»,
15 говорит госпожа Мюллер. «Вот бутылка рейнского вина.»
«Рейнское вино!» говорит Борис Михайлович. «Спасибо! Давайте сразу откроем и на стол!»
20 Комната действительно маленькая. Господин Кремер и Борис Михайлович сидят на диване. Господин Кремер невысокий, а диван низкий.
Он не знает, как можно так есть.
25 С подушкой, конечно, лучше, но так есть тоже очень неудобно …
Наконец, все сидят.
«Интересно, где они спят, если у них такая маленькая …», ещё думает
30 господин Кремер. А потом …

> **Tipp**
>
> Über einen Blumenstrauß oder eine Flasche Wein freuen sich Ihre russischen Gastgeber garantiert.
>
> Überlegen Sie sich auch gleich einen Toast. Der zweite Trinkspruch wird in Russland von Ihnen erwartet – zögern Sie damit nicht zu lange!

сорок пять 45

°бока́лы (Pl.)	Weingläser	°невысо́кий, -ая, -ое	nicht groß
буты́лка	Flasche	ни́зкий, -ая, -ое	niedrig
ваш, ва́ша, ва́ше	euer, Ihr	откры́ть	öffnen
вку́сный, -ая, -ое	schmackhaft, lecker	откро́ю, откро́ешь, откро́ют	
е́сли	wenn, falls	пода́рок	Geschenk
есть	essen	поднима́ть	hochheben
ем, ешь, едя́т		°поду́шка	Kissen
же	doch	приглаше́ние	Einladung
°здоро́вье	Gesundheit	сиде́ть	sitzen
коне́чно	natürlich	сижу́, сиди́шь, сидя́т	
лу́чше	besser	сра́зу	sofort
налива́ть	eingießen		

Sie haben wieder ein neues unregelmäßiges Verb kennen gelernt, dessen Formen Sie auswendig lernen müssen: есть (essen = Infinitiv). Vorsicht! Nicht verwechseln mit есть (es gibt, es ist vorhanden = 3. Person von *sein*). Und natürlich auch nicht mit е́хать (fahren), siehe Seite 38.

3 В гостя́х

AB 8 Welche Tischszene passt zu dem Text, den Sie gerade gelesen haben? Begründen Sie Ihre Entscheidung anhand einer Textstelle.

Урок № 4

 4 Кто это говорит?

Ordnen Sie die Aussagen den Personen zu und schreiben Sie das Gespräch in der richtigen Reihenfolge auf: Борис Михайлович говорит: …

1. Где они спят, если у них такая маленькая квартира?
2. У нас маленький подарок.
3. У меня тост.
4. У нас двухкомнатная квартира.
5. Шампанское у вас очень вкусное.
6. Давайте сразу откроем и на стол!
7. Вот бутылка рейнского вина.
8. За ваше здоровье!
9. Рейнское вино!

Б Sagen, dass man nichts versteht

Подготовка

Утром группа завтракает в гостинице. Господин Кремер пьёт кофе и читает газету. Татьяна Петровна спрашивает: «Что пишут газеты?»
5 «Пишут о политике, культуре, экономике. Но я читаю о спорте.»
«И вы всё понимаете?», спрашивает госпожа Вандер.
«Нет», отвечает господин Кремер, «я понимаю
10 не всё.»
Госпожа Вандер смотрит на господина Кремера. Она не знает, что думать. Он читает, но не понимает что он читает!?
«Попробуйте сами! Берите газету!»,
15 говорит господин Кремер.
Госпожа Вандер берёт газету и смотрит. «Не могу», говорит она, «я ничего не понимаю.»
«Неправда», говорит Татьяна Петровна. «Смотрите!»

Tipp

Etwas auf Russisch verneinen können Sie schon: Нет, он не понима́ет по-ру́сски. Wenn Sie einmal überhaupt nichts mehr verstehen, dann sagen Sie: Я **ничего́ не** понима́ю. Diese doppelte Verneinung finden Sie im Russischen häufig: **ничего́** (nichts) **не** (nicht). Sie bedeutet: *überhaupt nichts.*

брать	nehmen	°непра́вда	(das ist) nicht richtig
беру́, берёшь, беру́т		ничего́	nichts
бери́те	nehmt / nehmen Sie	писа́ть	schreiben
всё	alles	пишу́, пи́шешь, пи́шут	
газе́ты (Pl.)	Zeitungen	попро́буйте	versucht / versuchen Sie
мочь	können	са́ми (Pl.)	selbst
могу́, мо́жешь, мо́гут		смотри́те	schaut / schauen Sie

сорок семь 47

5   А что вы понимаете?

Sehen Sie sich die Schlagzeilen an, die Herr Krämer gelesen hat. Welcher Artikel gehört zu welcher Rubrik? Tragen Sie die Ziffern ein.

Экономика

Спорт

Здоровье

Политика

Культура

6   Проект: Что пишут газеты?

Haben Sie zu Hause russische Zeitungen? Wenn ja, bringen Sie zur nächsten Unterrichtsstunde eine Auswahl mit. Wenn nein, kann Ihnen Ihre Kursleiterin/Ihr Kursleiter sicher aushelfen. Bilden Sie kleine Gruppen und sehen Sie die Schlagzeilen genau durch. Schneiden Sie alle Wörter aus, die Sie verstanden haben. Bilden Sie mit diesen Wörtern eigene Schlagzeilen, kleben Sie sie auf ein Blatt Papier und stellen Sie Ihre Arbeit im Plenum vor.

А это только закуски!

Текст

  … потом они с госпожой Мюллер смотрят на стол.
  «У нас газеты пишут, как бедно живут русские», думает госпожа Мюллер,
5 «а что это? Русское чудо?»
  На столе уже колбаса и ветчина, мясной салат, рыба, красная икра, сыр, …
  А Вера Валентиновна уже несёт борщ. «Приятного аппетита!», говорит она.
10 Борис Михайлович наливает водку и минеральную воду. Он поднимает рюмку и говорит: «Ещё раз добро пожаловать!»

Урок № 4

Госпожа Мюллер говорит: «Вера Валентиновна, ваш борщ очень вкусный! У вас есть рецепт?»
Но Вера уже на кухне. И вот она несёт блины. Борис Михайлович понимает, что гости не знают, как есть блины.
«С икрой и со сметаной!», объясняет он и снова наливает.
«Ещё борща?», спрашивает бабушка госпожу Мюллер.
«Берите рыбу!», говорит Борис Михайлович, «она у нас очень вкусная!»
И Вера Валентиновна говорит: «А мясной салат? Попробуйте!»
«Ой, я больше не могу!», говорит госпожа Мюллер.
«Как больше не можете?», спрашивает Вера Валентиновна. Она смотрит на госпожу Мюллер и ничего не понимает.
«А это только закуски! У меня в духовке ещё мясо в горшочке!»
И Дима спрашивает: «Мама, а мороженое …?»
«Конечно, сначала торт и чай с вареньем, а потом мороженое», отвечает Борис Михайлович.
«SOS!», думает господин Кремер.

Tipp

Damit die Aussprache einfacher wird, steht statt с immer со, wenn das folgende Wort mit mehreren Konsonanten beginnt: со сметаной.

Warum steht hier: Ещё борща? (Noch des Borschtsches?) Auf Deutsch würden wir einfach fragen: Möchten Sie noch борщ? Die Russen sind hier genauer. Sie verwenden immer dann, wenn es um den Teil eines Ganzen geht, den Genitiv: Möchten Sie noch etwas von dem борщ, der noch da ist?

Und noch ein Hinweis: Bei горшóчек entfällt im Präpositiv das -e- vor dem letzten Konsonanten: в горшóчке. Das begegnet Ihnen bei zahlreichen russischen Substantiven.

бéдно	arm, ärmlich
блины́ (Pl.)	Buchweizenpfannkuchen
бóльше (не)	(nicht) mehr
°варéнье	(eingekochte) Konfitüre
°горшóчек	Tontöpfchen
Добрó пожáловать!	Herzlich willkommen!
°духóвка	Backofen, Herd
закýска	Vorspeise
морóженое	(Speise-)Eis
мя́со	Fleisch
мяснóй, -ая, -ое	Fleisch-
нести́	tragen
несý, несёшь, несýт	
Прия́тного аппети́та!	Guten Appetit!
рýсский, -ая, -ое	russisch
рýсские (Pl.)	(die) Russen
°рю́мка	Schnapsglas
сметáна	saure Sahne
снóва	von neuem
сыр	Käse
чай	Tee
°чýдо	Wunder

7 На столе

Was steht alles auf dem Tisch? Machen Sie eine Kettenübung: Eine Teilnehmerin/ein Teilnehmer nennt ein Gericht, die/der nächste wiederholt es und fügt ein weiteres hinzu: На столе … и … .

8 Что говорит Вера Валентиновна?

Вера Валентиновна bietet ihren Gästen die verschiedensten Vorspeisen an. Wie reagieren Frau Müller und Herr Krämer? Schreiben Sie das Gespräch auf. (Denken Sie an den Akkusativ!).

Берите … Он(а) у нас очень вкусный / вкусная!

А …? Попробуйте!

Ваш/ваша … действительно очень вкусный / вкусная.

Спасибо, с удовольствием!

Большое спасибо, всё очень вкусно, но я больше не могу.

9 Что думает госпожа Мюллер?

Beantworten Sie die Fragen schriftlich und besprechen Sie Ihre Lösungen anschließend mit Ihrer Nachbarin/Ihrem Nachbarn.

1. Что думает госпожа Мюллер? Weshalb? Finden Sie die Textstelle? Schreiben Sie sie auf.

   Она смотрит на стол. На столе _____

   Она думает _____

2. А как вы думаете? Begründen Sie Ihre Meinung, möglichst auf Russisch.

   _____
   _____

3. Господин Кремер думает ‹SOS›. Warum wohl? Was meinen Sie?

   Он думает ‹SOS›, потому что[1] на столе _____
   _____
   _____

[1] weil, da

Урок № 4

10 У вас в гостях

Spielen Sie die Szene zu zweit. Ihre Partnerin/Ihr Partner ist bei Ihnen zu Gast. Sie bieten die verschiedensten Speisen an. Ihr Gast kann unmöglich noch mehr essen. Sie verstehen das überhaupt nicht, denn das war erst der Anfang des Menüs. Tauschen Sie anschließend die Rollen.

11 Что ты делаешь?

AB 17/18

Nach einem ausgiebigen Essen ruhen Sie sich am liebsten ein wenig aus. Finden Sie heraus, was Ihre Gesprächspartnerin/Ihr Gesprächspartner gern zur Entspannung macht. Fragen Sie sich gegenseitig.

– Что ты делаешь? Ты слушаешь музыку?
– Да, я слушаю музыку. / Нет, я не слушаю музыку. Я ничего не слушаю.

12 А что они делают?

a) Wie könnte der Abend bei den Udalzows weitergehen? Arbeite Sie zu zweit und notieren Sie einige Stichpunkte: Мы думаем, что они … b) Lesen Sie die Fortsetzung der Geschichte auf Seite 52 und vergleichen Sie sie mit Ihren Notizen.

смотрят видеокассету	читают газету
сидят за столом и едят	едут в гостиницу
говорят о политике и о спорте	

B Давайте лучше выпьем ещё! Текст

Они сидят и разговаривают, пьют и едят, и снова разговаривают.
«У вас очень уютно», говорит госпожа Мюллер. «Но квартира действительно
5 маленькая. Вы, ваш муж, Дима и ещё бабушка – и только две комнаты?»
«Вы знаете, мы не плохо живём», говорит Борис Михайлович. «У моего брата, например, однокомнатная
10 квартира, где они живут с женой и с дочкой. А извините – какая у вас квартира?»
Что отвечать? Правду? Наконец господин Кремер говорит: «У нас
15 четырёхкомнатная квартира.»
«А дети у вас есть?», спрашивает Вера Валентиновна.
«Нет», отвечает господин Кремер, «детей у нас нет.»
20 «И вы с женой живёте в четырёхкомнатной квартире?», спрашивает Борис Михайлович.
«Живём», отвечает господин Кремер.
«Давайте лучше выпьем ещё», говорит
25 Борис Михайлович и наливает.

Tipp

Детéй у нас **нет**. Das, was verneint wird, steht im Russischen immer im Genitiv (дéт**и** = Nom. Pl, детéй = Gen. Pl.). In Урок 5 erfahren Sie mehr über den Plural. Bis dahin genügt es, wenn Sie die Pluralformen erkennen.

брат	Bruder	плóхо	schlecht
вы́пить	(aus)trinken	разговáривать	sich unterhalten
вы́пью, вы́пьешь, вы́пьют		уютно	gemütlich
дéти (Pl.)	Kinder	°четырёхкомнатный, -ая, -ое	4-Zimmer-
°однокóмнатный, -ая, -ое	1-Zimmer-		

13 А какая у вас квартира?

Wählen Sie aus den Vorgaben rechts aus und unterhalten Sie sich mit Ihrer Partnerin/Ihrem Partner über die Fragen.

1. Вы знаете какая квартира у Бориса Михайловича?
2. А у его брата?
3. А какая квартира у г-на Кремера?
4. А у вас?

Урок № **4**

14 Что у Инны на ужин?

Инна Викторовна erwartet Gäste zum Abendessen.

a) Hören Sie auf der Kassette / CD, was ihr noch fehlt.

b) Lesen Sie die Einkaufszettel durch. Welchen der Zettel nimmt ihr Mann mit zum Einkaufen?

15 Мы так живём

Lesen Sie den Dialog auf Seite 52 mit verteilten Rollen. Versuchen Sie, sich in die betreffende Person hineinzuversetzen und ihre Gefühle zum Ausdruck zu bringen.

(Hat jemand behauptet, dass das einfach ist?)

16 А как вы думаете?

a) Beantworten Sie zunächst die Fragen.

1. Почему господин Кремер не знает, что отвечать на вопрос Бориса Михайловича?
2. Почему Борис Михайлович говорит: «Давайте лучше выпьем ещё.»?
3. Почему госпожа Мюллер думает одно, а вслух говорит другое? Finden Sie die Textstelle? Warum war sie so erstaunt?

b) Gab es Stellen im Text, bei denen Sie *aha!* gesagt oder gedacht haben? Schreiben Sie sie auf. Versuchen Sie das, was Sie verwundert hat, auf Russisch wiederzugeben.

Benutzen Sie Ihre Notizen und das Fragewort почему́? (*warum?*), z.B.:

Почему Борис Михайлович говорит: «Давайте сразу откроем и на стол!»? …

Natürlich können Sie noch nicht alles, was Sie sagen möchten, auf Russisch ausdrücken. Wenn Sie aber andere Menschen und Länder besser kennen lernen wollen, dann sollten Sie unbedingt im Kurs über Ihre Beobachtungen und Gedanken sprechen. Soweit es möglich ist auf Russisch, wenn das aber nicht mehr klappt – ruhig auch auf Deutsch.

пятьдесят три **53**

17 Это Борис Михайлович Удальцов

Schreiben Sie auf, was Sie über Борис Михайлович wissen. Lesen Sie Ihre Notizen anschließend Ihrer Nachbarin/Ihrem Nachbarn vor und hören Sie ihre/seine Variante. Die folgenden Stichwörter helfen Ihnen:

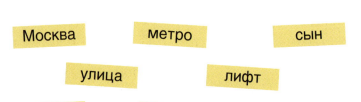

Грамматика – не беда!

Im Russischen wird *etwas haben/besitzen* mit der Präposition у und dem Genitiv ausgedrückt: у Инны, у Михаила. Das gilt nicht nur für Eigennamen, sondern für alle Substantive und natürlich für die Personalpronomen. Die 1. und 2. Person Singular und Plural kennen Sie ja bereits. Bei den Personalpronomen der 3. Person müssen Sie sich merken, dass nach Präpositionen ein н- vorgeschaltet wird: его/её/их – у него, у неё, у них.

	etwas haben/besitzen		
я	у меня		ich habe
ты	у тебя		du hast
он / оно	у него		er/es hat
она	у неё	(есть)	sie hat
мы	у нас		wir haben
вы	у вас		ihr habt
они	у них		sie haben

Есть *(es gibt/es ist vorhanden)* steht in Klammern, weil es nur benutzt wird, wenn man fragt, ob jemand etwas wirklich hat.

Билет у тебя? *Hast du die Eintrittskarte?* (Oder hat sie jemand anderes?).

Билет у тебя есть? *Hast du die Eintrittskarte (dabei)?* (Oder liegt sie zu Hause auf dem Tisch?)

Soviel zu *etwas haben/besitzen*.

Natürlich gab es in Урок 4 auch wieder einige unregelmäßige Verben. Sie kommen so häufig vor, dass Sie sie unbedingt auswendig lernen sollten.

	есть (essen)	сидеть (sitzen)	спать (schlafen)	брать (nehmen)
я	ем	сижу	сплю	беру
ты	ешь	сидишь	спишь	берёшь
он / она / оно	ест	сидит	спит	берёт
мы	едим	сидим	спим	берём
вы	едите	сидите	спите	берёте
они	едят	сидят	спят	берут

Урок № 5

Спальный вагон в Липецк

Russland hat mehr zu bieten als Moskau. Deshalb führen wir Sie jetzt nach Липецк, einer Gebietshauptstadt 450 km südöstlich von Moskau. Im gemeinsamen Schlafwagenabteil erfahren Frau Wander und Herr Seip allerhand über das Leben in der russischen Provinz.

A Sich in öffentlichen Verkehrsmitteln zurechtfinden   Подготовка

Vor der Fahrt nach Липецк möchte Frau Müller noch einmal auf den Roten Platz. Frau Удальцова begleitet sie. Die beiden müssen einige Stationen vor ihrem Ziel aussteigen. Warum?

Вера Валентиновна и госпожа Мюллер едут на метро в центр Москвы, на Красную площадь.

5 На станции метро ‹Арбатская› Вера Валентиновна говорит: «А мы выходим.»
«Это уже станция
10 ‹Площадь революции›?», спрашивает госпожа Мюллер.
«Нет, но поезд дальше не идёт», говорит Вера Валентиновна.
15 «Как не идёт?», не понимает госпожа Мюллер.
«Слушайте объявление!»
И диктор повторяет:

Внимание! Поезд дальше не идёт. Просьба освободить вагон. Посадки на поезд нет.

Tipp

Sie wissen, dass Feminina entweder auf **-а** oder **-я** enden. Steht am Ende eines Femininums aber **-ия**, heißt es aufgepasst. Diese Wörter haben eine eigene Deklination: ста́н**ция**, револю́**ция** und – ganz wichtig – Росс**и́я**. Die Endung im Genitiv und Präpositiv lautet **-ии**: пло́щадь Револю́**ции**, на ста́н**ции** метро́. Mehr dazu später.

выходи́ть	aussteigen	повторя́ть	wiederholen
выхожу́, выхо́дишь, выхо́дят		по́езд	Zug
да́льше	weiter	слу́шайте	hört / hören Sie
°ди́ктор	Ansager, Sprecher	спа́льный, -ая, -ое	Schlaf-
объявле́ние	Mitteilung, Erklärung	ста́нция	Station, Haltestelle

Was könnte упаковывать heißen? Sprechen Sie das Wort laut aus oder hören Sie es von der Kassette/CD: Что делает Татьяна Смирнова?

 Вечером Татьяна Смирнова упаковывает одежду. Всё в чемодане. Ещё раз она смотрит
5 расписание: Павелецкий вокзал, скорый поезд № 29 (номер двадцать девять), отправление 21.30 (двадцать один
10 тридцать). Она проверяет билеты. Все четырнадцать билетов на месте. Можно идти. В холле
15 гостиницы ждёт группа.

13	тринáдцать	20	двáдцать
14	четы́рнадцать	21	двáдцать оди́н
15	пятнáдцать	22	двáдцать два
16	шестнáдцать	:	
17	семнáдцать	25	двáдцать пять
18	восемнáдцать	:	
19	девятнáдцать	30	три́дцать

Tipp

Den Nominativ Plural von тури́ст kennen Sie bereits: тури́ст**ы**. Um mit den Zahlen zurechtzukommen, brauchen Sie im Russischen aber noch andere Fälle. Nach 2, 3, 4 steht der Genitiv Singular und ab 5 der Genitiv Plural: тури́ст**ов**. Genauso gebildet wird: биле́т**ы** – биле́т**ов**. Mehr dazu in Уро́к 6.

биле́т	Fahrkarte	отправле́ние	Abfahrt
вокза́л	Bahnhof	проверя́ть	überprüfen, kontrollieren
ме́сто	Ort, (Sitz-)Platz	расписа́ние	Fahrplan
ждать	warten	ско́рый, -ая, -ое	Schnell-
жду, ждёшь, ждут		чемода́н	Koffer
оде́жда	Kleidung	упако́вывать	einpacken

мой	биле́т**ы**
мои́х	биле́т**ов**
мои́м	биле́т**ам**
мои́	биле́т**ы**
с мои́ми	биле́т**ами**
о мои́х	биле́т**ах**

Mit биле́ты lernen Sie den Plural der unbelebten Maskulina kennen. Erinnern Sie sich noch daran, dass im Singular bei unbelebten Maskulina der Akkusativ gleich dem Nominativ ist, bei belebten aber gleich dem Genitiv (siehe Seite 38)? Das gilt im Plural für alle Geschlechter. Mehr dazu auf Seite 68.

Урок № 5

 1 На вокзале

Sammeln Sie alle Wörter, die Ihnen zum Thema Bahnhof einfallen. Arbeiten Sie zu zweit. Ein russisches Sprichwort heißt: **Ум хорошо, два – лучше.** (Ein Verstand ist gut, zwei sind besser.) Oder: Vier Augen sehen mehr als zwei. Welches Paar findet die meisten Wörter? Rufen Sie **Стоп!**, wenn Sie fertig sind, und vergleichen Sie Ihr Ergebnis mit dem der anderen Paare.

 2 Объявления на вокзале

Hören Sie die Durchsagen auf der Kassette / CD. a) Von welchem Zug ist die Rede? Tragen Sie den Buchstaben der Ansage ein.

b) Hören Sie die Ansagen noch einmal und notieren Sie die Zugnummern.

c) Finden Sie die Abfahrtszeiten der Züge heraus? (Für welchen Zug gibt es keine Angabe?)

1. Саратов – Москва
2. Санкт-Петербург – Москва
3. Иваново – Москва
4. Москва – Волгоград
5. Москва – Нижний Новгород
6. Москва – Самара

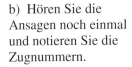

 ## Спальный вагон

Текст

 Москва, Павелецкий вокзал. Татьяна Петровна спрашивает: «А где наш поезд?»
5 Господин Кремер говорит: «Вот расписание!»
Он долго стоит и читает отправление поездов. Наконец, он читает
10 ‹Липецк›. Сокурсницы и сокурсники стоят и ждут. Они слушают объявления, но ничего не понимают. Но когда диктор
15 повторяет объявление, госпожа Вандер говорит: «Слушайте! Липецк!» Диктор ещё раз повторяет и наконец они понимают.

Внимание! Продолжается посадка на скорый поезд № 29 Москва – Липецк. Отправление с третьего пути.

пятьдесят семь **57**

20 Господин Кремер говорит: «Я знаю, какой путь!»
«А мы тоже знаем», с иронией отвечает госпожа Вандер, «третий путь!»
«А откуда вы это знаете?», спрашивает
25 господин Кремер.
«Разве вы не слушаете объявления?», отвечает госпожа Вандер.
Они идут на третий путь. У них билеты в одиннадцатый вагон. На вагонах они
30 читают ‹Металлург›. У входа в вагон стоит проводница. Она говорит: «Ваши билеты, пожалуйста!»
«Это купейный вагон», объясняет Татьяна Петровна. «В купе четыре
35 места.»
В группе четырнадцать туристов. Когда госпожа Вандер и господин Зайп открывают купе, там уже сидят женщина и мужчина. Они говорят:
40 «Добрый вечер!»
Когда мужчина понимает, что это иностранцы, он показывает, куда поставить чемоданы и повесить одежду. Проводница проверяет билеты.
45 «Чай будете?», спрашивает она.
«Чай? С удовольствием!», говорит господин Зайп. И скоро проводница приносит четыре стакана чая. Поезд уже едет. По радио ‹Европа плюс› Алла
50 Пугачёва поёт ‹Позови меня с собой› (смотрите стр. 67).

Tipp

Zu den Feminina auf **-ия** gehört auch иро́н**ия**. Der Instrumental lautet с иро́н**ией**.

Beachten Sie die Endungen der Ordnungszahlen: одиннадцат**ый**, трет**ий**. Richtig, sie stimmen mit den Adjektivendungen überein. Praktisch, nicht wahr?

Beachten Sie wieder den Ausfall des **-е-** vor dem letzten Konsonanten: иностра́**нец** – иностра́**нцы**.

До отправления поезда осталось пять минут. Провожающим просьба освободить вагон!

бу́дете?	möchten Sie?
ве́чер	Abend
вход	Eingang
до́брый, -ая, -ое	gut
до́лго	lang
иностра́нцы (Pl.)	(die) Ausländer
како́й, -ая, -ое	was für ein
°купе́йный, -ая, -ое	Abteil-
открыва́ть	öffnen
петь	singen
пою́, поёшь, пою́т	
поста́вить	stellen
поста́влю, поста́вишь, поста́вят	
°пове́сить	hängen
пове́шу, пове́сишь, пове́сят	
приноси́ть	bringen
приношу́, прино́сишь, прино́сят	
проводни́ца	Schaffnerin, Zugbegleiterin
°путь (m.)	Weg; Gleis
соку́рсник	Kursteilnehmer
ско́ро	bald
стака́н	(Tee-)Glas
стр. (страни́ца)	(Buch-)Seite

Урок № 5

3 Вот билет

Welche Informationen können Sie dieser Fahrkarte entnehmen? Arbeiten Sie in kleinen Gruppen (4–5 Teilnehmer) und sprechen Sie über die Angaben. Wenn Sie etwas nicht herausfinden, fragen Sie Ihre Kursleiterin/Ihren Kursleiter – natürlich auf Russisch.

4 На поезде

Was ist in einem russischen Zug anders als in einem deutschen? Schauen Sie sich das Foto (Seite 61) an und verwenden Sie die Informationen aus dem Text. Notieren Sie die Unterschiede in Stichpunkten und sprechen Sie mit Ihrer Partnerin/Ihrem Partner über Ihre Beobachtungen.

5 Разве это удобно?

Würden Sie gerne einmal mit einem russischen Zug reisen? Besprechen Sie das Für und Wider einer solchen Reise mit Ihrer Partnerin/Ihrem Partner. Versuchen Sie, Ihre Meinung zu begründen. Die folgenden Aussagen helfen Ihnen dabei. Kreuzen Sie an, was für Sie zutrifft und bauen Sie darauf Ihre Argumentation auf. Sie können auch Satzteile anders zusammensetzen.

1. Когда мужчины и женщины едут в одном купе – это неудобно.
2. Ехать на поезде и смотреть в окно[1] – это очень интересно.
3. И в купе так неуютно!
4. Ехать в купе так хорошо!
5. А спать в поезде – это романтично!
6. А ещё можно пить чай и разговаривать.
7. Я не понимаю, как можно так ехать!
8. Четыре человека[2] в одном купе – разве это хорошо?
9. Это не очень удобно, но интересно.
10. Так едут только русские.
11. Это необычно[3], но очень здорово!

[1]*Fenster* [2]*Person* [3]*ungewöhnlich*

6 Да или нет?

Bilden Sie zwei Gruppen. Die Teilnehmerinnen/Teilnehmer, die gerne einmal in einem russischen Zug fahren möchten, bilden die Gruppe ‹да›. Die anderen sind die Gruppe ‹нет›. Die Aufgabe der beiden Gruppen ist es, zu jedem vorgebrachten Argument – positiv oder negativ – ein Gegenargument zu formulieren.

Четыре человека[1] едут в одном купе – разве это хорошо?

Я думаю, что это не очень удобно, но интересно.

[1]Person

Б Eine Antwort begründen   Подготовка

Татьяна Смирнова в гостях у сестры. На столе кофе, коробка конфет, яблоки и апельсины. Они пьют кофе и разговаривают. Инна спрашивает:
– Раньше в школе, а теперь в высшей народной
5 школе – это трудно?
– Да, это сравнительно трудно. Утром люди идут на работу, а вечером в высшую народную школу.
– А почему они учат русский язык? Он красивый, но и очень трудный.
10 – Я думаю потому, что язык – окно в Россию. Разве это не интересно?
– А тебе интересно? Ты любишь эту работу?
– Зарплата, конечно, не очень высокая; но работать интересно. Без работы – это хуже, чем низкая
15 зарплата.

без (+ Gen.)	ohne	ра́ньше	früher
высо́кий, -ая, -ое	hoch	°сравни́тельно	vergleichsweise, relativ
вы́сший, -ая, -ее	höher	тебе́	dir
зарпла́та	Gehalt, Lohn	тепе́рь	jetzt
°коро́бка	Schachtel	тру́дно	schwierig
краси́вый, -ая, -ое	schön	тру́дный, -ая, -ое	schwierig
люби́ть	lieben, mögen	учи́ть	lernen; lehren
люблю́, лю́бишь, лю́бят		учу́, у́чишь, у́чат	
лю́ди (Pl.)	Leute, Menschen	ху́же	schlechter
наро́дный, -ая, -ое	Volks-	чем	womit?; als (Vergleich)
окно́	Fenster	шко́ла	Schule
потому́ что	weil, da	я́блоко	Apfel
почему́?	warum?	язы́к	Sprache
рабо́та	Arbeit	э́тот, э́та, э́то	dieser
рабо́тать	arbeiten		

Урок № 5

мой	конфе́ты
мои́х	конфе́т
мои́м	конфе́там
мои́	конфе́ты
с мои́ми	конфе́тами
о мои́х	конфе́тах

Mit конфе́ты lernen Sie die Pluraldeklination der Feminina kennen. Wenn Sie die Endungen mit denen der Maskulina vergleichen (siehe Seite 56), stellen Sie fest, dass sie sich nur im Genitiv unterscheiden. Der Genitiv Plural ist bei Feminina in der Regel endungslos. Auch nicht schlecht, oder?

7 Почему трудно?

AB 8–10

Sie werden immer wieder in die Situation kommen, Ihre Antwort auf eine Frage begründen zu müssen. Deshalb sind die kleinen Wörter *warum* und *weil* so wichtig.

— Вы понимаете по-русски?
— Понимаю, но это очень трудно!
— Почему трудно?
— Потому что русская грамматика очень трудная.

Sehen Sie das auch so? Dann spielen Sie diesen Dialog doch mal so richtig mit Seufzern, Wut, Verzweiflung – was eben zu Ihrer Stimmung gerade passt. Sie können понима́ть auch durch говори́ть, чита́ть oder писа́ть ersetzen, dann wird das Gespräch abwechslungsreicher.

Извините! Текст

Мужчина спрашивает: «Вы французы?»
«Нет», отвечает госпожа Вандер, «мы немцы.»
«Немцы – как интересно», говорит женщина.
5 «Берите яблоки! Они очень вкусные.»
«Яблоки! Как хорошо, спасибо», отвечает госпожа Вандер. Она открывает коробку ‹Мон шери› и говорит: «Берите конфеты!» Они едут и едят яблоки и ‹Мон шери› и
10 пьют чай.
«Меня зовут Надежда Георгиевна.»
«А меня Хайке Вандер.»
«А меня зовут Штеффен Зайп. Вы живёте в Липецке?»
15 «В Липецке», отвечает Надежда Георгиевна, «а почему вы едете именно в Липецк?»
«Мы думаем, что Москва – это ещё не вся Россия», отвечает госпожа Вандер, «нам просто интересно, как там у вас живут
20 люди.»

шестьдесят один 61

«А откуда вы так хорошо говорите по-русски?», спрашивает мужчина. «Наша группа – это курс русского языка высшей народной школы.»

«Понимаю. Вы там, наверное, хорошо живёте. У нас показывают по телевизору ваши чистые улицы, красивые, большие квартиры, автобаны, …»

«Да», отвечает госпожа Вандер, «квартиры у нас сравнительно большие. Но не забывайте, что не все у нас живут в таких квартирах – одна треть у нас живёт на грани бедности.»

«Берите яблоко!», говорит Надежда Георгиевна. «Это ‹Антоновка›.»

«Спасибо! Они действительно очень вкусные», говорит господин Зайп.

«Штеффен, у нас газеты пишут, что у вас высокая безработица. Это действительно так?», спрашивает Надежда Георгиевна.

«Конечно это так», отвечает господин Зайп. «У нас около десяти процентов без работы.»

Мужчина говорит: «Наши газеты пишут, что эта безработица из-за объединения Германии. Ну, а немцы всё ещё любят Горбачёва? Ваше объединение – это же его дело.»

«Да», отвечает господин Зайп. «Это его дело, и спасибо ему за это!»

«А вы?», спрашивает госпожа Вандер, «разве вы не любите Горбачёва?»

«У нас нет причины любить его», отвечает мужчина. «Мы живём хуже, чем раньше.»

«Вы живёте хуже, чем раньше?», спрашивает госпожа Вандер, «не понимаю. А у вас можно купить всё.»

«Да, купить можно всё», говорит Надежда Георгиевна. Она смотрит в окно и молчит.

Госпожа Вандер не понимает, в чём дело. Наконец, мужчина говорит: «Вы знаете, в магазинах есть действительно всё, только денег нет. Зарплата очень маленькая, а подрабатывать в таком городе как Липецк трудно.»

Госпожа Вандер смотрит на Надежду Георгиевну.

«Извините», говорит она.

«Да вы знаете», отвечает Надежда Георгиевна, «мы ещё неплохо живём, потому что у нас бабушка и дедушка, потому что они живут в деревне, так что у нас есть картошка, есть помидоры и огурцы, яблоки … А мясо очень дорогое. И с одеждой трудно, очень трудно.»

Урок № 5

°бе́дность (w.)	Armut	магази́н	Geschäft
безрабо́тица	Arbeitslosigkeit	молча́ть	schweigen
весь, вся, всё	alle; ganz	молчу́, молчи́шь, молча́т	
всё ещё	dennoch, trotzdem	наве́рное	wahrscheinlich
го́род	Stadt	нам	uns
°грань (w.)	Schwelle, Rand	не́мцы (Pl.)	(die) Deutschen
де́душка	Großvater, Opa	°неплохо́	nicht schlecht
де́ло	Sache, Angelegenheit	ну	nun, na
в чём де́ло	worum es geht	°объедине́ние	Vereinigung
дере́вня	Dorf	°огуре́ц	Gurke
дорого́й, -а́я, -о́е	teuer; lieb	о́коло (+ Gen.)	etwa um, ungefähr
его́	sein; ihn	°подраба́тывать	etwas dazu verdienen
ему́	ihm	помидо́р	Tomate
забыва́ть	vergessen	причи́на	Grund
и́з-за	wegen	про́сто	einfach
и́менно	besonders, gerade	телеви́зор	Fernseher
°карто́шка	Kartoffel	°треть (w.)	Drittel
купи́ть	kaufen	°францу́зы (Pl.)	(die) Franzosen
куплю́, ку́пишь, ку́пят		чи́стый, -ая, -ое	sauber, rein

8 Кто это говорит?

AB 11/12 Erinnern Sie sich, wer welche Aussage gemacht hat? Stimmen Sie mit den Aussagen überein? Begründen Sie Ihre Meinung. Die Sätze in Übung 5 und natürlich der Text helfen Ihnen dabei.

1. «Москва – это ещё не вся Россия», говорит _____

2. «Немцы всё ещё любят Горбачёва», говорит _____

3. «У русских нет причины любить его», говорит _____

9 Есть, но …

Vervollständigen Sie die Sätze.

1. Квартиры у нас сравнительно большие, но _____

2. У нас газеты пишут, что _____

3. У нас нет причины любить Горбачёва, потому что _____

4. Да, купить можно всё, но _____

5. Мы ещё неплохо живём, потому что _____

10 Надежда Георгиевна

Что вы знаете о Надежде Георгиевне? Notieren Sie sich mindestens fünf Fragen (Wo lebt sie? Wie lebt sie? Was denkt sie?) und interviewen Sie Ihre Partnerin/Ihren Partner.

11 А как у вас?

a) Suchen Sie die Sätze im Text, die inhaltlich das gleiche ausdrücken, nur mit anderen Worten. Die Aussage des letzten Satzes wird im Text nur angedeutet. Finden Sie die Stelle?

1. Госпожа Вандер думает, что в провинции люди живут не так, как в Москве.

2. Мужчина думает, что все люди в Германии живут хорошо.

3. Госпожа Вандер думает, что не все немцы живут хорошо.

4. Надежда Георгиевна не знает, что в Германии высокая безработица.

5. Она думает, что грань бедности в Германии и в России – разная[1].

b) Nehmen Sie jetzt Stellung zu den Aussagen:

1. Госпожа Вандер думает, что … . Я (тоже) так (не) думаю потому, что … .

[1]*verschieden*

B Вот это сюрприз!   Текст

Одиннадцать часов. Проводница выключает свет. Мужчина и женщина включают маленькие лампы над полками.
5 «Давайте пойдём в коридор», говорит мужчина господину Зайпу.
Господин Зайп не понимает. «А почему в коридор?», спрашивает он мужчину.
«Женщины переодеваются.» Мужчина
10 и господин Зайп стоят в коридоре и смотрят в окно.
«А вы кто?», спрашивает господин Зайп.
«Программист, значит специалист по
15 компьютеру.»
«Вот это сюрприз! У меня маленький компьютерный магазин! А у вас в России больше покупают PC или Макинтош? У меня клиент, преподаватель русского языка; он очень недоволен тем, что так трудно писать по-русски на наших компьютерах. А у вас, как это у вас?»
20 Женщины открывают дверь купе, но мужчины стоят и разговаривают. Они не разговаривают о Горбачёве или о политике, они не разговаривают о России и Германии, или о Москве и о Липецке, они даже не разговаривают о женщинах. У них одна тема: компьютеры. Но утром
25 господин Зайп хоть знает, что мужчину зовут Николай Ефимович. И на прощание Николай Ефимович даёт господину Зайпу свой телефон и говорит: «Позвоните мне! Давайте вместе посмотрим наш город!»

> **Tipp**
>
> Wenn Russen von etwas Eigenem sprechen, verwenden sie statt der Possessivpronomen (мой, твой, usw.) in allen Personen das reflexive Pronomen свой, своя, своё: Он даёт господину Зайпу **свой** телефон. Er gibt Herrn Seip nicht irgendeine, sondern *seine (eigene)* Telefonnummer.

Урок № 5

включа́ть	einschalten	позвони́те (+ Dat.)	ruft an / rufen Sie an
вы́ключать	ausschalten	пойти́	(los-)gehen
вме́сте	zusammen	пойду́, пойдёшь, пойду́т	
дава́ть	geben	покупа́ть	kaufen
даю́, даёшь, даю́т		°по́лка	Regal
да́же	sogar	преподава́тель (m.)	Lehrer
дверь (f.)	Tür	°проща́ние	Verabschiedung
зна́чит	das bedeutet	свой, своя́, своё	sein (eigen)
мне	mir	свет	Licht
над (+ Instr.)	über	сюрпри́з	Überraschung
°недово́лен	unzufrieden	тем	damit
°переодева́ться	sich umziehen	хоть	sogar, wenigstens
-ва́юсь, -ва́ешься, -ва́ются		час	Stunde

мой	дела́
мои́х	дел
мои́м	дела́м
мой	дела́
с мои́ми	дела́ми
о мои́х	дела́х

Beim Plural der Neutra gibt es nur wenig Neues. Die Endungen im Dativ, Instrumental und Präpositiv stimmen mit den Endungen der Maskulina und Feminina überein. Im Genitiv sind Neutra in der Regel endungslos wie Feminina. Gut merken müssen Sie sich nur die Endung -а / -я für den Nominativ und Akkusativ Plural. Näheres dazu auf Seite 68.

12 Да или нет?

AB 16–19

Stimmen die Aussagen mit dem Text überein? Suchen Sie die Textstellen und kreuzen Sie an.

да	нет	

1. В одиннадцать часов в купе нет света.
2. Женщины идут в коридор и разговаривают.
3. Николай Ефимович – программист.
4. Господин Зайп – инженер.
5. Мужчины разговаривают о женщинах и политике.
6. Утром господин Зайп не знает, как зовут мужчину.
7. Мужчина приглашает господина Зайпа вместе посмотреть город.
8. Женщины идут в туалет и переодеваются.

13 Проект: А что пишут немецкие газеты о России?

Schneiden Sie Berichte aus verschiedenen Zeitungen und Zeitschriften über Russland aus. Schreiben Sie die Grundgedanken der Artikel in Stichwörtern auf und erstellen Sie ein Informationsblatt. Was halten die anderen Kursteilnehmer von den Berichten? Besprechen Sie es im Plenum.

14 Давайте вместе посмотрим город!

a) Bringen Sie das Telefongespräch in die richtige Reihenfolge, dann erfahren Sie, warum Herr Seip Николай Ефимович anruft. Spielen Sie den Dialog.

b) Wie könnte das Gespräch verlaufen, wenn nicht Николай Ефимович, sondern seine Frau ans Telefon geht? Ändern Sie den Dialog entsprechend und spielen Sie ihn mit Ihrer Partnerin/Ihrem Partner.

☐	У меня идея – давайте вместе посмотрим наш город!
☐	Здравствуйте. Как ваши дела[1]?
☐	В пять вечера у гостиницы. Хорошо?
☐	До завтра.
☐	Давайте! А где вы меня будете[2] ждать?
1	Алло!
☐	Спасибо, с удовольствием! А когда?
☐	Здравствуйте! Это Николай Ефимович?
☐	Давайте завтра в пять вечера.
☐	Да, это я.
☐	Очень хорошо! Спасибо и до завтра.
☐	Это Штеффен Зайп.
☐	Спасибо, хорошо.

[1]*Wie geht es Ihnen?* [2]*werden*

15 Почему Надежда Георгиевна смотрит в окно и молчит?

Arbeiten Sie zu zweit oder in Gruppen. Lesen Sie die Textstelle noch einmal aufmerksam durch und begründen Sie Ihre Meinung möglichst ausführlich: Я думаю, что … потому, что … . / Нет, я так не думаю. Я думаю, что … .

> Она не знает, что говорить.   Купить можно всё.   Она живёт хуже, чем раньше.
>
> У неё очень маленькая зарплата.   Мясо очень дорогое.   Она ещё неплохо живёт.
>
> В магазинах есть всё.   Она думает, что иностранцы ничего не понимают.

16 А госпожа Вандер понимает Надежду Георгиевну?

In Ihrem Kurs gibt es sicher unterschiedliche Meinungen zu dieser Frage. Bilden Sie zwei Gruppen (понимает / не понимает). Jede Gruppe überlegt, wie Sie Ihre Meinung begründen kann: Мы думаем, что … потому, что … .

> … у нас около десяти процентов без работы.
> … одежда в Германии тоже очень дорогая.
> … в Германии можно купить всё.
> … она тоже живёт хуже, чем раньше.
> … у неё высокая зарплата.
> … она живёт лучше, чем раньше.
> … она тоже женщина и мама.
> … она говорит: «Извините!»
> … она живёт хорошо.

Урок № 5

 17 Позови меня с собой *Слова и музыка:* Татьяна Снежина

Im Zug nach Липецк war ein Song von Алла Пугачёва zu hören. Sie ist die bekannteste russische Popsängerin. Das Lied ist auf der Kassette / CD. Hier ist der Text.

Снова от меня ветер злых перемен – тебя уносит,
не оставив мне даже тени взамен, и он не спросит.
Может быть, хочу я улететь с тобой жёлтой осенней листвой,
птицей за синей мечтой.

Припев
  Позови меня с собой, я приду сквозь злые ночи.
  Я отправлюсь за тобой, что бы путь мне не пророчил.
  Я приду туда, где ты нарисуешь в небе солнце,
  где разбитые мечты набирают снова силу высотой.

Сколько я искала тебя сквозь года в толпе прохожих,
думала – ты будешь со мной навсегда. Но ты уходишь.
Ты теперь в толпе не узнаешь меня,
только, как прежде любя, я отпускаю тебя.

Припев
  Позови меня с собой, …

Каждый раз, как только спускается ночь на спящий город,
я бегу из дома бессонного прочь – в тоску и холод.
Я ищу среди снов безликих тебя,
но в двери нового дня я вновь иду без тебя.

Wieder trägt der Wind schlimmer Veränderungen dich von mir fort
und als Ersatz lässt er mir nicht einmal einen Schatten und er fragt nicht –
Kann sein, dass ich mit dir wegfliegen will als gelbes Herbstblatt,
als Vogel hinter einem blauen Traum her.

Refrain
  Lad mich ein, mit dir zu kommen – ich komme durch böse Nächte.
  Ich mache mich auf, hinter dir her, was der Weg mir auch immer prophezeien mag.
  Ich komme dorthin, wo du im Himmel die Sonne malst,
  wo zerstörte Träume wieder Kraft gewinnen an der Höhe.

Wie viel mal habe ich dich gesucht das Jahr hindurch in der Menge der Vorübergehenden,
habe gedacht, du wirst für immer bei mir sein. Aber du gehst.
Jetzt wirst du mich in der Menge nicht erkennen,
aber ich, dich liebend wie früher, lasse dich los.

Refrain
  Lad mich ein, mit dir zu kommen, …

Jedesmal, gerade wenn die Nacht sich herabsenkt auf die schlafende Stadt,
laufe ich fort aus dem schlaflosen Haus – in Kummer und Kälte.
Ich suche dich unter gesichtslosen Träumen,
aber durch das Tor des neuen Tages gehe ich wieder ohne dich.

❗ Грамматика – не беда!

In dieser Lektion haben Sie die Pluraldeklination der Substantive kennen gelernt. Beim Plural müssen Sie bei *allen* Geschlechtern überlegen, ob es sich um ein belebtes oder ein unbelebtes Substantiv handelt. Davon hängt ab, welche Endung im Akkusativ steht. Sie erinnern sich an die Singulardeklination? Bei unbelebten Maskulina ist der Akkusativ gleich dem Nominativ, bei belebten gleich dem Genitiv. Das gilt im Plural für *alle* Substantive, nicht nur für die Maskulina!

Einfach zu merken sind die Endungen im Dativ, Instrumental und Präpositiv. Sie sind für alle drei Geschlechter gleich: **-ам, -ами, -ах** bzw. **-ям, -ями, -ях**. Bleibt der Genitiv. Bei den Maskulina lautet die Endung **-ов / -ев / -ей**. Bei Feminina und Neutra ist der Genitiv Plural in der Regel endungslos. Eine Besonderheit gibt es noch bei den Neutra: Die Endung im Nominativ und Akkusativ lautet **-а / -я**: места́, приглаше́ния. Viele Fremdwörter auf **-о / -е** werden übrigens überhaupt nicht dekliniert: кино́, бюро́, метро́, ко́фе usw. (Denken Sie noch an die **г, к, х**-Regel und die Zischlaute – siehe Seite 24?!)

Maskulina (unbelebt)			Feminina (belebt)		
что?	твой	биле́ты	кто?	мой	подру́ги
чего́?	твои́х	биле́тов	кого́?	мои́х	подру́г
чему́?	твои́м	биле́там	кому́?	мои́м	подру́гам
что?	твой	биле́ты	кого́?	мои́х	подру́г
(с) чем?	(с) твои́ми	биле́тами	с кем?	(с) мои́ми	подру́гами
(о) чём?	(о) твои́х	биле́тах	о ком?	(о) мои́х	подру́гах

Feminina (unbelebt)			Neutra (unbelebt)		
что?	на́ши	конфе́ты	что?	ва́ши	дела́
чего́?	на́ших	конфе́т	чего́?	ва́ших	дел
чему́?	на́шим	конфе́там	чему́?	ва́шим	дела́м
что?	на́ши	конфе́ты	что?	ва́ши	дела́
(с) чем?	(с) на́шими	конфе́тами	(с) чем?	(с) ва́шими	дела́ми
(о) чём?	(о) на́ших	конфе́тах	(о) чём?	(о) ва́ших	дела́х

Das war das Wichtigste zur Pluraldeklination der Substantive.

Auch in Уро́к 5 haben Sie wieder neue Verben kennen gelernt. Vielleicht ist Ihnen ja aufgefallen, dass es auch bei den unregelmäßigen Formen bestimmte Regelmäßigkeiten gibt. Wenn Sie sie berücksichtigen, brauchen Sie viel weniger zu lernen. Das gilt auch für die Aussprache: Beachten Sie den Betonungswechsel von der 1. zur 2. Person Singular!

	приноси́ть (bringen)	люби́ть (lieben)
я	приношу́	люблю́
ты	прино́сишь	лю́бишь
он / она́ / оно́	прино́сит	лю́бит
мы	прино́сим	лю́бим
вы	прино́сите	лю́бите
они́	прино́сят	лю́бят

- Bei vielen Verben kommt es in der 1. Pers. Sg. zu einem Konsonantenwechsel, z.B. wird с → ш oder д → ж: **приноси́ть, пове́сить; выходи́ть**. Alle anderen Personen sind regelmäßig.
- Bei einigen Verben kommt es in der 1. Pers. Sg. zu einem -л-Einschub: **люби́ть, поста́вить, купи́ть**. Auch hier ist der Rest regelmäßig.

Урок № 6

В Липецке

Frau Wander und Herr Seip erfahren, wie wichtig ein empfindsamer, taktvoller Umgang gerade mit Menschen mit anderer Lebensweise und anderen Lebensbedingungen ist. Obwohl das ein schwieriges Thema ist, werden Sie am Ende der Lektion feststellen, dass Sie schon fast so viel dazu auf Russisch sagen können wie auf Deutsch.

A Über wirtschaftliche Zusammenhänge sprechen   Подготовка

Kennen Sie die russische Automarke ‹Волга›? Finden Sie heraus, welche Firma ihn herstellt?

Татьяна Смирнова в гостях у Инны. Они смотрят фотографии. Татьяна спрашивает:
– А это кто на фотографии?
5 – Это мои знакомые Ирина и Игорь. Ирина – моя сокурсница по консерватории. Они живут теперь в Нижнем Новгороде. У них хорошая семья, двое детей.
10 Ирина работает в музыкальной школе и ещё подрабатывает. Игорь работает на заводе ГАЗ.
– ГАЗ – это завод, который делает машины ‹Волга›?
15 – Да. И хотя он инженер, зарабатывает он не слишком много.
– А почему? Ведь ‹Волга› – популярная машина в России.
20 – Это правда. Но хотя качество машин и неплохое, а продавать их трудно. Причина в том, что у людей нет денег. Заработки очень низкие.

Tipp
Neben den Grund- und den Ordnungszahlen gibt es im Russischen für die Zahlen 1–10 noch die sogenannten Sammelzahlwörter. Sie beziehen sich immer auf die Menge als Ganzes. Sie brauchen sie nicht zu lernen, es reicht, wenn Sie sie erkennen: У них **дво́е** дете́й. Nach einem Sammelzahlwort steht immer der Genitiv Plural.

ведь	doch	маши́на	Auto
°дво́е	zwei	мно́го	viel
заво́д	Fabrik	°неплохо́й, -ая, -ое	nicht schlecht
зараба́тывать	verdienen	продава́ть	verkaufen
°за́работок	(Arbeits-)Lohn, Gehalt	продаю́, продаёшь, продаю́т	
знако́мые (Pl.)	(die) Bekannten	°сли́шком	zu (sehr)
их	sie (3. Pers. Pl.)	хоро́ший, -ая, -ее	gut
ка́чество	Qualität	°хотя́	obwohl
кото́рый, -ая, -ое	welcher, der		

шестьдеся́т де́вять 69

1 Информация по радио

a) Hören Sie den Radiobericht von der Kassette / CD. Wovon ist die Rede? Kreuzen Sie an.

 Autoverkauf   Verkehrsunfall   Autoausstellung   Autodiebstahl

b) Hören Sie den Bericht noch einmal. Um welche Automarken geht es?

 ВАЗ 2108 и Альфа Ромео   Ока и Волга

 ВАЗ 2106 и Альфа Ромео   Волга и ВАЗ 2106

c) Können Sie auch die номер пейджера notieren?

_____

Уволить двадцать тысяч рабочих!?   Текст

Тысяча девятьсот девяносто девятый год в русской провинции. В Липецке живут пятьсот тысяч человек. Это почти столько людей, сколько во Франкфурте-на-Майне – шестьсот пятьдесят тысяч. Но для России – Липецк небольшой город.

Урок № 6

год	Jahr	отли́чный, -ая, -ое	ausgezeichnet
°защи́та	Schutz	почти́	fast
до́лжен, должна́, должно́; должны́	er/sie/es muss; sie müssen	рабо́чие (Pl.)	(die) Arbeiter/innen
для (+ Gen.)	für	°разреша́ть	genehmigen, erlauben
из (+ Gen.)	aus, von … her	сове́т	Rat
°коли́чество	Anzahl	°сто́лько	(genau) so viel
настоя́щий, -ая, -ее	echt, wirklich	°уво́лить	entlassen
о́бщество	Gesellschaft	хоте́ть хочу́, хо́чешь, хотя́т	wollen
определённый, -ая, -ое	bestimmt	челове́к	Mensch, Person

10	де́сять	200	две́сти
20	два́дцать	300	три́ста
30	три́дцать	400	четы́реста
40	со́рок	500	пятьсо́т
50	пятьдеся́т	600	шестьсо́т
60	шестьдеся́т	700	семьсо́т
70	се́мьдесят	800	восемьсо́т
80	во́семьдесят	900	девятьсо́т
90	девяно́сто	1 000	ты́сяча
100	сто	1 000 000	милли́он

Tipp

Beachten Sie, dass die letzte Zahl bei der Jahresangabe eine Ordnungszahl ist: … девя́тый. Die Endungen der Ordnungszahlen sind abhängig vom Geschlecht des folgenden Substantivs: девя́т**ый** год (m.).

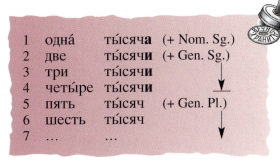

1	одна́	ты́сяч**а**	(+ Nom. Sg.)
2	две	ты́сяч**и**	(+ Gen. Sg.)
3	три	ты́сяч**и**	
4	четы́ре	ты́сяч**и**	↓
5	пять	ты́сяч	(+ Gen. Pl.)
6	шесть	ты́сяч	↓
7	…	…	

Aus Уро́к 5 wissen Sie bereits, dass Russen beim Zählen anders denken als wir. Nach 1 steht der Nominativ Singular, nach 2, 3, 4 der Genitiv Singular und ab 5 der Genitiv Plural: 341 дом, 342 до́м**а**, 345 дом**о́в**. Entscheidend für das folgende Substantiv ist immer die letzte Ziffer.

2 Как вы ду́маете?

Von welchem Problem ist im Text die Rede?

В те́ксте говори́тся о пробле́ме …
… плохо́го ка́чества ста́ли.
… нерента́бельной рабо́ты комбина́та.
… безрабо́тицы.
… ни́зких за́работков.
… социа́льной защи́ты.
… конкуре́нции с Япо́нией и Аме́рикой.

Und wie geht der Gedanke weiter?

1. Хотя́ в Ли́пецке живёт почти́ сто́лько люде́й, ско́лько во Фра́нкфурте-на-Ма́йне, …
2. Хотя́ ка́чество ста́ли отли́чное, …
3. Хотя́ нет настоя́щей систе́мы социа́льной защи́ты, … конкуре́нции с Япо́нией и Аме́рикой.

се́мьдесят оди́н

3 Что интересно?

Welche Begriffe aus dem Text sind Ihrer Meinung nach am wichtigsten? Begründen Sie Ihre Wahl.

| провинция | рабочие | уволить | качество |
| завод | заработки | система социальной защиты | импорт |

4 Правда или нет?

Unterhalten Sie sich mit Ihrer Partnerin/Ihrem Partner über die Informationen, die Sie dem Text entnommen haben. Welche der Aussagen halten Sie für wahr (правда), falsch (неправда), interessant (интересно) oder uninteressant (неинтересно)? Fertigen Sie eine Tabelle an und tragen Sie die verschiedenen Informationen in eine der vier Rubriken ein.

5 Металлургические комбинаты

AB 5–7

a) Finden Sie die Zahlen 1999, 20 000, 45 000, 500 000, 650 000 im Text? Lesen Sie die Sätze laut.

b) Сколько человек работает на НЛМК? Und in den anderen Metallkombinaten (МК)? Hören Sie die Kassette / CD und notieren Sie die Zahlen.

НЛМК: _____

Магнитогорский МК: _____

Нижнетагильский МК: _____

Кузнецкий МК: _____

Западно-Сибирский МК: _____

6 Кроссворд

a) Welches Hunderterzahlwort fehlt in dem Buchstabensalat? Wer findet es zuerst? _____

AB 8

b) Dafür hat sich ein Zehnerzahlwort eingeschlichen. Welches? _____

С	Е	М	Ь	С	О	Т	Б	Щ	П	С	Ж	Д
Ш	Ы	И	Ч	Е	Т	Ы	Р	Е	С	Т	А	В
П	М	Л	Ю	Ё	Э	С	З	Н	Ы	О	Ё	Е
Я	Э	Л	Д	Е	В	Я	Т	Ь	С	О	Т	С
Т	Р	И	С	Т	А	Ч	Ю	Я	М	Х	Ж	Т
Ь	Щ	О	Ш	З	Ц	А	Ч	Х	А	Ы	Э	И
С	Я	Н	Д	Е	В	Я	Н	О	С	Т	О	Ё
О	Ю	Н	В	Ц	Ч	Х	Щ	Ю	Ы	Ф	Д	К
Т	Ё	В	О	С	Е	М	Ь	С	О	Т	Г	Ч

7 Мой номер …

AB 9–11

a) Wählen Sie drei Zahlen aus Ihrem Alltag aus und berichten Sie darüber im Kurs: Мой номер …

b) Fragen Sie die anderen Kursteilnehmerinnen/ Kursteilnehmer: Какой у вас номер …?

номер телефона

номер паспорта

номер дома

номер квартиры

номер автобуса

номер машины

Б **Im Restaurant eine Bestellung aufgeben**

Подготовка

Татьяна Смирнова очень любит китайскую кухню. Она знает, что в Москве есть новый китайский ресторан, и приглашает сестру в ‹Золотой феникс›. Но Инна не знает
5   китайскую кухню.
«А нельзя нам поужинать в нормальном ресторане?», сначала спрашивает она. Но потом Инне там интересно всё: и музыка, и интерьер. Официант приносит
10 меню. Инна Филиппова первый раз ужинает в китайском ресторане и что заказывать – она ещё не знает. И ещё она не знает, любит ли она китайскую кухню или нет. Татьяна помогает сестре и
15 объясняет, что очень вкусно мясо с овощами и грибами. Но Инна не заказывает мясо, потому что она на диете и мясо сегодня нельзя. Поэтому она заказывает китайские овощи, а на десерт –
20 жареные бананы с мёдом.
Татьяна говорит официанту:
«Пожалуйста, мясо с овощами и грибами.»
«И овощи по-китайски», заказывает Инна.
«Что будете на десерт?», спрашивает
25 официант.
«Мороженое и жареные бананы.»

Tipp

Beachten Sie die verkürzte Infinitivkonstruktion:
... и что заказа́**ть** – она́ ещё не зна́ет.
Das Wörtchen **ли** steht in Fragesätzen ohne Fragewörter immer direkt nach dem Verb:
... любит **ли** она китайскую кухню или нет.

°грибы́ (Pl.)	Pilze	о́вощи (Pl.)	Gemüse
°жа́реный, -ая, -ое	gebraten	°официа́нт	Kellner
зака́зывать	bestellen	пе́рвый, -ая, -ое	erster
°золото́й, -ая, -ое	gold(en)	°по-кита́йски	chinesisch, auf Chinesisch
°кита́йский, -ая, -ое	chinesisch	помога́ть	helfen
ли	ob (oder nicht)	поэ́тому	deshalb
меню́	Speisekarte	приглаша́ть	einladen
°мёд	Honig	раз	mal
нельзя́	nicht dürfen	у́жинать / поу́жинать	zu Abend essen
но́вый, -ая, -ое	neu		

8   В ресторане

AB 12/13

a) Что заказывает Инна Филиппова? А почему? b) Вы уже знаете, как заказывать в ресторане? Spielen Sie die Szene im Restaurant. Sie können natürlich auch etwas anderes bestellen. Wenn Sie russische Gerichte den asiatischen vorziehen, verwenden Sie die Speisekarte auf Seite 74.

МЕНЮ

ТЕЛЕГА С ЗАКУСКАМИ
Один человек (один подход)* –150.00 руб

Просьба с пониманием отнестись к тому, что в Ваш счёт будет включено столько шведских столов, сколько человек будет есть из Вашей тарелки.

ГОРЯЧИЕ ЗАКУСКИ

Оладьи с вареньем (сметана)	126/30*	– 45.00 руб
Блинчики с мясом	210/50/ 2*	–105.00 руб
Оладьи с сёмгой	2 шт./50/10/ 1*	–105.00 руб
Пирожок (с капустой либо с мясом, либо с яблоками)	65 г*	– 15.00 руб

ПЕРВЫЕ БЛЮДА

Пельмени грибн. бул.	10шт./120/20/ 2*	– 85.00 руб
Борщ	350/20/ 2*	– 75.00 руб
Лапша домашняя с гриб	350/20/20/ 2*	– 75.00 руб
Похлёбка (Уха)	300/40/20/20/ 2*	– 75.00 руб

ГОРЯЧИЕ БЛЮДА (готовятся на открытом огне)

Сёмужка	130/30/2 "*	–135.00 руб
Форель	115/30/20/3/2 "*	–135.00 руб
Палтус с картоф. пюре	140/150/30/2 "*	–135.00 руб
Цевки куриные	120/30/20/2 "*	–100.00 руб
Баранина	125/30/20/2 "*	–200.00 руб
Свинина	120/30/20/2 "*	–105.00 руб
Гуляш в горшочке	120/230/2 *	–105.00 руб
Колбаски охотничьи 3шт./50/20/20/9 *		–105.00 руб
Котлеты с картоф. пюре	125/125/15/2 *	–100.00 руб

ГАРНИР

Картофель	150/1*	– 30.00 руб
Гречка	100*	– 30.00 руб
Капуста тушёная	150*	– 30.00 руб

ДЕСЕРТ

Торт (медовый, шоколадный, апельсиновый)	150/15*	– 45.00 руб
Рулет с ябл. пюре	150/15/5*	– 45.00 руб
Мороженое	130/20*	– 75.00 руб
Вареники с творогом	6шт./100/30*	– 75.00 руб

ГОРЯЧИЕ НАПИТКИ

Кофе эспрессо	60 мл	– 25.00 руб
Кофе капучино	150 мл	– 35.00 руб
Горячий шоколад	150 мл	– 35.00 руб
Какао	150 мл	– 35.00 руб
Чай	150 мл	– 15.00 руб

БЕЗАЛКОГОЛЬНЫЕ НАПИТКИ

Квас	200 мл	– 10.00 руб
Молочный коктейль	200 мл*	– 45.00 руб
Кока-Кола, Кока-Кола лайт, Фанта, Тоник, Спрайт, Бьттер Лемон	200 мл	– 20.00 руб
	330 мл	– 30.00 руб
Минеральная вода	200 мл	– 10.00 руб
Бтл.	0,5 л	– 25.00 руб
Лимон	10г	– 1.00 руб

"Степень прожарки "Медиум вел"   * Фирменное блюдо трактира "Ёлки-Палки"

А как вы вообще живёте?

Текст

Немецкая группа живёт в гостинице «Металлург» на улице Ленина. Господин Зайп и госпожа Вандер приглашают новых знакомых в ресторан гостиницы, на ужин. Читать меню на русском языке – это трудно, даже очень! Попробуйте сами! Господин Зайп и госпожа Вандер ничего не понимают. Но русские знакомые им помогают и они заказывают рыбное ассорти, салат из свежих помидоров на закуску, на второе – жареную рыбу с картофелем-фри и на десерт – блины с мёдом. И, конечно, бутылку водки «Бунинская», бутылку шампанского «Абрау Дюрсо» и минеральную воду.

Урок № 6

«За наше знакомство!», говорит Николай Ефимович, и Надежда Георгиевна добавляет: «Спасибо за приглашение! С девяносто первого года это первый раз, что я ужинаю в ресторане.»

«Надежда Георгиевна», спрашивает госпожа Вандер, «вы не ужинаете в ресторане, потому что заработки такие низкие?»

«Низкие заработки – не то слово», горько отвечает Надежда Георгиевна. Она смотрит в окно и молчит, как и вчера в поезде. Никто не знает, что сказать.

Наконец, Надежда Георгиевна продолжает: «Хайке, я не знаю, сколько стоит наш ужин, но я …»

«Одну минуточку», говорит господин Зайп. Он смотрит в меню и считает. «Где-то четыре тысячи рублей, не особенно дорого. По официальному курсу это сто пятьдесят евро – на четыре человека.»

«А я инженер, зарабатываю тысячу двести рублей», говорит Надежда Георгиевна.

Тысячу двести рублей? Господин Зайп ничего не понимает.

«В день или в неделю?», спрашивает он.

«В месяц», тихо отвечает Надежда Георгиевна.

Теперь молчат немцы – неловкое положение. Господин Зайп думает: «Пятьдесят евро в месяц! А литр бензина стоит сорок центов!»

«А сколько у вас стоит килограмм мяса?», спрашивает он.

«Хорошее мясо стоит рублей семьдесят,» отвечает Надежда Георгиевна.

«Три евро», думает господин Зайп, «а зарабатывает она пятьдесят!»

«А поездка на автобусе сколько стоит?»

«Городской транспорт у нас бесплатный.»

> **Tipp**
>
> Achten Sie auf die Preisangaben: Wenn Надежда Георгиевна den genauen Preis nennt, steht zuerst die Zahl und dann die Währung – genau wie im Deutschen: Три рубля́ два́дцать копе́ек. Wenn sie aber nur den ungefähren Preis angeben will, zieht sie das Wort рубль einfach vor: Килогра́мм мя́са сто́ит рубле́й се́мьдесят.
>
> Спаси́бо, что вы … говори́те об э́том. Zwischen о und э́том wird ein б eingeschoben, um die Aussprache zu erleichtern. Probieren Sie es aus!

«А хлеб сколько стоит?»

«Три рубля двадцать копеек.»

«А компьютер пентиум, Николай Ефимович, сколько у вас стоит такой компьютер?»

«Он стоит у нас столько, сколько и у вас.» И он наливает водку в хрустальные рюмки.

Официант приносит жареную рыбу. И она очень вкусная. Госпожа Вандер и господин Зайп едят, но без аппетита.

«Спасибо, что вы так откровенно говорите об этом», тихо говорит господин Зайп. Госпожа Вандер долго думает. Наконец, она спрашивает: «А как вы вообще живёте?»

«Овощи и фрукты – с дачи», отвечает Надежда Георгиевна, «а в остальном – жареная картошка, яичница, хлеб и иногда кусок мяса.»

«А разве так можно жить?»

«Так жить нельзя!», говорит Надежда Георгиевна.

семьдесят пять

бесплатный, -ая, -ое	kostenlos, umsonst	°неловкий, -ая, -ое	nicht locker, unangenehm
°в остальном	im Übrigen, ansonsten	немецкий, -ая, -ое	deutsch
°вообще	überhaupt	никто (не)	niemand
второй, -ая, -ое	zweiter	особенно	besonders
вчера	gestern	откровенно	offen, ehrlich
где-то	irgendwo	положение	Lage, Zustand
городской, -ая, -ое	städtisch, Stadt-	продолжать	fortsetzen
°горько	bitter	рубль (m.)	Rubel (russische Währung)
дача	Wochenendhaus		
день (m.)	Tag	°рыбное ассорти (Pl.)	gemischter Fisch
°добавлять	hinzufügen	с (+ Gen.)	seit; von … her
дорого	teuer	свежий, -ая, -ее	frisch
евро	Euro (Währung)	слово	Wort
знакомство	Bekanntschaft	сказать	sagen
им	ihnen	скажу, скажешь, скажут	
иногда	manchmal	сколько стоит …?	wie viel kostet …?
°картофель-фри (Pl.)	Pommes frites	считать	zusammenrechnen, zählen
копейка	Kopeke (100 Kopeken = 1 Rubel)		
		тихо	leise
°кусок	Stück	хлеб	Brot
месяц	Monat	цент	Cent (Währung)
неделя	Woche	°яичница	Rührei

9 Кто что говорит? Кто что думает?

Wer denkt oder sagt das?
Tragen Sie den richtigen Buchstaben ein.

AB 14/15

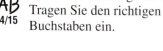 A Николай Ефимович

 B Надежда Георгиевна

C господин Зайп

 D госпожа Вандер

думает	говорит

1. С 1991 года это первый раз, что я ужинаю в ресторане.
2. Ужин стоит где-то 4000 рублей или сто пятьдесят евро.
3. Я зарабатываю 1200 рублей.
4. А как вы вообще живёте?
5. Мясо стоит рублей 70 килограмм.
6. Я не знаю, сколько стоит наш ужин.
7. Это три евро, а зарабатывает она 50.
8. Литр бензина стоит 40 центов, а зарабатывает она 50 евро.

Урок № **6**

10 Как они спрашивают?

Notieren Sie die Fragen, die zu den folgenden Reaktionen führten.

1. _____

   Низкие заработки – не то слово.

2. _____

   В месяц.

3. _____

   Хорошее мясо стоит рублей 70.

4. _____

   Три рубля 20 копеек.

5. _____

   Городской транспорт у нас бесплатный.

6. _____

   Овощи и фрукты – с дачи.

7. _____

   Он стоит у нас столько, сколько и у вас.

8. _____

   Так жить нельзя!

11 Что вы заказываете?

a) Что заказывают госпожа Вандер, господин Зайп и их русские знакомые в ресторане? Посмотрите в меню, сколько горячие блюда стоят? Для вас это много? А для Надежды Георгиевны? b) Was würden Sie bestellen? Überlegen Sie gemeinsam mit Ihrer Nachbarin/Ihrem Nachbarn und spielen Sie den Dialog.

12 Сколько стоит …?

Wenn Sie in Russland sind, werden Sie sicher auch zum Einkaufen gehen. Zuerst sollten Sie immer nach dem Preis fragen. Die Frage ist ganz einfach, aber verstehen Sie auch die Antworten? Hören Sie die Kassette/CD und tragen Sie die Preise ein. Eine Angabe fehlt. Welche?

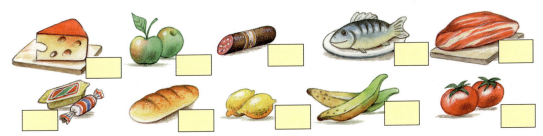

семьдесят семь 77

B Четыре бутылки водки?

Текст

Официант приносит блины с мёдом и спрашивает: «Чай или кофе будете заказывать?» Все за чай. И господин Зайп говорит: «Четыре стаканы чая, пожалуйста!»
«Хорошо», отвечает официант, «четыре стакана чая, сейчас!»
«Четыре стакана?», спрашивает господин Зайп, и госпожа Вандер отвечает: «Один стакан, два – три – четыре стакана, пять стаканов!» Николай Ефимович и Надежда Георгиевна смеются. «Ах вы, аккуратные немцы! Мы вас и так понимаем!» Теперь смеются и немцы и русские.
«Скажите, пожалуйста», говорит госпожа Вандер, «разве у вас в Липецке ничего хорошего нет?»
«Конечно есть и хорошее», отвечает Надежда Георгиевна, «например, у нас хороший драматический театр, есть и неплохая филармония, несколько кинотеатров.»
«А летом, конечно, природа», добавляет Николай Ефимович, «у нас очень красивая природа. Летом рыбалка, песни у костра, грибы.»
Одиннадцать часов вечера. «Ещё раз спасибо за прекрасный вечер», говорит Надежда Георгиевна, «нам пора.»
«Уже?», спрашивает господин Зайп, «давайте выпьем ещё!» И Николай Ефимович продолжает: «На посошок!» Но бутылка пустая. Тогда господин Зайп говорит официанту: «Ещё четыре водки, пожалуйста!»

Официант не понимает: «Четыре бутылки?», спрашивает он наконец. Николай Ефимович говорит: «Принесите нам двести грамм, пожалуйста!»
«Сейчас!», отвечает официант.

и ... и	sowohl ... als auch	прекра́сный, -ая, -ое	wunderschön
°костёр	Lagerfeuer	принеси́те	bringt / bringen Sie
ле́том	im Sommer	°приро́да	Natur
не́сколько	einige	пусто́й, -ая, -ое	leer
пе́сня	Lied	°рыба́лка	Angeln, Fischen
пора́	(es ist) Zeit	сейча́с	gleich, sofort
°посошо́к	das letzte Gläschen vor dem Aufbruch	смея́ться	lachen
		смею́сь, смеёшься, смею́тся	

Урок № 6

13 Да или нет?

Welche Aussage stimmt? Kreuzen Sie an und begründen Sie Ihre Entscheidung anhand des Textes. Lesen Sie die betreffenden Textstellen vor.

1. Все заказывают кофе.
2. Господин Зайп плохо говорит по-русски.
3. Русские смеются над немцами.
4. Николай Ефимович любит природу.
5. В Липецке нет ничего хорошего.
6. Господин Зайп заказывает четыре бутылки водки.
7. Надежда Георгиевна откровенно говорит с новыми знакомыми.

да	нет

14 Хотя …

AB 18/19

Haben Sie die Texte aufmerksam gelesen? Dann können Sie die Satzhälften sicher richtig verbinden.

Хотя …

… в Липецке живут пятьсот тысяч человек,
… заработки очень низкие,
… нет настоящей системы социальной защиты,
… русские знакомые помогают,
… Надежда Георгиевна инженер,
… Надежде Георгиевне трудно объяснять,
… уже одиннадцать часов вечера,

зарплата у неё маленькая.
для России это провинция.
говорит она откровенно.
читать меню на русском языке очень трудно.
завод работает нерентабельно.
они заказывают ещё.
завод двадцать тысяч рабочих должен уволить.

15 А как вы думаете?

Nehmen Sie zu den folgenden Thesen Stellung: **Я тоже думаю, что … / Я не думаю, что …**

1. Надежда Георгиевна слишком откровенно говорит с новыми знакомыми.
2. Господин Зайп спрашивает, что сколько стоит, потому что ему это интересно.
3. Николаю Ефимовичу неприятно[1], что господин Зайп так много спрашивает.
4. Господин Зайп считает, сколько стоит ужин, потому что он педантичный.
5. Госпожа Вандер понимает, что Надежде Георгиевне трудно говорить об этом.
6. Немцы не понимают её, потому что они живут хорошо.
7. Господин Зайп не понимает, что Надежде Георгиевне трудно говорить об этом.
8. Господин Зайп считает, сколько стоит ужин, потому что он нетактичный.[2]
9. Они не понимают её, потому что им неинтересно, как она живёт.

[1] unangenehm [2] taktlos

16 Почему она молчит?

Versuchen Sie, die Situation nachzuempfinden. Begründen Sie Ihre Einschätzung. Verwenden Sie auch Wendungen und Gedanken aus früheren Übungen: Надежда Георгиевна снова молчит и смотрит в окно, потому что она думает, что немцы не понимают проблемы в России.

Как вы думаете, почему …

… Надежда Георгиевна снова молчит и смотрит в окно?
… никто не знает, что сказать?
… госпожа Вандер и господин Зайп едят без аппетита?
… смеются и немцы и русские?
… официант ничего не понимает?

17 Кто что думает?

Können Sie Gedanken lesen? Was vermuten Sie: Wer denkt was? Und was denken Sie?

1. Но это только 50 евро в месяц!
2. Это, конечно, немного. Но это лучше, чем безработица.
3. Как хорошо, что у нас есть деньги!
4. Как можно так жить?
5. Лучше откровенно говорить, чем молчать.
6. Трудно говорить об этом, но молчать тоже плохо!
7. Как нехорошо! Он должен понимать, что это нетактично[1].
8. Но деньги – это ещё не всё!
9. Горько говорить об этом.
A 10. Так жить нельзя!

[1] taktlos

A господин Зайп
B Надежда Георгиевна
C госпожа Вандер

18 Привет из Липецка

Frau Schröder hat Инна Филиппова versprochen, eine Postkarte aus Липецк zu schreiben. Können Sie ihr helfen?

Она пишет, где группа живёт, о городе и о новых знакомых (как зовут и кто они по профессии).

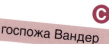

19 Разве это тактично¹?

Frau Wander und Herr Seip sind ziemlich nachdenklich geworden – sie haben verstanden, dass sie sich nicht sehr taktvoll verhalten haben. Aber wie kann man persönliche Beziehungen unter solch unterschiedlichen materiellen Voraussetzungen überhaupt aufrichtig gestalten? Können Sie einer der folgenden Aussagen zustimmen oder aus Teilen dieser Aussagen Ihre eigene Meinung formulieren?

1. Это плохо, что у них маленькая зарплата.
2. По крайней мере² у нас есть деньги и мы приглашаем их в ресторан.
3. Это нормально.
4. Это не нормально.
5. Как хорошо, что у нас есть деньги.
6. В Германии тоже не все живут хорошо, есть и безработица.
7. Важно³, что мы понимаем друг друга⁴.
8. Это не важно, кто сколько зарабатывает.
9. Если у нас есть деньги – разве это плохо?
10. Если у них нет денег – это очень плохо!
11. Разве можно всё считать на деньги?
12. Мы живём хорошо. Разве это моя заслуга⁵?
13. Они живут плохо. Разве это их вина⁶?

¹taktvoll ²wenigstens ³wichtig ⁴einander ⁵Verdienst ⁶Schuld

20 У вас есть идея?

Haben Sie eine Idee, wie der Text weitergehen könnte? Wenn eine der folgenden Aussagen Ihrer Vorstellung entspricht, führen Sie sie weiter aus. Doch, das schaffen Sie! In den Übungen 15, 16, 17 und 19 finden Sie viele gedankliche und sprachliche Anregungen.

1. Николай Ефимович приглашает новых знакомых в гости.
2. Надежда Георгиевна показывает гостям город, приглашает их в театр, на концерт, они пьют липецкую минеральную воду. И хотя всё не так, как в Германии, …
3. Госпожа Вандер приглашает Надежду Георгиевну в Германию и показывает свой город: чистые улицы, красивые дома, уютные кафе, шикарные магазины. Но …
4. Надежда Георгиевна приглашает новых знакомых на дачу, они едят свежие овощи, грибы, жарят¹ шашлыки на костре.

¹braten, grillen

21 Программа на завтра

Татьяна Петровна объясняет, что немецкая группа делает завтра. Hören Sie die Kassette/CD und tragen Sie die Uhrzeiten in das Programm ein.

_____ драмтеатр, спектакль ‹Дядя Ваня›
_____ экскурсия на металлургический комбинат
_____ завтрак¹ в гостинице
_____ экскурсия по городу
_____ ужин в ресторане ‹Металлург›
_____ кофе и встреча² с профсоюзным³ комитетом завода
_____ обед⁴ в ресторане ‹Металлург›
_____ свободное время⁵

¹Frühstück ²Treffen ³Gewerkschafts- ⁴Mittagessen ⁵Freizeit

Грамматика – не беда!

Wenn Sie bis 199 zählen können, kann beim Einkaufen, Telefonieren oder bei Verabredungen kaum etwas schiefgehen. Dazu brauchen Sie die ersten 30 Zahlwörter, die Sic ja bereits kennen. In dieser Lektion sind Ihnen 15 weitere Zahlwörter und die Substantive тысяча und миллион begegnet. Sie können jetzt Jahreszahlen angeben und bis eine Million zählen.

0	ноль / нуль	15	пятна́дцать	100	сто
1	оди́н / одна́ / одно́	16	шестна́дцать	200	две́сти
2	два / две	17	семна́дцать	300	три́ста
3	три	18	восемна́дцать	400	четы́реста
4	четы́ре	19	девятна́дцать	500	пятьсо́т
5	пять	20	два́дцать	600	шестьсо́т
6	шесть	21	два́дцать оди́н	700	семьсо́т
7	семь	22	два́дцать два	800	восемьсо́т
8	во́семь	30	три́дцать	900	девятьсо́т
9	де́вять	40	со́рок	1 000	ты́сяча
10	де́сять	50	пятьдеся́т	2 000	две ты́сячи
11	оди́ннадцать	60	шестьдеся́т	3 000	три ты́сячи
12	двена́дцать	70	се́мьдесят	4 000	четы́ре ты́сячи
13	трина́дцать	80	во́семьдесят	5 000	пять ты́сяч
14	четы́рнадцать	90	девяно́сто	1 000 000	миллио́н

Vorsicht: 13 und 30, 15 und 50 usw. nicht verwechseln! Diese Zahlwörter klingen sehr ähnlich. (Dieses Problem kennen übrigens Ausländer, die Deutsch lernen, auch.)

	Femininum				**Maskulinum**		
1	одна́	ты́сяч**а**	(+ Nom. Sg.)	1	оди́н	миллио́н	(+ Nom. Sg.)
2	две	ты́сяч**и**	(+ Gen. Sg.)	2	два	миллио́н**а**	(+ Gen. Sg.)
3	три	ты́сяч**и**		3	три	миллио́н**а**	
4	четы́ре	ты́сяч**и**	↓	4	четы́ре	миллио́н**а**	↓
5	пять	ты́сяч	(+ Gen. Pl.)	5	пять	миллио́н**ов**	(+ Gen. Pl.)
6	шесть	ты́сяч		6	шесть	миллио́н**ов**	
7	…	…	↓	7	…	…	

Denken Sie daran, dass im Russischen die Zahlwörter bestimmen, in welchem Fall das folgende Substantiv steht: Nach 1 steht immer der Nominativ Singular, nach 2, 3, 4 der Genitiv Singular und ab 5 der Genitiv Plural. Diese Regel gilt bei allen Zahlen, auch bei langen, zusammengesetzten Zahlwörtern.

1 365 931 = миллио́н три́ста ше́стьдесят пять ты́сяч девятьсо́т три́дцать оди́н биле́т
   793 352 = семьсо́т девяно́сто три ты́сячи три́ста пятьдеся́т два биле́т**а**
     1 135 = ты́сяча сто три́дцать пять биле́т**ов**

Es entscheidet immer die letzte Ziffer über den Fall des folgenden Substantivs:
оди́н биле́т – два биле́т**а** – пять биле́т**ов**.

Тест № **2**

A   Wortschatz und Grammatik   Слова и грамматика

1   Алфавит

Вы ещё знаете русский алфавит? Ordnen Sie die Wörter nach dem Alphabet.

☐ тихо	☐ коробка	☐ дача	☐ улица	☐ это	☐ объявление
☐ блины	☐ хлеб	☐ мальчик	☐ щи	☐ вечером	☐ иностранец
☐ жена	☐ фото	☐ год	☐ немец	☐ сегодня	☐ разговаривать
☐ чай	☐ ехать	☐ школа	☐ цифры	☐ подруга	☐ учить
☐ завтра	☐ лимон	☐ наливать	☐ хотя	☐ конечно	☐ язык

Welche Buchstaben fehlen? _____

2   Тринадцать слов

In dieser Schlange sind 13 Wörter versteckt. Oder finden Sie sogar mehr? Schreiben Sie sie auf.

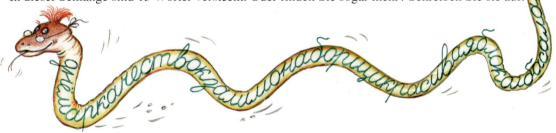

_____

_____

3   Слова? Слова!

Hier sind vier Substantive, vier Verben und zwei Adjektive versteckt. Schreiben Sie sie auf.

БА-	БО	-КА
ВЫ-	МЕЦК	-НЯТЬ
ДЕ-	БУШ	-ЧИТЬ
ЖА-	МЕ	-КА
НЕ-	ПЛА	-ТАТЬ
ОБ-	ЗВО	-ЫЙ
ПО-	КЛЮ	-КА
БУ-	РЕН	-ТА
ЗАР-	ТЫЛ	-ИЙ
РА-	ДУШ	-НИТЬ

1. _____   7. _____

2. _____   8. _____

3. _____   9. _____

4. _____   10. _____

5. _____   11. _____

6. _____   12. _____

восемьдесят три   **83**

4 У нас уже есть …?

Ergänzen Sie die Substantive im Plural.

| объявление стакан компьютер улица |
| конфета билет мужчина магазин |

1. У нас уже есть _____ . Завтра мы едем в Москву.
2. Ты слушаешь _____ ? Наш поезд на втором пути.
3. В купе они разговаривают с _____ о _____ .
4. Потом поезд едет и они смотрят на _____ и _____ .
5. Проводница приносит четыре _____ чая.
6. Они пьют чай и едят _____ .

5 Ты любишь джаз?

Jetzt brauchen Sie Verben.

| любить   выходить   повесить   есть |

1. – Я люблю джаз. А вы что _____ ?
   – Мы _____ классическую музыку.
2. – Вы сейчас _____ ?
   – Нет, я _____ на ‹Павелецкой›. А вот эта женщина тоже сейчас _____ .
3. – А куда можно _____ одежду?
   – Давайте я _____ . А вот это мы _____ на стул, хорошо?
4. – Что же вы ничего не _____ ? И ваша жена тоже не _____ ?
   – Нет, я _____ салат. Очень вкусно! Мы _____ , только мы больше не можем.

Б Mündlicher Ausdruck   Устная речь

6 В ресторане

Карточка А

Вы в ресторане ‹Былина› и заказываете ужин.
– Sie bestellen die Getränke.
– Sie bestellen die Gerichte, die Sie ausgewählt haben.
– Da Sie eines der Gerichte nicht kennen, fragen Sie die Kellnerin/den Kellner danach.
– Sie entscheiden sich doch lieber für etwas anderes.
– Sie nehmen noch ein Dessert.

Sie sind im Restaurant ‹Былина› und möchten zu Abend essen. Spielen Sie die Situation.

Карточка Б

Вы официант ресторана ‹Былина›.
– Fragen Sie, welche Getränke die Besucherin/der Besucher bestellen möchte.
– Nehmen Sie die Bestellung von Vorspeise und Hauptgericht auf.
– Erklären Sie die Gerichte, die der Besucherin/dem Besucher unbekannt sind.
– Fragen Sie nach dem Dessert.

Тест № 2

7 Светлана у подруги

Светлана Брускова hat heute frei. Sie will ihre Freundin besuchen. Unterhalten Sie sich mit Ihrer Partnerin/Ihrem Partner darüber, wie sie den Tag verbringt.

B Leseverstehen — Понимание при чтении

8 Ресторан ‹Былина›

a) Lesen Sie die Anzeige und beantworten Sie die Fragen mit ‹да› oder ‹нет›.

1. Bekommen Sie im Restaurant ‹Былина› chinesische Gerichte? _____

2. Können Sie im Restaurant ‹Былина› frühstücken? _____

3. Hat das Restaurant ‹Былина› durchgehend geöffnet? _____

Г Hörverstehen   Понимание при аудировании

 9   Русская кухня

Hören Sie auf der Kassette/CD die Werbung des Restaurants ‹Чайка›.
a) Sie lieben die russische Küche. Gehen Sie in das Restaurant?   да ⬤   нет ⬤
 b) Hören Sie die Tonaufnahme noch einmal und notieren Sie Öffnungszeiten und Telefonnummer des Restaurants.
с _____ до _____   номер телефона _____

 10   Объявления

Hören Sie die drei Ansagen auf der Kassette/CD. Welche Szene passt zu welchem Text? Tragen Sie
 die Ziffern der Ansagen ein.

Д Schriftlicher Ausdruck   Письмо

11   Вот декларация

Vor der Einreise nach Russland müssen Sie eine Zollerklärung abgeben. Füllen Sie das Formular aus.

ТАМОЖЕННАЯ ДЕКЛАРАЦИЯ

* Заполняется каждым лицом, достигшим 16-летнего возраста.
* Нужный ответ помечается в соответствующей рамке знаком ☒
* Сохраняется на весь период временного въезда/выезда и предъявляется таможенным органам при возвращении. При утере не возобновляется.

☐ въезд   ☐ выезд   ☐ транзит

1. Сведения о лице:
_____ _____ _____
фамилия   имя   отчество

_____ _____ серия ____ № ____
страна постоянного проживания   гражданство/подданство   паспорт

_____ _____
из какой страны прибыл (указывается страна отправления)   в какую страну следует (указывается страна назначения)

Со мной следуют несовершеннолетние дети   ☐ Да ☐ Нет   Количество _____

2. Сведения о наличии багажа:

2.1. Сопровождаемый багаж,   ☐ Да ☐ Нет   2.2. Несопровождаемый багаж   ☐ Да ☐ Нет
включая ручную кладь   (по грузосопроводительным документам)
Количество мест _____   Количество мест _____

3. Сведения о наличии товаров:
При мне и в моем багаже имеются товары, требующие обязательного декларирования и перемещение через границу которых производится по разрешительным документам соответствующих компетентных органов:
3.1. Национальная и иная наличная валюта, валютные ценности, изделия из   ☐ Да ☐ Нет
драгоценных металлов и драгоценных камней в любом виде и состоянии

8 Марта

In dieser Lektion reagiert Вера Алексеевна Куликова ziemlich unerwartet darauf, dass ihr Mann und ihre beiden Kinder ihr zum 8. März eine Freude machen wollen. Vielleicht haben Sie ja sogar Verständnis für sie?

A Vorbereitungen auf einen Feiertag Подготовка

Abschlussfeier in einem russischen Kindergarten – finden Sie große Unterschiede zum selben Ereignis bei uns?

До свидания, детский сад!

Сегодня в детском саду праздник. Дети и воспитательница в праздничной одежде. Дети
5 постарше будут читать сегодня стихи и петь песни. Родители и даже дедушки и бабушки тоже в зале. Воспитатели и родители будут поздравлять детей и дарить
10 школьные наборы и конфеты. «До свидания, детский сад! Здравствуй, школа!», говорят дети.

восьмой, -áя, -óе	achter	поздравля́ть/поздра́вить	beglückwünschen
°воспита́тель (m.)	Erzieher	поздра́влю, поздра́вишь, поздра́вят	
°воспита́тельница	Erzieherin	поста́рше	etwas älter
дари́ть/по-	schenken	пра́здник	Feiertag
де́тский сад	Kindergarten	°пра́здничный, -ая, -ое	feierlich
ка́ждый, -ая, -ое	jeder	роди́тели	Eltern
март	März	стихи́	Verse, Gedicht
°набо́р	Garnitur	шко́льный, -ая, -ое	Schul-

1 В детском саду

a) In diesem Text gibt es drei Adjektive, die von Substantiven, die auch im Text stehen, abgeleitet sind. Finden Sie sie?

b) Decken Sie den Text ab und benutzen Sie die Vokabelliste. Können Sie schon auf Russisch berichten, um was es geht?

c) Was ist in diesem Kindergarten anders als in Deutschland? Belegen Sie Ihre Gedanken mit einem russischen Zitat.

1. _____

2. _____

3. _____

я	бу́ду
ты	бу́дешь
он / она́	бу́дет
мы	бу́дем
вы	бу́дете
они́	бу́дут

Morgen bin ich in Lipezk – das können Sie auf Russisch nicht sagen (auf Englisch oder Französisch übrigens auch nicht!). Gemeint ist natürlich: *Morgen werde ich in Lipezk sein.* Beim Futur müssen wir Deutschen deshalb sehr vorsichtig sein. Zukünftige Handlungen können im Russischen auf zweierlei Weise ausgedrückt werden: Что мы бу́дем дари́ть? *Was werden wir schenken?* Das Futur von быть (sein) steht zusammen mit dem Infinitiv des (unvollendeten) Verbs. *Wir werden schenken* kann aber auch мы пода́рим heißen. Wann welche Form verwendet wird, hängt davon ab, unter welchem Aspekt die Tätigkeit betrachtet wird. Klingt geheimnisvoll, nicht wahr? Mehr dazu auf Seite 100.

Что мы будем дарить?   Текст

Восьмое Марта – международный женский день. В России – восьмое марта праздник. В этот день мужчины и мальчики поздравляют женщин (и девочек тоже), дарят им подарки. В детском саду воспитательница спрашивает: «Вы, наверное, на 8 Марта подарите маме рисунок?» И мальчики начинают рисовать.

В школах уже за две недели до праздника учительницы спрашивают учеников: «Что вы будете делать 8 Марта? Что будете дарить маме?» И каждый год мальчики учат стихи, пишут и рисуют поздравительные открытки, мастерят лошадок и цветы из пластилина. Мальчики постарше обычно решают: «На 8 Марта выучим стихотворение.»

Денис из третьего-‹Б›-класса не очень любит учить стихи. Он говорит папе: «Каждый год одно и то же! Ты не знаешь стихотворение покороче?» Но папа отвечает: «Я, конечно, хорошо понимаю тебя, Денис. Но мамин праздник … ты понимаешь?» «Понимаю!», отвечает Денис и глубоко вздыхает. Дома мамы спрашивают мальчиков: «Вы уже знаете, что подарить Елене Анатольевне и Зинаиде Борисовне на 8 Марта?»

> **Tipp**
>
> Смотре́ть / посмотре́ть (Seite 31), дари́ть / подари́ть – solche Paare nennt man Aspektpartner. Weil sie in der russischen Sprache von besonderer Bedeutung sind, werden sie ab jetzt gemeinsam angegeben. Mehr dazu auf Seite 100.
>
> Но ма́мин пра́здник … sagt der Vater. Die Bedeutung können Sie sicher erraten: ма́ма – ма́мин. Es handelt sich um ein Possessivadjektiv: *Mutters Feiertag.* Die Endung ist wie bei den Adjektiven abhängig vom folgenden Substantiv.

«Конечно знаем!», отвечают мальчики, «мы подарим праздничный набор конфет. Уже собираем деньги!» И мамы дают им деньги на конфеты. Мужчины на работе спрашивают друг друга: «А ты что подаришь жене на 8 Марта? Цветы? Конфеты? Духи?»

Урок № 7

°вздыха́ть/вздохну́ть вздохну́, вздохнёшь, вздохну́т	atmen, seufzen	°покоро́че	etwas kürzer
глубоко́	tief	реша́ть/реши́ть решу́, реши́шь, реша́т	entscheiden, lösen
друг дру́га	gegenseitig, einander	рисова́ть/на- рису́ю, рису́ешь, рису́ют	zeichnen, malen
°духи́	Düfte; Parfüm	рису́нок	Zeichnung
же́нский, -ая, -ое	weiblich	собира́ть/собра́ть соберу́, соберёшь, соберу́т	sammeln; sich aufmachen (etwas zu tun)
°лоша́дка	Pferdchen		
°ма́мин, -а, -о	Mutter-		
°мастери́ть/с-	basteln, werken	стихотворе́ние	Gedicht
междунаро́дный, -ая, -ое	international	тре́тий, -ья, -ье	dritter
начина́ть/нача́ть начну́, начнёшь, начну́т	anfangen, beginnen	учени́к	Schüler
		учи́тельница	Lehrerin
обы́чно	gewöhnlich	учи́ть/вы́- учу́, у́чишь, у́чат	(auswendig) lernen
одно́ и то́ же	ein und dasselbe		
отли́чно	ausgezeichnet	цветы́	Blumen
откры́тка	Ansichtskarte		
°поздрави́тельный, -ая, -ое	Glückwunsch-		

2 Пра́здник

Schreiben Sie alle Wörter auf, die Ihrer Meinung nach zum Thema 8. März gehören. Vergleichen Sie Ihre Liste mit Ihrer Nachbarin/Ihrem Nachbarn.

3 Пра́вда и́ли нет?

a) Lesen Sie die Sätze und entscheiden Sie, ob sie richtig oder falsch sind. Kreuzen Sie an.

пра́вда	непра́вда	
		1. Восьмо́е Ма́рта в Росси́и нерабо́чий[1] день.
		2. Же́нщины и де́вочки поздравля́ют мужчи́н.
		3. Же́нщины у́чат стихи́.
		4. Мужчи́ны ду́мают, что они́ пода́рят же́нщинам.
		5. Ма́льчики ду́мают, как они́ поздра́вят мам.
		6. Мужчи́нам да́рят цветы́.
		7. Же́нщины ду́мают, что пода́рят мужчи́ны.
		8. Мужчи́ны ду́мают, что пода́рят же́нщины.

b) Fertig angekreuzt? Dann überprüfen Sie doch einmal, was Ihre Partnerin/Ihr Partner denkt:

Как вы ду́маете (ты ду́маешь) – же́нщины у́чат стихи́?
Я (не) ду́маю, что … (не) …

[1] arbeitsfrei

4 Учить – выучить

Finden Sie die Aspektpartner? Haben Sie auch verstanden, warum welcher Aspekt verwendet wird? Wenn Sie unsicher sind, lesen Sie noch einmal auf Seite 100 nach und beraten Sie sich mit Ihrer Nachbarin/Ihrem Nachbarn.

1. Мы будем учить русский язык.
2. Ты будешь сегодня вечером смотреть ‹Титаник›?
3. Когда мы будем ужинать?
4. Завтра она будет рисовать портрет.
5. Вы будете читать газету сегодня вечером?

a) Они поужинают и пойдут в театр.
b) Когда я прочитаю газету, я пойду спать.
c) К празднику они выучат стихи.
d) Сначала мы посмотрим фильм, а потом купим мороженое.
e) Дети нарисуют открытки и подарят мамам.

5 Сегодня и завтра

Ja, das mit den Aspekten ist schwierig. Schaffen Sie es, in den folgenden Sätzen den richtigen Aspekt einzusetzen? Arbeiten Sie zu zweit – Kontrolle ist wichtig!

1. Какой фильм ты … сегодня вечером? (будешь смотреть/посмотришь)
2. Завтра мы ждём гостей. Я … блины. (буду готовить/приготовлю)
3. Моя подруга ждёт меня в гости. Я … ей цветы. (буду дарить/подарю)
4. Сегодня вечером меня не будет дома. Я … с сыном. (буду ужинать/поужинаю)
5. Он придёт домой и … немецкий язык. (будет учить/выучит)
6. Сегодня идёт ‹Титаник›. Давай … этот фильм! (будем смотреть/посмотрим)

Б1 Absichten in der Zukunft äußern

Подготовка

Утром

Утром мама спрашивает: «Ты не встаёшь? Пора просыпаться, уже семь часов!»
Мама входит в детскую. Дима глубоко
5   вздыхает и открывает глаза.
«Завтрак на столе. Бутерброды в школу приготовишь сам. Вечером купи хлеб. И не сиди так много за компьютером как вчера. Ну, всё, пора на работу.»
10 Мама обнимает сына. Ей действительно пора. Сначала она едет на метро сорок минут, потом на автобусе десять минут и только тогда она приходит на работу.

Урок № 7

вставáть/встать	aufstehen	°обнимáть/обня́ть	umarmen
встаю́, встаёшь, встаю́т		обниму́, обни́мешь, обни́мут	
встáну, встáнешь, встáнут		приходи́ть/прийти́	ankommen
входи́ть/войти́	hineingehen, eintreten	прихожу́, прихо́дишь, прихо́дят	
вхожу́, вхо́дишь, вхо́дят		приду́, придёшь, приду́т	
войду́, войдёшь, войду́т		°просыпáться/просну́ться	aufwachen
°глаз	Auge	просыпáюсь, просыпáешься,	
гото́вить/при-	kochen, zubereiten	просыпáются	
гото́влю, гото́вишь, гото́вят		просну́сь, проснёшься, просну́тся	
ей	ihr (Dat.)	сам, -á, -ó	selbst
зáвтрак	Frühstück	сиди́	sitz
купи́	kauf		

6 А завтра утром?

Wie wird der nächste Morgen für Dima wohl anfangen? Doch – Sie können das Futur schon richtig verwenden! Fangen Sie einfach an. Ihre Gesprächspartnerin/Ihr Gesprächspartner macht weiter.

Утром мама спросит: «Ты не встаёшь?» … Она войдёт, Дима вздохнёт … Сначала она поедет … и придёт … .

7 Что вы будете делать завтра?

a) Reden Sie doch mal mit Ihrer Gesprächspartnerin/Ihrem Gesprächspartner über Ihre Pläne. Das wird interessanter, wenn Sie die Vorgaben ändern. (Wir können ja nicht wissen, was Sie vorhaben!)

– Что вы будете делать завтра?
– Завтра я буду смотреть фильм. А вы?
– Я буду …

смотреть	звонить	покупать		фильм	продукты	сын
мастерить	учить	читать		пицца	картинка	ужин
рисовать	готовить	ужинать		бабушка	грамматика	кофе
поздравлять	пить	собирать		подарок	грибы	роман

b) Und was machen Sie anschließend?

– Что вы будете делать, когда посмотрите фильм?
– Когда я посмотрю фильм, я буду звонить сыну.
– А когда вы позвоните сыну?
– Когда я позвоню сыну, я буду …

8 Восьмое Марта в Германии

Ihre russischen Bekannten erkundigen sich danach, wie der 8. März in Deutschland gefeiert wird. Berichten Sie: 8 Марта в Германии рабочий день. …

У мамы слёзы на глазах

Текст

Вера Алексеевна Куликова – учительница. Седьмого марта мальчики её класса дарят ей конфеты. Сегодня 8 Марта, утро. Когда Вера просыпается, она на диване одна. Муж уже встал. Но как только она открывает глаза, из коридора в комнату входят муж с детьми. Они хором говорят: «Сегодня мамин праздник, сегодня
5 женский день!» Юрий Данилович говорит: «Мама, ты спокойно отдыхай! Завтрак приготовим мы с Денисом и Димой.» Они целуются.

Tipp

In dieser Situation kann eine Frau ganz unterschiedlich reagieren. Sie kann sich freuen, weil Mann und Kinder an sie gedacht haben. Sie kann aber auch denken: Ка́ждый год одно́ и то́ же! und traurig oder sogar wütend werden. Und es sind natürlich auch noch andere Reaktionen denkbar. Zwei mögliche Fortsetzungen lesen Sie im Folgenden. In dieser Lektion gibt es deshalb nicht Текст Б и Текст В, а Текст Б, вариант 1 и вариант 2.

Вариант 1

Вера Алексеевна горько улыбается. Каждый год одно и то же! А отдыхать она совсем не будет. И действительно
10 то Денис спросит: «Мама, а где сосиски? В холодильнике их нет», то придёт Дима: «Мам, где деньги? Я пойду за хлебом.» А когда муж из кухни кричит:
15 «Вер, а шампанское ты не купила? Ведь сегодня праздник!», она думает: «Всё!» Она быстро встаёт и идёт в ванную.
Папа, Дима и Денис уже целый час
20 готовят завтрак. Потом они приглашают маму в кухню, за стол. Муж открывает шампанское.
Дима в третьем классе. В школе они выучили стихотворение, которое он
25 читает вслух. Денис в детском саду нарисовал картинку, которую он дарит маме. Вера тронута.
После завтрака Юрий Данилович с детьми уходят.
30 Вера знает: они покупают букет. Как и каждый год 8 Марта.

Tipp

Kurzformen, wie hier Мам oder Вер, werden oft verwendet, wenn Menschen sehr vertraut miteinander sind. Sie sind nicht besonders höflich, eher fordernd.

Вот стихотворение Димы:
Сегодня мамин праздник,
Сегодня мамин день.
Я знаю мама любит
Гвоздику[1] и сирень[2].
Но в марте нет сирени,
Гвоздику не достать[3],
А можно на листочке[4]
Цветы нарисовать.

[1]Nelken [2]Flieder
[3]bekommen
[4]Blättchen Papier

92 девяносто два

Урок № 7

Она смотрит вокруг и глубоко вздыхает: кухня выглядит как после битвы!
35 Потом она кладёт продукты в холодильник, моет посуду, убирает кухню. Как каждый год 8 Марта.
Когда Юрий Данилович,
40 Дима и Денис приходят с букетом, они замечают, что у мамы слёзы на глазах. Вера быстренько вытирает слёзы и говорит:
45 «Это действительно очень красивый букет!»
Она обнимает мужа и детей, они целуются.
«Спасибо!», говорит Вера,
50 «спасибо вам большое!»

°би́тва	Schlacht	по́сле (+ Gen.)	nach
°бы́стренько	ganz schnell	°посу́да	Geschirr
бы́стро	schnell	проду́кты	Lebensmittel
вокру́г	ringsum	слеза́	Träne
встал (m.)	(er ist) aufgestanden	совсе́м	ganz, völlig
вы́глядеть	aussehen	соси́ска	Würstchen
вы́гляжу, вы́глядишь, вы́глядят		спра́шивать/спроси́ть	fragen
°вытира́ть/вы́тереть	abwischen	спрошу́, спро́сишь, спро́сят	
вы́тру, вы́трешь, вы́трут		то … то	bald … bald
вы́учили	(sie haben) auswendig gelernt	°тро́нут, -а, -о	gerührt (sein)
замеча́ть/заме́тить	bemerken	убира́ть/убра́ть	aufräumen,
замечу́, заме́тишь, заме́тят		уберу́, уберёшь, уберу́т	sauber machen
°как то́лько	gerade (als)	улыба́ться/улыбну́ться	lächeln
°карти́нка	kleines Bild	улыба́юсь, улыба́ешься, улыба́ются	
крича́ть/кри́кнуть	schreien	улыбну́сь, улыбнёшься, улыбну́тся	
кричу́, кричи́шь, крича́т		у́тро	(der) Morgen
кри́кну, кри́кнешь, кри́кнут		уходи́ть/уйти́	weggehen
купи́ла	(sie hat) gekauft	ухожу́, ухо́дишь, ухо́дят	
мыть/вы́-	waschen,	уйду́, уйдёшь, уйду́т	
мо́ю, мо́ешь, мо́ют	abwaschen	холоди́льник	Kühlschrank
нарисова́л	(er hat) gemalt	°хо́ром	im Chor
отдыха́ть/отдохну́ть	ausruhen, sich	°целова́ться/по-	sich küssen
отдохну́, отдохнёшь, отдохну́т	erholen; Urlaub machen	целу́юсь, целу́ешься, целу́ются	
положи́ть/класть	legen	це́лый, -ая, -ое	ganz
положу́, поло́жишь, поло́жат			
кладу́, кладёшь, кладу́т			

9 Объясните!

Arbeiten Sie zu zweit und begründen Sie, warum in den folgenden Sätzen gerade diese Aspekte benutzt werden.

1. Я ещё не знаю, что буду дарить подруге. Наверное, я подарю подруге билет в театр. Она любит театр.
2. Они купят продукты, а мы приготовим праздничный обед. Пока мы готовим, они будут накрывать на[1] стол.
3. Я объясняю тебе это правило[2]. Я буду объяснять, пока ты не поймёшь[3].
4. У тебя мокрые[4] глаза, не плачь[5]! Я помогу тебе. Я буду помогать тебе каждый день.

[1]decken [2]Regel [3]verstehen [4]feucht [5]weine (nicht)

10 Кто что говорит?

Jemandem berichten, worum es in einem Text geht – das sollten Sie auf jeden Fall können. Hier eine kleine Übung zur Vorbereitung. Wer hat was gesagt?

1. Сегодня мамин праздник, сегодня женский день.
2. Ты отдыхай!
3. А где сосиски?
4. Где деньги? Я пойду за хлебом.
5. А шампанское ты не купила?
6. Спасибо! Это очень красивый букет.

11 Расскажите!

Den Inhalt selbst wiedergeben? Doch, das können Sie! Bringen Sie einfach die Sätze in die richtige Reihenfolge.

- Вера обнимает и целует мужа и детей.
- Юрий Данилович с детьми уходят.
- Папа, Дима и Денис готовят завтрак.
- Дети дарят картинку и читают стихи.
- Вера убирает на кухне.
- Муж и дети дарят Вере букет.
- В комнату входят муж и дети и поздравляют Веру с праздником.

Урок № 7

 12 Что делают Куликовы 8 Марта?

a) Übertragen Sie das Schema auf ein Blatt Papier und füllen Sie es aus. Schreiben Sie nur die wichtigsten Punkte aus dem Text heraus.

Вера	Юрий	Дима + Денис
просыпается горько улыбается	уже встал	поздравляют маму готовят завтрак

b) Arbeiten Sie jetzt zu dritt. Jede/r wählt eine der Personen aus und erzählt frei, was sie/er von ihnen behalten hat. Die anderen ergänzen den Bericht, wenn nötig.

 13 Вы это знаете?

Haben Sie den Text verstanden (oder nur gelesen)? Versuchen Sie zu antworten. Zu schwierig? Dann schauen Sie ruhig im Text nach.

1. Почему Вера Алексеевна горько улыбается?
2. Почему Вера Алексеевна встаёт и быстро идёт в ванную?
3. Почему Вера Алексеевна глубоко вздыхает?
4. Почему Вера Алексеевна тронута?

52 Vorschläge für die Zukunft machen

Подготовка

 Всё ужасно!

– Игорь, что мне делать? Всё ужасно! Я её обидел.
– Ничего не понимаю, что ужасно? Кто обидел?
– Я! Я обидел Наташу! Теперь она не хочет меня слушать! Но я не хотел её обижать!
– Спокойно! Теперь я понимаю, почему у тебя такой вид. Ты знаешь её домашний телефон?
– Я всё время звоню, но она не отвечает. Это ужасно!
– Только без паники! Я знаю, что делать! Купи цветы, которые она любит, поймай такси. Приедешь, подаришь цветы и извинишься. И не переживай ты так!
– Да, а ещё я объясню ей, что не прав. Думаешь, она поймёт?

девяносто пять 95

вре́мя (n.)	Zeit	°обижа́ть/оби́деть	beleidigen
вид	Blick; Aussehen	оби́жу, оби́дишь, оби́дят	
дома́шний, -яя, -ее	häuslich, Haus-	°пережива́ть/пережи́ть	sich aufregen;
приезжа́ть/прие́хать	gefahren kommen	переживу́, пере-	etwas über-
прие́зжу, прие́здишь, прие́здят		живёшь, переживу́т	leben
прие́ду, прие́дешь, прие́дут		°пойма́й	fang
звони́ть/по-	anrufen, telefonieren	понима́ть/поня́ть	verstehen
°извиня́ться/извини́ться	sich entschuldigen	пойму́, поймёшь, пойму́т	
извиня́юсь, извиня́ешься, извиня́ются		споко́йно	ruhig
извиню́сь, извини́шься, извиня́тся		ужа́сно	schrecklich
		хоте́л (m.)	(ich) wollte

14 Это ужа́сно?

Wie sieht die Situation aus Igors Sicht aus? Was könnte er zu Hause erzählen?

> Мой друг оби́дел Ната́шу.
>
> Он всё вре́мя …
>
> Я ду́маю, что он …
>
> Всё бу́дет хорошо́.

Вариа́нт 2

У Ве́ры Алексе́евны мо́крые глаза́, она́ ужа́сно пережива́ет. Не́сколько секу́нд она́ молча́ смо́трит на му́жа и дете́й. Юрий Дани́лович, Ди́ма и Дени́с не понима́ют, в чём де́ло. Они́ молча́ стоя́т, ждут. И Ве́ра понима́ет, что оби́дит му́жа и дете́й, кото́рых она́ лю́бит и не хо́чет обижа́ть, оби́дит их тем, что она́ хо́чет сказа́ть. Но и́менно поэ́тому она́ бо́льше не мо́жет де́лать вид, что всё норма́льно. И она́ начина́ет говори́ть:
«Пойми́те меня́ пра́вильно, ка́ждый год 8 Ма́рта одно́ и то же. Я бо́льше не хочу́.»
У Ве́ры слёзы на глаза́х. Она́ их не вытира́ет.
«Весь год я одна́», продолжа́ет она́, «рабо́та в шко́ле и ещё вся дома́шняя рабо́та. И никто́ не помога́ет. Я звоню́ тебе́ на рабо́ту, Ю́ра, спра́шиваю, не мо́жешь ли ты купи́ть хлеб и о́вощи, когда́ прие́дешь с рабо́ты. А что ты мне отвеча́ешь? Что у вас там конфере́нция, и́ли сли́шком мно́го рабо́ты, и́ли … и́ли … . Но у меня́ в шко́ле то́же мно́го рабо́ты! И ты, Ди́ма, де́лаешь дома́шние зада́ния, пото́м игра́ешь во дворе́, а выбра́сывать му́сор – об э́том ты всё вре́мя забыва́ешь. А ве́чером вы все спра́шиваете: ‹Мам, что у нас сего́дня бу́дет на у́жин?› А кто убира́ет кварти́ру? Кто стира́ет? Почему́ всю дома́шнюю рабо́ту должна́ де́лать я одна́? Ра́зве э́то норма́льно? 8 Ма́рта вы ку́пите цветы́ и пригото́вите за́втрак, а я пото́м должна́ убира́ть в ку́хне. И за́втра сно́ва вся дома́шняя рабо́та бу́дет на мне.»

> **Tipp**
>
> Erinnern Sie sich an **co** смета́ной (Seite 49)? Einen -o-Einschub gibt es auch bei anderen Präpositionen. Beginnt das folgende Wort mit zwei oder mehr Konsonanten, wird **в** zu **во**: **во** дворе́.

Урок № 7

°выбра́сывать/вы́бросить вы́брошу, вы́бросишь, вы́бросят	wegwerfen, wegbringen	°мо́крый, -ая, -ое °мо́лча °му́сор	nass schweigend Müll, Abfall
двор	Hof	пра́вильно	richtig
зада́ние	Aufgabe	стира́ть	(Wäsche) waschen

15 А как вы думаете?

a) Wer macht welche Hausarbeiten? Schreiben Sie es auf.

1. Вера Алексеевна	2. Юрий Данилович	3. Дима и Денис

b) Wie finden Sie diese Arbeitsverteilung? Unterhalten Sie sich mit Ihrer Nachbarin/Ihrem Nachbarn darüber und nehmen Sie Stellung:

– Я думаю, что это хорошо / плохо / правильно / неправильно / нормально, потому что Вера хочет / должна / может делать всю домашнюю работу одна. А как вы думаете?
– Я думаю, …

c) Und wie ist es bei Ihnen zu Hause? Notieren Sie zunächst in Stichwörtern, was Sie sagen wollen. Versuchen Sie dann anhand Ihres Notizzettels möglichst frei mit Ihrer Partnerin/Ihrem Partner über dieses Thema zu sprechen:

– Я готовлю завтрак. Моя жена / мой муж / мой партнёр / … моет посуду. Мой сын / моя дочь / … выбрасывает мусор. А кто что делает у вас / у тебя?
– Я …

16 Вера Алексеевна

Suchen Sie die Textstelle, an der Вера so verzweifelt ist, dass sie ihren Emotionen freien Lauf lässt. Üben Sie so lange, bis Sie das Gefühl haben, so hätte es Вера selbst auch gesagt. Und jetzt sind Sie Вера. Lesen Sie Ihre Version laut vor. Und denken Sie daran: Gute Vorträge bekommen Applaus!

17 Почему?

Finden Sie die Antworten auf diese Fragen? Bestimmt!

> 1. Почему Вера Алексеевна переживает?
> 2. Почему Юрий Данилович и дети ничего не понимают?
> 3. Почему Вера Алексеевна не может больше молчать?
> 4. Почему Юрий Данилович не может купить хлеб?
> 5. Почему Дима не выбрасывает мусор?
> 6. Почему Вера Алексеевна встаёт и идёт в ванную?

девяносто семь

18 А в чём вы видите причину?

Вера горько улыбается / тронута / глубоко вздыхает / переживает / молчит / …, потому что …

1. … у неё хорошая семья.
1. … муж её не любит.
2. … вся домашняя работа на ней.
3. … каждый год 8 Марта одно и то же.
4. … букет действительно очень красивый.
5. … она любит мужа и детей.
6. … она должна убирать в кухне.
7. … никто её не понимает.
8. … не может больше молчать.
9. … не может больше так жить.
10. … дети и муж любят её.
11. … не хочет никого обижать.
12. … Денис нарисовал картинку, а Дима выучил к празднику стихотворение.

19 У Веры слёзы на глазах

У Веры слёзы на глазах, но она их быстро вытирает (Вариант 1). Почему?

1. Она думает: «Муж и дети не должны заметить мои слёзы.»
2. Это слёзы радости[1]. Ведь сегодня праздник!
3. Она хочет сохранить[2] мир[3] в семье.
4. Она любит мужа и детей и не хочет никого обижать.
5. Она делает вид, что всё нормально.
6. Другие семьи тоже так живут.
7. Ведь сегодня праздник!

[1]Freude [2]bewahren [3]Frieden

20 А как вы думаете?

a) Was würden Sie an Weras Stelle machen? Benutzen Sie für Ihre Antworten die Wendungen aus den Übungen 18 und 19.

1. Я сделаю как она, потому что это … / знаю … / не хочу … / хочу …
2. Я сделаю как она, но завтра скажу мужу, что не люблю … / хочу …
3. Я скажу, что не рада … / не хочу …

b) Что вы думаете о празднике 8 Марта?

Braucht man einen solchen Feiertag überhaupt? Nützt er den Frauen? Oder ist er nur bequem für die Männer?
Benutzen Sie Wendungen aus den vorangegangenen Übungen, um Ihre persönliche Meinung auszudrücken.

Sagen Sie, was Sie denken – nicht das, was Ihnen sprachlich am leichtesten fällt. Wenn Sie in Russland sind, geht es schließlich auch um Ihre eigene Meinung! Wenn Sie die Wendung, die Sie für Ihre Meinung brauchen, nicht finden, hilft Ihnen Ihre Kursleiterin/Ihr Kursleiter gern.

Урок № 7

21 Реклама

Lesen Sie die Anzeigen. Sie suchen ein Geschenk für Ihre Freundin zum 8. März. Wohin gehen Sie, wenn …

- … sie gerne Süßes mag,
- … sie Dinge aus Ton und Blumen mag,
- … Sie Obst mitbringen möchten,
- … Sie auch noch ein kleines Geschenk für ihre Tochter mitbringen möchten?

В

А

Б

Г

Д

22 8 Марта по радио

Noch mehr Glückwünsche zum 8. März! Welchen Sender schalten Sie ein? Warum?

! Грамматика – не беда!

Wenn Sie im Deutschen sagen: *Morgen bin ich in Leipzig* meinen Sie natürlich: *Morgen werde ich in Leipzig sein.* Solche Fehler führen im Russischen ganz schnell zu Missverständnissen. Merken Sie sich deshalb gut: Wenn es um Handlungen in der Zukunft geht, müssen Sie im Russischen immer das Futur benutzen. Es gibt zwei Möglichkeiten, das Futur zu bilden.

1. Unvollendeter Aspekt

я	бу́ду	
ты	бу́дешь	
он / она́	бу́дет	де́лать
мы	бу́дем	чита́ть
вы	бу́дете	…
они́	бу́дут	

– Что вы бу́дете де́лать за́втра?
– *Was werden Sie morgen tun?*
– За́втра я бу́ду чита́ть.
– *Morgen werde ich lesen.*

Wie lange Sie lesen (werden), ist unwichtig. In diesem Fall verwenden Sie das Hilfsverb быть (sein) und den Infinitiv eines *unvollendeten* Verbs.

Damit sind wir bei einem wichtigen und nicht ganz einfachen Kapitel der russischen Grammatik: den Aspekten. Sie wissen bereits, dass es für die meisten deutschen Verben zwei Verben im Russischen gibt (lesen = чита́ть/прочита́ть). Bei der Zukunft (und später auch bei der Vergangenheit) müssen Sie immer genau überlegen, unter welchem Aspekt die Handlung gesehen wird. Davon hängt ab, ob Sie den *unvollendeten* Aspektpartner mit dem Hilfsverb быть oder den *vollendeten* Aspektpartner verwenden müssen. Ja, das klingt schwierig, aber der Vorteil: Sie brauchen vorläufig keine neuen Endungen zu lernen.

2. Vollendeter Aspekt

я	прочита́ю
ты	прочита́ешь
он / она́	прочита́ет
мы	прочита́ем
вы	прочита́ете
они́	прочита́ют

– Ко́ля, ты не зна́ешь, где газе́та?
– Я её чита́ю.
– А когда́ ты её прочита́ешь?
– Ско́ро.

– *Kolja, weißt du nicht, wo die Zeitung ist?*
– *Ich lese sie gerade.*
– *Und wann wirst du sie zu Ende gelesen haben?*
– *Bald.*

Sie sehen, die Bildung des Futurs ist wirklich einfach: Es werden die Präsensendungen der *unvollendeten* Verben verwendet und eine Vorsilbe vorgeschaltet. Schwieriger ist die Entscheidung, wann Sie welche Form benutzen müssen. Wenn Sie das Beispiel anschauen, sehen Sie, dass der *unvollendete* Aspekt steht, sobald es um das Lesen allgemein geht. Steht aber der Abschluss des Lesens im Mittelpunkt, wird der *vollendete* Aspekt verwendet. Merken Sie sich:

1. Unvollendeter Aspekt	2. Vollendeter Aspekt
Der *unvollendete* Aspekt wird verwendet, wenn es sich um eine ganz allgemeine Aussage handelt. Er steht auch, wenn der Verlauf, die Dauer oder die Wiederholung der Handlung im Mittelpunkt steht.	Der *vollendete* Aspekt wird benutzt, wenn das Ergebnis der Handlung im Mittelpunkt steht. Er steht auch, wenn es sich um eine einmalige, kurzzeitige Tätigkeit oder eine Folge von mehreren abgeschlossenen Tätigkeiten handelt.

Урок № 8

Средний класс

Die russische Mittelklasse gibt es im Jahr 2000 in nennenswertem Umfang nur in Moskau. Deshalb sind die Lektionen 7 und 9 wesentlich typischer für das Leben in Russland zur Jahrtausendwende. Aber Russen, denen es gut geht, wie Игорь, der seinen deutschen Arbeitskollegen Martin einlädt, gibt es in Moskau durchaus. Sie zählen sich selbst zur Mittelklasse und ihr Sprachrohr ist die Zeitschrift Огонёк. Zur Mittelklasse gehören leitende Angestellte in ausländischen Firmen, aber auch in großen russischen Betrieben, und Geschäftsleute, wie z.B. Besitzer von Taxiunternehmen oder manche Ärzte.

A   Über das Leben früher und heute berichten   Подготовка

 Lesen Sie, was Раиса Егоровна erzählt:

 Раньше и теперь

Раиса Егоровна, семьдесят два года

Раньше мы не знали, что такое безработица. Все работали, все получали зарплату, правда не очень много, но всегда вовремя. Тогда все так жили.
Я работала в школе, муж на заводе. Двое детей. И жили мы не хуже других людей. Пылесос, холодильник, стиральная машина – всё было в доме. А теперь дочь, по профессии тоже учительница, недавно была на подготовке в институте имени Гёте, а о новом холодильнике только мечтает! Мы думали, наши дети будут жить намного лучше родителей!

быть	sein	недавно	unlängst, kürzlich
всегда	immer	получать/получить	erhalten, bekommen
вовремя	rechtzeitig	получу, получишь, получат	
имени (Gen.)	namens, mit Namen	°пылесос	Staubsauger
мечтать	träumen	средний, -яя, -ее	Mittel-
°намного	um vieles	°стиральная машина	Waschmaschine

 1   Вы всё поняли?

1. Раиса работала
   a) в школе.
   b) на заводе.
   c) в институте.

2. У Раисы
   a) нет детей.
   b) двое детей.
   c) сын.

3. По профессии она
   a) проводница.
   b) учительница.
   c) библиотекарь.

4. Дочь Раисы мечтает
   a) о работе.
   b) об институте Гёте.
   c) о холодильнике.

сто один   101

он	рабо́та-л
она́	рабо́та-ла
оно́	рабо́та-ло
они́	рабо́та-ли

Die Bildung des Präteritums ist im Russischen ganz einfach. Bei den Verben auf -ть im Infinitiv (z.B. рабо́тать) wird die Endung vom Stamm рабо́та- abgetrennt und durch die Präteritumendung ersetzt. Wenn von einem Mann die Rede ist, heißt es он рабо́та-л, bei einer Frau она́ рабо́та-ла, sächlich оно́ рабо́та-ло und der Plural – *sie haben gearbeitet* – ist für alle drei Geschlechter gleich: они́ рабо́та-ли. Mehr Formen müssen Sie nicht lernen. Allerdings müssen Sie auch beim Präteritum wieder die Aspekte beachten, um den Unterschied zwischen *arbeitete – hat gearbeitet – hatte gearbeitet* korrekt ausdrücken zu können. Mehr dazu auf Seite 114.

2 Забыва́л или забы́л?

Setzen Sie die Verben im richtigen Aspekt ein.

1. Моя́ подру́га всё _____ . Вчера́ мы

   хоте́ли пойти́ в теа́тр, а она́ _____

   биле́ты. Когда́ я ей об э́том говорю́, она́ о́чень обижа́ется.

   забыва́ть / забы́ть

2. – Ты не забы́ла, что мы за́втра идём в го́сти?

   – Нет, не забы́ла. То́лько вот не зна́ю, что мы

   _____ . Ка́ждый год мы _____ конфе́ты.

   дари́ть / подари́ть

   Мо́жет, в э́том году́ _____ интере́сную кни́гу?

   Мари́на же лю́бит чита́ть.

Спаси́бо вам за приглаше́ние   Текст

Игорь Горшко́в – представи́тель фи́рмы ‹Си́менс› в Москве́. ‹Си́менс› и в Росси́и дово́льно успе́шно продаёт бытову́ю те́хнику: стира́льные маши́ны,
5 холоди́льники, кофева́рки, пылесо́сы, утюги́ и т. д.
По профе́ссии И́горь – экономи́ст. Ра́ньше он рабо́тал доце́нтом в институ́те эконо́мики. Они́ с жено́й и с
10 детьми́ жи́ли в двухко́мнатной кварти́ре. У них бы́ли ‹Жигули́›, шеста́я моде́ль. Сейча́с И́горь с Валенти́ной, Да́шей и Ста́сом живу́т в четырёх-ко́мнатной кварти́ре, в ‹ста́линском›
15 до́ме на проспе́кте Ми́ра. Как у Ста́са так и у Да́ши своя́ ко́мната. Роди́тели ра́ньше спа́ли на дива́не в большо́й ко́мнате; сейча́с у них спа́льня. Смотре́ть телеви́зор, есть и принима́ть

Урок № 8

гостей можно в большой комнате. Недавно Игорь купил машину, о которой он долго мечтал: ‹Ауди сто›. Валентина Горшкова работает учительницей русского языка во французской школе в Москве. Игорь зарабатывает чистыми тысяча пятьсот евро в месяц; Валентина получает семьсот евро. (Подумайте о заработке Надежды Георгиевны из шестого урока!)

На брифинге в Мюнхене Игорь работал в одной группе с Мартином Хаузером из Эйзенаха. Мартин раньше, во время ГДР, работал бухгалтером на автомобильном заводе ‹Вартбург›. Сейчас он на подготовке: он будет представителем фирмы ‹Сименс› в Сибири. Скоро фирма направит его в Новосибирск.

Игорь и Мартин хорошо понимают друг друга. Игорь дома рассказывал о Мартине. Тогда Валентина спросила: «А почему ты не пригласишь его? Неделя в Москве – это будет подготовка не хуже, чем ваши вечные семинары в Германии!»

Игорь сразу позвонил Мартину в Эйзенах. Мартин был в восторге. «С удовольствием приеду в Москву! Ты мне, наверное, покажешь Москву намного лучше, чем любой экскурсовод. Спасибо вам за приглашение!»

бытово́й, -а́я, -о́е	Haushalts-	пока́зывать/ показа́ть	zeigen
вам	Ihnen, euch	покажу́, пока́жешь, пока́жут	
ве́чный, -ая, -ое	ewig	представи́тель (m.)	Vertreter, Repräsentant
(в) восто́рге	(in) Entzücken, begeistert	проспе́кт	(breite Pracht-)Straße
во вре́мя	während, zur Zeit (von)	расска́зывать/ рассказа́ть	erzählen
°ГДР (Герма́нская Демократи́ческая Респу́блика)	DDR (Deutsche Demokratische Republik)	расскажу́, расска́жешь, расска́жут	
		спа́льня	Schlafzimmer
дово́льно	ziemlich	°ста́линский, -ая, -ое	Stalin-
°Жигули́	russische Automarke	успе́шно	erfolgreich
и т. д. (и так да́лее)	usw. (und so weiter)	°утю́г	Bügeleisen
°кофева́рка	Kaffeemaschine	францу́зский, -ая, -ое	französisch
любо́й, -а́я, -о́е	jeder beliebige		
мир	Welt; Frieden	чи́стыми	*hier:* (rein) netto
°направля́ть/напра́вить напра́влю, напра́вишь, напра́вят	schicken, entsenden	шесто́й, -а́я, -о́е	sechster
		экскурсово́д	Fremdenführer

3 Раньше и теперь

Как жили Горшковы раньше и как живут теперь? a) Schreiben Sie die Infos aus dem Text in zwei Spalten auf. b) Vergleichen Sie Ihre Ergebnisse mit Ihrer Nachbarin/Ihrem Nachbarn.

раньше	теперь

сто три

4 Статистика

a) Сколько зарабатывает Игорь? А Валентина? Сколько это будет в евро? Vergleichen Sie die Einkünfte mit Ihrem Einkommen.

b) Вы можете позвонить в банк и узнать курс рубля. Сколько зарабатывают Горшковы и сколько Надежда Георгиевна (Урок 6)? Vergleichen Sie.

c) Как вы думаете, сколько процентов в России живут как Горшковы? Vergleichen Sie Ihre Schätzung mit der Statistik rechts. Wer lag am nächsten? Auch wenn Sie viele der Wörter nicht kennen, können Sie erraten, was die Zahlen aussagen.

Статистика (данные за 1999 г.)

бедные — 57,6%
(доход менее 1050 руб.)
малообеспеченные — 25,6%
(доход от 2 до 3 тыс. руб.)
средний класс — 13,0%
(доход от 3 до 7 тыс. руб.)
состоятельные — 4,0%
(доход от 7 тыс. руб.)

5 Да или нет?

Haben Sie den Text aufmerksam gelesen? Kreuzen Sie an.

да	нет	
		1. Игорь – представитель фирмы ‹Бош› в Москве.
		2. Он экономист.
		3. Раньше Игорь работал в институте.
		4. Недавно они купили ‹Тойоту›.
		5. Раньше они жили в сталинском доме.
		6. Теперь они живут в хрущёвском доме.
		7. Раньше у них было только две комнаты.
		8. Теперь у них две детских, гостиная¹ и спальня.
		9. На брифинге в Москве Игорь работал вместе с Мартином Хаузером.
		10. Мартин работал раньше инженером на заводе ‹Вартбург›.
		11. Скоро он будет представителем фирмы ‹Сименс› в России.
		12. Скоро Мартин приедет в Москву.

¹Gästezimmer

6 Мартин Хаузер

Что вы можете рассказать о нём?
Notieren Sie sich zunächst Stichwörter und unterhalten Sie sich dann mit Ihrer Partnerin/ Ihrem Partner über Martin Hauser.

Б Planen und Vorschläge machen

Подготовка

Как, вы не были в Петербурге? Вы должны поехать туда. Обязательно! Увидеть знаменитый Исаакиевский собор, Петропавловскую крепость.
5 А белые ночи, когда можно читать как днём? В это время город особенно романтичный. Здесь красивые проспекты, каналы, памятники, музеи, фонтаны. А Эрмитаж? Вы
10 уже слышали об Эрмитаже? Трудно представить себе, что девятьсот дней город был в блокаде. Мой дедушка защищал родину и Ленинград. Только в 1944 году город освободили. Моя сестра
15 живёт в Петербурге. Поедете? Она вас встретит и покажет город лучше, чем любой экскурсовод.

Эрмитаж *Петропавловская крепость*

Белые ночи

Исаакиевский собор

бе́лый, -ая, -ое	weiß	°освобожда́ть/освободи́ть	befreien
ви́деть/у-	sehen, erblicken	освобожу́, освободи́шь, освободя́т	
ви́жу, ви́дишь, ви́дят		па́мятник	Denkmal
встреча́ть/встре́тить	treffen	пое́хать	(los-)fahren
встре́чу, встре́тишь, встре́тят		пое́ду, пое́дешь, пое́дут	
°защища́ть/защити́ть	verteidigen	представля́ть/предста́вить	vorstellen
защищу́, защити́шь, защитя́т		предста́влю, предста́вишь, предста́вят	
здесь	hier	°ро́дина	Heimat
знамени́тый, -ая, -ое	berühmt, bekannt	себе́ (Dat.)	sich
кре́пость (f.)	Festung	слы́шать/у-	hören, vernehmen
ночь (f.)	Nacht	собо́р	Dom, Kathedrale
обяза́тельно	unbedingt	туда́	dorthin

➡⬅ 7 Санкт-Петербург

Was wissen Sie noch über Sankt Petersburg? Unterhalten Sie sich mit Ihrer Partnerin/Ihrem Partner.

А что мы покажем ему?

Текст

Мартин завтра будет в Москве! Он будет жить в комнате Стаса. Стас будет спать на диване в большой комнате. Валентина приготовит настоящий русский ужин. А Игорь встретит Мартина в Шереметьево.
Вечером, когда Мартин посмотрел квартиру и все сидели за столом, он спросил:
«А что мы будем делать завтра?»
«Завтра суббота», отвечает Игорь, «будет работать вернисаж в Измайлово. Давай вместе поедем туда. Может, ты и найдёшь что-то стоящее?»
«Давай поедем! Я слышал об этом вернисаже. Это где картины, ковры, сувениры, компакт-диски, да?»
«Абсолютно правильно», говорит Валентина, «там интересно, но очень дорого, ведь там покупают одни иностранцы.»
«Если там будут серебряные подстаканники», говорит Мартин, «я обязательно куплю их. Я увидел их в первый раз в Берлине, у знакомых.»
«Наверное будут», говорит Игорь, «они бывают, посмотрим.»
«А вечером, что мы будем делать завтра вечером?», спрашивает Мартин.
«Театр тебя интересует?», спрашивает Игорь.
«Интересует, даже очень. Только не ‹Лебединое озеро› в Большом театре! Или, ещё хуже – опера.»
«Понимаю», говорит Игорь. «Давай попробуем пойти на спектакль.»
«На спектакль – с удовольствием!», отвечает Мартин. И Игорь продолжает: «Завтра вечером в Щепкинском училище будут показывать спектакль Островского. Островский, правда, не очень современный писатель, но играют там просто отлично!»
«А Щепкинское училище – что это?», спрашивает Мартин.

> **Tipp**
> Doch, diese Schauspielschule gibt's wirklich. Wenn Sie jemanden fragen, der etwas vom Theater versteht, kann sie/er sie Ihnen zeigen – ganz in der Nähe des Kaufhauses ЦУМ (Центральный Универсальный Магазин – nicht verwechseln mit dem ГУМ!).

«Это престижное театральное училище при Малом театре. Там готовят будущих актрис и актёров.»
«При Малом театре! Это что-то да значит!», говорит Валентина.
«А кто там играет? Студенты?», спрашивает Мартин.
«Вот именно. Они там играют бесплатно. Ты просто вовремя должен быть на месте.»
Мартин не может представить себе, что можно играть бесплатно. «Театр в центре Москвы, где показывают Островского, бесплатно?», спрашивает он, «а они хорошо играют?»
«Ах, ты думаешь, они плохо играют потому, что …», говорит Игорь. Но Валентина перебивает его.
«Если ты действительно так думаешь, то напрасно. Играют они с таким энтузиазмом и умением, как не всегда играют знаменитые актёры.»
«Ну что, Мартин», спрашивает Игорь, «пойдём? Или всё-таки на ‹Снегурочку› за сорок долларов?»
«Нет, нет, обязательно пойдём в это … как его?»
«Щепкинское училище.»
«Вот именно.»
Утром Игорь с Мартином и Валентиной едут сначала в центр. Перед витринами торгового центра на Манежной площади Мартин спрашивает: «А кто здесь покупает? Цены здесь выше, чем у нас!»
«Наверное, новые русские», с иронией отвечает Игорь.

Урок № 8

Они идут на Красную площадь. Игорь обясняет: «А это памятник маршалу Жукову. Он был воздвигнут только в 1997 году.»

85 Мартин смотрит на памятник и не понимает. «Я правильно понял тебя?», спрашивает он тогда, «памятник был воздвигнут только в 1997 году?» «Конечно, правильно. А почему ты спрашиваешь?»

90 «Но это настоящий соцреализм! Ордена можно считать! Разве он освободил Берлин орденами? И вообще – не анахронизм ли это, в наши дни человек на коне защищает Красную площадь …» «… сердце родины», продолжает Игорь. «Такими

95 глазами я ещё не смотрел на него. А мне он нравится. Жуков же на коне принимал парад Победы.»

актёр	Schauspieler	пе́ред (+ Instr.)	vor
актри́са	Schauspielerin	писа́тель (m.)	Schriftsteller
бу́дущий, -ая, -ее	zukünftig	побе́да	Sieg
быва́ть	zu sein pflegen	подстака́нник	Teeglashalter
верниса́ж	Verkaufsausstellung	при (+ Präp.)	bei
°витри́на	Schaufenster	про́бовать/по-	probieren, versuchen
°воздви́гнут, -а, -о	errichtet (werden)	про́бую, про́буешь, про́буют	
всё-таки	dennoch, trotzdem	се́рдце	Herz
вы́ше	höher	°серебря́ный, -ая, -ое	silbern
за (+ Instr.)	hinter		
°Изма́йлово	bekannter Flohmarkt	°Снегу́рочка	Schneeflöckchen (*Ballett*)
карти́на	Bild, Gemälde	совреме́нный, -ая, -ое	modern, zeitgemäß
°ковёр	Teppich		
конь (m.)	Pferd, Ross	°со́цреализм	sozialistischer Realismus (Kunstrichtung)
°Лебеди́ное о́зеро	Schwanensee (*Ballett*)		
ма́лый, -ая, -ое	klein	спекта́кль (m.)	Schauspiel
°мане́жный, -ая, -ое	Manege-	сто́ящий, -ая, -ее	lohnend
мо́жет	*hier:* möglicherweise, vielleicht	суббо́та	Samstag
		°торгова́ть торгу́ю, торгу́ешь, торгу́ют	handeln, feilschen
°напра́сно	vergeblich		
находи́ть/найти́ нахожу́, нахо́дишь, нахо́дят найду́, найдёшь, найду́т	finden	°торго́вый, -ая, -ое	Handels-
		уме́ние	Fähigkeit, Vermögen
		°учи́лище	Lehranstalt
нра́виться/по- нра́влюсь, нра́вишься, нра́вятся	gefallen	цена́	Preis
		что́-то	irgendetwas
°перебива́ть/ переби́ть перебью́, перебьёшь, перебью́т	unterbrechen	°Шереме́тьево	*internationaler Flughafen in Moskau*

8 Так ли это?

Sie haben sicher alles verstanden, oder?

да	нет

1. В субботу они пойдут на вернисаж.
2. Мартин хочет купить матрёшку[1].
3. Мартин любит театр.
4. Особенно он любит оперу.
5. Островский – это современный писатель.
6. В Большом театре студенты играют бесплатно.
7. Мартин думает, что студенты плохо играют.
8. Он думает, что лучше пойти в Кремлёвский дворец[2].
9. Памятник Жукову не понравился Мартину.

[1]*Puppe in der Puppe* [2]*Palast*

9 Завтра гости

a) Выпишите из текста, как Горшковы готовятся к приезду[1] Мартина. Расскажите!

Горшковы: _____
Валентина: _____
Игорь: _____
Стас: _____

b) Und was tun Sie, wenn Sie Gäste erwarten? Unterhalten Sie sich mit Ihrer Nachbarin/Ihrem Nachbarn darüber.

[1]*Ankunft*

10 Расскажите!

Wenn Sie die Sätze in die richtige Reihenfolge bringen, haben Sie einen Stichwortzettel, mit dem Sie Text Б nacherzählen können.

- Игорь, Мартин и Валентина смотрят центр Москвы.
- Мартин хочет пойти на вернисаж.
- Горшковы готовят квартиру.
- Вечером они планируют пойти в театр.

11 Планы на уик-энд

Что будут делать Мартин, Игорь и Валентина в субботу утром и вечером?

Урок № 8

12 Москва и культура

Kulturelles Leben in Moskau – was haben Sie im Text Neues darüber erfahren? Notieren Sie alle Namen und Bezeichnungen und erläutern Sie sie. Arbeiten Sie zu zweit.

1. Островский – русский писатель. Он написал ‹Волки и овцы[1]›.
2. Вернисаж в Измайлово …
3. …

[1]Wölfe und Schafe

13 Уик-энд

AB 14 Schauen Sie sich an, was die Familie Горшков am Wochenende gemacht hat. Unterhalten Sie sich mit Ihrer Partnerin/Ihrem Partner darüber.

Валентина – читать / прочитать

Даша и Стас – смотреть / посмотреть

Стас – убирать / убрать

Даша и Игорь – готовить / приготовить

Валентина и Игорь – покупать / купить

14 Что вы делали вчера вечером?

Lesen Sie den kleinen Dialog rechts und denken Sie sich mit Ihrer Nachbarin/Ihrem Nachbarn ähnliche Gespräche mit den folgenden Aspektpaaren aus:

– Что ты делала вчера вечером?
– Я читала газету.
– Ты её уже прочитала?
– Да, прочитала. /
  Нет, ещё читаю, но скоро прочитаю.

1. делать домашнее задание / сделать
2. покупать овощи и фрукты / купить – забыть яблоки
3. смотреть видеокассету / посмотреть
4. готовить торт / приготовить – делать крем
5. встречать друга / встретить – поезд опоздал
6. убирать квартиру / убрать
7. звонить подруге в Москву / позвонить – всё время было занято[1]

[1]besetzt

15 Понять главное[1]

a) Es gibt ganz unterschiedliche Zielsetzungen beim Lesen eines Textes. Nehmen Sie sich Текст B (Вернисаж в Измайлово) vor und überfliegen Sie ihn mit dem Ziel, die beiden Hauptthemen herauszufinden. Die Details sind unwichtig. Wie lauten die Themen?

1. _____ 2. _____

b) Finden Sie jetzt heraus, was zu den beiden Hauptthemen gesagt wird. Die Details sind immer noch unwichtig. Notieren Sie, welche drei Dinge Martin auf der вернисаж am meisten interessieren. Und um was für ein Restaurant handelt es sich?

вернисаж: 1. _____ 2. _____ 3. _____
ресторан: _____

c) Nach diesen zwei Durchgängen dürfen Sie den Text jetzt endlich im Detail lesen. Viel Spaß!

[1](das) Wesentliche

B Вернисаж в Измайлово   Текст

«Сколько людей!», сказал Мартин перед входом. Они быстро нашли серебряные подстаканники.
«Но двадцать восемь долларов – это не 5 слишком много?», спрашивает Мартин.
«А я тебе говорил, что здесь покупают одни иностранцы», ответил Игорь, «давай я с ним поговорю, может он нам уступит.»
10 И Мартин покупает подстаканники за двадцать четыре доллара. Потом они долго стоят у стенда, где продают фотоаппараты. Мартин в восторге: «Смотри, Валя», говорит он, «это 15 знаменитый ‹Горизонт›!»
«Ты знаешь наш ‹Горизонт›?», спрашивает Валентина.
«Конечно знаю! Это уникальный фотоаппарат. ‹Горизонт› знают все!»
20 На выставке картин они разговаривают с художником. Господин Ноздрин пишет очень интересные картины, например на экологические и эротические темы. И пишет он в 25 интересной технике: при помощи лупы.
«Поедем домой», говорит Валентина, «а то мы опоздаем в ресторан.»

> **Tipp**
> Leider gibt es bei der Vergangenheit auch ein paar unregelmäßige Formen, die Sie lernen müssen. Die Vergangenheit von идти heißt z. B.: шёл, шла, шло; шли. Das gilt auch für die Formen, die mit Vorsilben gebildet werden: Они быстро нашли … Ebenso: прийти – пришла, пойти – пошли usw. Mehr dazu Seite 114.

«В ресторан?», спрашивает Мартин Хаузер.
«Да, мы поужинаем сегодня в ресторане 30 ‹Центральный›, на Тверской улице. Игорь, ты столик заказал?»
«Заказал, заказал! На семь. Ресторан красивый, Мартин, зал с колоннами. Интерьер частично дореволюционный.» 35
«Дореволюционный!», говорит Мартин, «вот это да! А такой ресторан, наверное, очень дорогой. Там принимают кредитные карточки? Может я вас …» 40
«Нет, нет, Мартин. Ресторан действительно дорогой. Но мы можем это себе позволить.»

Урок № 8

вы́ставка	Ausstellung	по́мощь (f.)	Hilfe
°дореволюцио́нный, -ая, -ое	vorrevolutionär	°стенд	Stand
		°сто́лик	Tischchen
зака́зывать/заказа́ть закажу́, зака́жешь, зака́жут	bestellen	(а) то	oder aber, sonst
		°уника́льный, -ая, -ое	einzigartig
°коло́нна	Säule	уступа́ть/уступи́ть уступлю́, усту́пишь, усту́пят	*hier:* nachlassen, billiger verkaufen
лу́па	Lupe		
с (ним)	(mit) ihm		
опа́здывать/опозда́ть	zu spät kommen	худо́жник	Künstler
поговори́ть	sich unterhalten	части́чно	teilweise
позволя́ть/позво́лить позво́лю, позво́лишь, позво́лят	erlauben		

16 Главное[1] – понять!

a) Richtig oder falsch? Was meinen Sie?

правильно	неправильно

1. В Измайлово было не слишком много людей.
2. Мартин покупает подстаканники.
3. Он знает фотоаппарат ‹Горизонт›.
4. На выставке они поговорили с поэтом.
5. В Измайлово они разговаривают с художником.
6. Мартин заказал столик в ресторане.
7. Они будут ужинать в дорогом ресторане.

b) Wählen Sie ein Souvenir aus und versuchen Sie, so viele Informationen wie möglich dazu zu beschaffen. Benutzen Sie die **Справка** und machen Sie sich Notizen, damit Sie der Gruppe berichten können.

[1](das) Wesentliche

17 На вернисаже

Verbinden Sie die Satzhälften so, dass eine Zusammenfassung des Textes entsteht.

1. На вернисаже много людей,
2. Игорь поговорил с мужчиной
3. Мартин в восторге,
4. Валентина думает,
5. Мартин очень хочет пойти туда,
6. Ресторан дорогой,
7. Хотя ресторан дорогой,

a) но они могут это себе позволить.
b) что они могут опоздать в ресторан.
c) поэтому Мартин хочет пригласить Игоря и Валентину.
d) и они купили подстаканники.
e) но они быстро нашли подстаканники.
f) потому что он ещё не ужинал в дореволюционном ресторане.
g) потому что он увидел знаменитый ‹Горизонт›.

18 Объявления

a) Прочитайте объявления в газете. Какие объявления интересуют Мартина? Почему? Begründen Sie Ihre Meinung: Мартина интересует объявление о ..., потому что он любит ... .

b) А что вас интересует? Stellen Sie eine Liste zusammen und berichten Sie darüber im Kurs.

c) А что интересует ваших сокурсников и сокурсниц? Machen Sie eine Umfrage und stellen Sie die Ergebnisse im Kurs vor: Хельгу, Петера и Клауса интересует ... . А Катрин интересует ... .

19 Как вы думаете?

Как вы думаете, почему Игорь и Валентина пригласили Мартина именно в Щепкинское училище? Sie können mehrere Aussagen verbinden, damit das Ergebnis auch wirklich Ihrer Meinung entspricht.

1. Мартина интересует современный театр.
2. После перестройки[1] в Москве нет других театров.
3. Там играют бесплатно.
4. Студенты играют там очень хорошо.
5. Билеты в другие театры очень дорогие.
6. Там играют знаменитые актёры.
7. Мартин знает и любит пьесы[2] Островского.
8. Они хотят показать ему больше, чем может увидеть турист.
9. Они понимают, что должны оплатить[3] билеты.
10. Надо[4] же его куда-то пригласить.
11. Они хотят ему показать всё интересное, он же гость.

[1]Perestrojka [2]Schauspiel, Theaterstück [3]bezahlen [4](man) muss

Урок № 8

20 Театральная Москва

a) На какой месяц¹ этот календарь?
_____

b) В каком театре можно посмотреть пьесу² Островского?

☐ Малый театр
☐ театр им. Ермоловой
☐ Современник

c) В каких театрах можно посмотреть пьесы немецких писателей?
_____
_____
_____

d) Wie heißen die Stücke? Schreiben Sie mindestens eines davon auf.
_____
_____

¹Monat ²Schauspiel, Theaterstück

21 Маршал Жуков

a) Что вы знаете о маршале Жукове? Прочитайте в **Справке** или в любом немецком лексиконе.

b) Памятник маршалу Жукову понравился Мартину или нет? Почему? А что говорит о памятнике Игорь?

22 А как вы думаете?

Посмотрите фото памятника маршалу Жукову. Die folgenden Aussagen und Argumente sind aus sehr unterschiedlichen Perspektiven gesehen – man kann in einer solchen Frage ja wirklich sehr unterschiedlicher Meinung sein. Wählen Sie aus, setzen Sie Aussagen und Argumente anders zusammen, lehnen Sie Aussagen ab, verbinden Sie Aussagen oder Teile davon untereinander und versuchen Sie so, Ihre ganz persönliche Meinung zu dieser Frage auf Russisch zu formulieren.

1. Я тоже думаю как Мартин / Игорь.
2. Памятник мне тоже нравится / не нравится.
3. Но я не буду его критиковать. Мартин же гость Игоря.
4. Мартин не только гость, но и друг Игоря. А друг должен всегда говорить то, что он действительно думает.
5. Критиковать то, что не нравится в другой стране, всегда просто.
6. Критиковать то, что не нравится – это нормально.
7. Хорошо, если наша критика не обижает людей.
8. Надо всегда говорить, что думаешь. Если это кому-то неприятно – это не моя проблема.
9. Критиковать надо, но надо делать это тактично¹.
10. Это дело вкуса². А о вкусах не спорят³.
11. Это действительно настоящий соцреализм.
12. Жуков – русский герой⁴. Почему мы, немцы, должны думать о нём?

¹taktvoll ²Geschmack ³streiten ⁴Held

❗ Грамматика – не беда!

Was müssen Sie im Russischen bei der Vergangenheit beachten? Zunächst einmal gibt es – anders als im Deutschen oder Englischen – nur eine Vergangenheitsform: das Präteritum. Das ist doch eine gute Nachricht, oder? Genau wie beim Futur müssen Sie auch beim Präteritum darauf achten, den richtigen Aspekt zu benutzen. Dafür ist die Bildung des Präteritums wieder ganz einfach: Die Infinitivendung **-ть** wird in der Regel vom Stamm des Verbs abgetrennt und durch die Präteritumendungen ersetzt.

Maskulin Singular	я, ты, он	рабо́та-л
Feminin Singular	я, ты, она́	рабо́та-ла
Neutrum Singular	я, ты, оно́	рабо́та-ло
Plural	мы, вы, они́	рабо́та-ли

Vielleicht hilft es Ihnen, wenn Sie sich klarmachen, dass es auch im Deutschen Situationen gibt, in denen der Blickwinkel der Handlung, d.h. der Aspekt eine Rolle spielt, z. B.: Die Gäste standen im Wohnzimmer und tranken Sekt (*unvollendet*). Frau Schröder trank ihren Sekt aus (*vollendet*). Herr Krämer blickte lange in der Hotelhalle umher (*unvollendet*). Endlich erblickte er den Geldautomat (*vollendet*). Frau Müller aß und aß von dem борщ, bis sie fast nicht mehr konnte (*unvollendet*). Da sie nicht unhöflich sein wollte, aß sie den борщ auf (*vollendet*).

Erinnern Sie sich, was beim Futur zu den Aspekten gesagt wurde (siehe Seite 100)? Richtig, Sie müssen unterscheiden, ob es um eine andauernde Handlung oder um eine abgeschlossene Handlung geht. Das gilt auch beim Präteritum. Vorsicht, Fehlerquelle! Gegenwart = *unvollendet*, Vergangenheit = *vollendet*: das ist **nicht** der Unterschied, auf den es ankommt. Sie aß und aß (Vergangenheit!) und schließlich aß (Vergangenheit!) sie den борщ auf. Noch ein Beispiel:

– Здра́вствуйте, меня́ зову́т Наде́жда Гео́ргиевна.
– ???
– Вы меня́ не понима́ете?
– Понима́ю, понима́ю, то́лько я не поняла́, как вас зову́т.
– Меня́ зову́т Наде́жда Гео́ргиевна. Тепе́рь по́няли?
– Тепе́рь поняла́, Наде́жда Гео́ргиевна, спаси́бо!

Klären Sie zusammen mit Ihrer Partnerin/Ihrem Partner für jedes Verb, auch wenn es in der Gegenwart steht, um welchen Aspektpartner es sich handelt.

Und natürlich gibt es auch beim Präteritum einige Ausnahmen. Eine ist Ihnen bereits begegnet: die Prätertiumformen des Verbs идти́ (siehe Seite 110).

Maskulin Singular	я, ты, он	шёл	Das gilt auch für die Formen, die mit Vorsilben gebildet werden:
Feminin Singular	я, ты, она́	шла	
Neutrum Singular	я, ты, оно́	шло	пойти́ – пошёл,
			найти́ – нашла́,
Plural	мы, вы, они́	шли	прийти́ – пришли́.

Урок № **9**

Учительница из Минусинска

Липецк liegt für russische Verhältnisse immer noch nah bei Moskau und das merkt man in vielen Bereichen. Damit Sie mehr über die russische Wirklichkeit zur Jahrtausendwende erfahren, führen wir Sie jetzt in eine wirklich abgelegene Stadt. Und das Schicksal von Зоя Борисовна Кислякова teilen sehr viele Russen.

A Über Urlaubspläne sprechen Подготовка

 Не можем себе это позволить

Лена (5 лет): Мама, а что мы будем делать летом? Я так хочу поехать на море!
Ирина: Провести две недели на море – это моя мечта! Но мы не можем себе это
5 позволить.
Таня (12 лет): На самолёте очень дорого, я знаю, но мы можем поехать на поезде.
Ирина: Билет в плацкартный вагон тоже дорогой.
10 Михаил: Таня, посмотри на карту! Пермь на востоке, до моря очень далеко. Море совсем в другой стороне. Поездом двое-трое суток.
Таня: Значит, опять к бабушке в деревню?
15 Михаил: Ну почему, ты можешь поехать в лагерь. Это недалеко от города, в лесу у реки. Очень красивое место. Только решать надо уже сейчас. Я должен написать заявление на работе, тогда
20 профсоюз оплатит.

Tipp
Ihnen sind bereits viele Eigenschaftswörter in **Ключи** begegnet. Die Endungen im Nominativ sind Ihnen schon vertraut: друг**ая** сторон**á**, плацкáртн**ый** вагóн, красив**ое** мéсто. In dieser Lektion lernen Sie die Endungen der anderen Fälle kennen. Mehr zur Deklination der Adjektive auf Seite 128.

востóк	Osten	писáть/на-	schreiben
°заявлéние	Antrag	плацкáртный вагóн	3. Klasse (Eisenbahn)
лес (в лесý)	Wald (im Wald)	проводи́ть/провести́	verbringen
лет (Gen. Pl.)	Jahre	провожý, провóдишь, провóдят	
мечтá	(Wunsch-)Traum	проведý, проведёшь, проведýт	
мóре	Meer	°профсоюз	Gewerkschaft
нáдо	(man) muss, es ist nötig	(профессионáльный союз)	
		рекá	Fluss
недалекó	nicht weit	самолёт	Flugzeug
°оплáчивать/оплати́ть	bezahlen	сторонá	Seite
оплачý, оплáтишь, оплáтят		°сýтки (Pl.)	24 Stunden, Tag und Nacht
опя́ть	wieder		
от (+ Gen.)	von	°трóе	drei

сто пятнáдцать

друг**а́я**	сторон**а́**
друг**о́й**	сторон**ы́**
друг**о́й**	сторон**е́**
друг**у́ю**	сто́рон**у**
(с) друг**о́й**	сторон**о́й**
(о) друг**о́й**	сторон**е́**

Sie müssen natürlich auch bei den Adjektiven die drei Geschlechter berücksichtigen. Nach Adjektiven fragen Sie mit dem Fragewort како́й, кака́я, како́е (*was für einer/eine/eines?*): В како́й стороне́? – В друго́й стороне́. Wir beginnen mit den femininen Adjektiven im Singular. Da Adjektive dazu da sind, Substantive näher zu beschreiben, sollten Sie sie immer gemeinsam lernen. Näheres zur Deklination finden Sie auf Seite 128.

1 На мо́ре или к ба́бушке в дере́вню?

a) Alles verstanden? Dann beantworten Sie zunächst die Fragen.

1. Кто разгова́ривает с кем?
2. Это курс ру́сского языка́ и́ли профсою́зная гру́ппа и́ли …?
3. Что мы зна́ем об э́той семье́?
4. О чём они́ говоря́т?

b) Lesen Sie das Gespräch nochmals genauer und sagen Sie dann auf Russisch,
– … was Ле́на und Ири́на wollen,
– … was Та́ня nicht so gerne möchte,
– … warum die Familie nicht mit dem Flugzeug fliegen kann und
– … was Sie noch Wichtiges erfahren haben (mindestens zwei Informationen!).

Учи́тельница из Минуси́нска Текст

Falls Sie Абака́н im Atlas suchen: In der Nähe liegen Красноя́рск, Ке́мерово, Томск. Wenn Sie Ирку́тск und den о́зеро Байка́л gefunden haben, sind Sie zu weit östlich!

Двухты́сячный год, далеко́ от Москвы́; и да́же далеко́ от Ли́пецка. Зо́я Бори́совна Кислякова́ живёт в ма́леньком го́роде, недалеко́ от Абака́на. Абака́н – э́то
5 четы́ре часа́ самолётом до Москвы́.
У Зо́и Бори́совны дво́е дете́й. Воло́де оди́ннадцать лет. Он ско́ро пойдёт в пя́тый класс, бу́дет учи́ть неме́цкий язы́к. А Катю́ше то́лько семь лет. Она́ ещё в нача́льной шко́ле.
10 Зо́я Бори́совна – учи́тельница неме́цкого языка́. Рабо́тает она́ в сре́дней шко́ле № 4 го́рода Минуси́нска. Её мечта́: свои́ми глаза́ми уви́деть страну́, язы́к кото́рой она́ преподаёт. Факти́чески она́ никуда́ не мо́жет пое́хать –
15 де́нег нет. Зараба́тывает она́ (в перево́де на е́вро) о́коло пяти́десяти е́вро в ме́сяц. Биле́т на самолёт до Москвы́ сто́ит почти́ две́сти пятьдеся́т е́вро.

Tipp
Зо́е Бори́совне 32 **го́да**. Воло́де оди́ннадцать **лет**, а Катю́ше семь **лет**. (Wann steht **го́да**, wann **лет**? Siehe Seite 82.) Beachten Sie, dass Altersangaben im Russischen immer mit dem Dativ stehen. Die dazugehörige Frage lautet: Ско́лько **ему́ / ей** лет?

Урок № 9

Через институт имени Гёте в Москве она получает приглашение в Германию. Две недели она сможет провести в гимназии в городе Дрезден, в Саксонии. Мечта! Немецкая сторона даже оплатит поездку в Германию, в Москве ей дадут билет.

«Катя и Володя будут жить у меня!», говорит мама Зои.

«Спасибо, мама! А как я поеду в Москву?» Билет в плацкартный вагон стоит (в переводе) пятьдесят пять евро. Зоя понимает, что не поедет.

«В институт им. Гёте я напишу, что не поеду», говорит она маме. Обе женщины сидят несколько минут и молчат. Мама замечает, что у дочки слёзы на глазах. «А что ты напишешь?», тихо спрашивает мама.

«В институт напишу, что не могу и всё. А Верене напишу правду, она меня поймёт.»

Tipp

Verena Wienandt, eine junge Russischlehrerin aus Grimma, hat drei Jahre im Rahmen des sogenannten Lehrerentsendeprogramms in Minusinsk unterrichtet. Bund und Länder stellen den russischen Behörden seit 1994 etwa 70–90 Lehrerinnen und Lehrer auf deutsche Kosten zur Verfügung.

°Германия	Deutschland	перевод	*hier:* Umrechnung
давать/дать	geben	поездка	Reise
даю, даёшь, дают		преподавать	unterrichten, lehren
дам, дашь, даст, дадим, дадите, дадут		преподаю	
°двухтысячный, -ая, -ое	zweitausendster	преподаёшь преподают	
дочка	Töchterchen	пятый, -ая, -ое	fünfter
её	ihr *(3. Pers. Sg.)*	°Саксония	Sachsen
мочь/с-	können	своими глазами	mit eigenen Augen
могу, можешь, могут		стоить	kosten
начальный, -ая, -ое	Anfangs-, Grund-	стою, стоишь, стоят	
никуда	nirgendwohin	страна	Land
оба, обе (Fem.)	beide	через (+ Akk.)	über, durch

плацкартн**ый** вагон
плацкартн**ого** вагон**а**
плацкартн**ому** вагон**у**
плацкартн**ый** вагон
(с) плацкартн**ым** вагон**ом**
(о) плацкартн**ом** вагон**е**

Bei den maskulinen Adjektiven müssen Sie beachten, ob das folgende Substantiv belebt oder unbelebt ist. Sie erinnern sich bestimmt, dass bei unbelebten Substantiven der Akkusativ gleich dem Nominativ ist, bei belebten dagegen gleich dem Genitiv. Das gilt auch für die begleitenden Adjektive. Hier nun die Deklination der unbelebten maskulinen Adjektive im Singular. Mehr dazu auf Seite 128.

2 Правильно или неправильно?

1. Зоя Борисовна живёт в Москве.
2. У неё двое детей.
3. Она – инженер на заводе.
4. Володя учит в школе немецкий язык.
5. Она получает приглашение в Германию.
6. Её мечта – купить новый холодильник.
7. Подруга пригласила её в Германию.
8. У Зои есть подруга в Германии.

правильно	неправильно

3 Вы поняли?

Diese Schlüsselwörter helfen Ihnen, den Text wiederzugeben. Verwenden Sie möglichst alle.

далеко от Москвы	школа	учительница немецкого языка
мечта	маленькая зарплата	билет на самолёт	дети
приглашение	дорогие билеты	плацкартный вагон	слёзы

4 Вопросы

a) Stellen Sie möglichst viele Fragen zum Text. Arbeiten Sie in kleinen Gruppen. Schreiben Sie alle Ihre Fragen auf und vergleichen Sie sie mit den Ergebnissen der anderen Gruppen. Welcher Fragenkatalog ist am ausführlichsten?

Как ...?   Кто ...?   Почему ...?
Где ...?   Какая ...?   Когда ...?
Сколько ...?   Что ...?   ...?

b) Расскажите, что вы знаете о Зое Кисляковой. Ihr Fragenkatalog hilft Ihnen dabei.

5 Какой?

a) Sind Sie aufmerksame Leserinnen/Leser? Finden Sie zu jedem der Substantive das Adjektiv, das im Text genannt wird?

_____ город
_____ язык
_____ вагон
_____ школа
_____ сторона

b) Welches der Substantive steht mit zwei verschiedenen Adjektiven? Wie lautet das zweite?

_____

c) Wenn Sie berücksichtigen, dass sich Ordnungszahlen wie Adjektive verhalten, können Sie noch zwei Beispiele aus dem Text ergänzen. Welche?

_____

Урок № 9

Б **Über die Arbeitsmarktlage sprechen**

Подготовка

Воскресенье. Завтрак. На кухне работает телевизор, идут ‹Новости›.

Муж: Нет, это просто невозможно больше слышать! Шахтёры
5 бастовали, врачи бастовали; теперь у учителей забастовка! А работать кто будет?

Жена: Ты забыл, я ведь тоже учительница! А если мне не будут
10 платить зарплату, а опять будут только обещать? Хорошо, что твои родители в деревне живы-здоровы, помогают нам, пока могут. Все овощи мы привозим из деревни.
15 Детей, конечно, жаль! Но ведь и у учителей есть дети. Они тоже есть хотят. А если оба родителя работают в школе, а вместо денег – одни обещания? Как тогда жить? Ты
20 просто не имеешь представления, что это значит. Мы живём ещё хорошо.

°бастовать/за-	streiken	обещание	Versprechen
бастую, бастуешь, бастуют		обещать/по-	versprechen
вместо	anstelle (von)	платить/за-	(be)zahlen
воскресенье	Sonntag	плачу, платишь, платят	
врач	Arzt	пока	einstweilen, vorläufig
°забастовка	Streik		
забывать/забыть	vergessen	представление	Vorstellung
забуду, забудешь, забудут		°привозить/привезти	bringen, liefern
здоров, -а, -о; -ы	gesund	привожу, привозишь, провозят	
жаль	(es ist) schade	привезу, привезёшь, привезут	
жив, -а, -о; -ы	lebendig	учитель (m.)	Lehrer
иметь	haben	°шахтёр	Bergarbeiter, Bergmann
°невозможно	unmöglich		
новости	Neuigkeiten, *hier:* Nachrichtensendung		

6 Завтрак

a) Wovon ist in diesem Frühstücksgespräch die Rede? Können Sie sich die im Text beschriebene Situation vorstellen?

b) Stellen Sie die unterschiedlichen Meinungen kurz dar. Gibt es eine Meinung, mit der Sie vollständig einverstanden sind?

сто девятнадцать 119

	краси́в**ое**	ме́ст**о**
	краси́в**ого**	ме́ст**а**
	краси́в**ому**	ме́ст**у**
	краси́в**ое**	ме́ст**о**
(с)	краси́в**ым**	ме́ст**ом**
(о)	краси́в**ом**	ме́ст**е**

Jetzt fehlt nur noch die Neutradeklination im Singular. Außer der Nominativendung brauchen Sie nichts Neues zu lernen. Alle anderen Endungen stimmen mit den unbelebten Formen der maskulinen Adjektive überein. Praktisch, nicht wahr? Den Rest finden Sie auf Seite 128.

7 Како́й э́то …?

AB 10–12

Bilden Sie zwei Gruppen. Gruppe 1 notiert möglichst viele Fragen zu den Zeichnungen und stellt Sie an Gruppe 2. Gruppe 2 versucht, die Zeichnungen mit Hilfe von Adjektiven näher zu beschreiben und auf die Fragen zu antworten.

– Кака́я э́то соба́ка[1]?
– Э́то зла́я[2] соба́ка.

[1]Hund [2]böse

8 Вот отве́ты! А где вопро́сы?

a) Arbeiten Sie zu zweit und stellen Sie sich gegenseitig Fragen zu diesen Sätzen.

1. Э́то дома́шнее варе́нье.
2. Э́то до́брое де́ло.
3. Э́то моло́чный[1] шокола́д.
4. Э́то ру́сская пе́сня.
5. Э́то япо́нская[2] маши́на.
6. Э́то знамени́тая актри́са.
7. Э́то но́вый проду́кт.

b) Jetzt wird es schwieriger: Passen Sie gut auf die Adjektivendungen auf!

1. Я рабо́таю на металлурги́ческом заво́де.
2. У меня́ хоро́шая зарпла́та.
3. У меня́ небольша́я семья́.
4. Он е́дет в купе́йном ваго́не.
5. Она́ лю́бит вани́льное моро́женое.
6. Мы лю́бим совреме́нную му́зыку.
7. Она́ хоро́шая учи́тельница.

[1]Milch- [2]japanisch

9 Каку́ю газе́ту?

AB 13/14

Sie möchten es genauer wissen. Fragen Sie nach.

– Я купи́л(а) газе́ту.
– Каку́ю газе́ту?
– Неме́цкую (газе́ту).

1. Я купи́л(а) газе́ту.
2. Вчера́ я позвони́л(а) дру́гу.
3. Он лю́бит икру́.
4. Она́ заказа́ла сто́лик в рестора́не.
5. Они́ живу́т в го́роде.
6. Газе́ты мно́го пи́шут об э́той актри́се.
7. Мы ча́сто ду́маем об э́той пое́здке.
8. Я хочу́ посмотре́ть э́ту пье́су[1].

[1]Schauspiel, Theaterstück

Урок № 9

10 А у вас?

Arbeiten Sie in kleinen Gruppen und fragen Sie sich gegenseitig. Ihnen fallen bestimmt noch weitere Fragen ein. Lassen Sie Ihrer Fantasie freien Lauf!

Какая у вас семья?	Какой язык вы понимаете?	Какой вы человек?
Какой фильм вы посмотрели?	Какую музыку вы любите?	
Какая у вас работа?	Какую газету вы читаете?	Какая у вас подруга?

11 Извините, пожалуйста, …

Stellen Sie sich vor, Sie sind in einer russischen Stadt unterwegs und suchen die verschiedensten Einrichtungen. Überlegen Sie geeignete Adjektive zur näheren Beschreibung und stellen Sie Ihrer Nachbarin/Ihrem Nachbarn Ihre Frage: Извините, вы не знаете, где здесь немецкое консульство? Jetzt ist sie/er an der Reihe: Извините, вы не скажете …?

консульство – гостиница – площадь – телефон – бюро – ресторан – вокзал

12 Какой это праздник?

a) Hören Sie die Kassette/CD und kreuzen Sie an, von welchem Feiertag die Rede ist.

b) Hören Sie die Kassette/CD noch einmal und notieren Sie alle Adjektive, die Sie hören. Ergänzen Sie im nächsten Durchgang die dazugehörigen Substantive.

 8 Марта   □   День рождения¹ □

Новый год □   1 Сентября □

1 Мая □   7 Ноября □

_____

_____

_____

¹Geburtstag

13 Игра

Spielen Sie zu viert oder fünft. Eine Spielerin/ein Spieler nennt einen Satz, der von den Mitspielerinnen/Mitspielern durch passende Adjektve ergänzt wird. Wer kein Adjektiv mehr hinzufügen kann, muss einen neuen Satz bilden: Я читаю газету. Я читаю интересную газету. Я читаю интересную, … газету. …

14 Как вы думаете?

О чём написала Зоя Борисовна в письме Верене (стр. 122)?	Как она живёт? О детях? Поедет она или нет?
	Она получила приглашение на семинар?
	Почему она не поедет? О бабушке? О школе?

Lesen Sie den Brief. Welche Vermutungen waren richtig? Wer lag am nächsten?

сто двадцать один **121**

Письмо в Гримму

Здравствуй Верена!

Большой привет тебе из Минусинска! Мы живы и здоровы. Володя скоро пойдёт в пятый класс и будет учить немецкий. А Катюша тоже хорошо учится. Она часто вспоминает тебя, спрашивает, где ты сейчас, как поживаешь, когда снова приедешь к нам.

Спасибо за твоё письмо и фото из Гриммы. Теперь у нас есть представление, как ты живёшь в Германии. У тебя действительно очень красивая квартира! У тебя есть работа? У нас газеты пишут, что безработица и среди учителей в Германии высокая. И с русским языком, наверное, особенно трудно.

В письме ты спрашиваешь, не приеду ли я в Германию. Ты знаешь, меня даже приглашают! Институт им. Гёте, на две недели, в Дрезден. Но не поеду я. Завтра напишу, что у меня другие планы. А тебе, Верена, скажу правду: не могу, денег нет. Ну, ты знаешь нашу ситуацию, знаешь мой заработок. Гёте-институт, правда, оплатит всю поездку — от и до Москвы. А как я поеду в Москву? Билет в плацкартный вагон стоит больше, чем я сейчас зарабатываю в месяц. И на поезде буду ехать четыре дня. А школа за то время, которое я не буду работать, мне не платит.

В Гёте-институт я не могу написать об этом. Иностранцам вообще невозможно написать такое — стыдно за свою страну. Вот так я живу. Стыдно...

Скоро мы, наверное, проведём однодневную забастовку. Они должны нам вернуть все долги по зарплате. Но я пока не думаю, что забастовка нам поможет. Сейчас у нас новое правительство, обещают, что заплатят долги и учителям. Но мы думаем: прави-

Урок № 9

…тельство приходит и уходит, а долги по зарплате остаются. Чего ты еще не знаешь: мы теперь вместо зарплаты получаем чеки, которые мы можем „отоваривать". Но по каким ценам!

Скоро мы забудем, как выглядят настоящие деньги. Извини, что пишу почти только о своих проблемах! Мне не хватает тебя. Не хватает твоего понимания. Очень жаль, что не увидимся, что я не увижу твою страну.

Пиши! Очень жду.
Зоя.

PS: Из Гёте-института нам обещают учебники немецкого языка — из Германии! А как мы привезём их сюда?

верну́ть (voll.)	zurückgeben	пра́вда	Wahrheit
верну́, вернёшь, верну́т		прави́тельство	Regierung
вспомина́ть/вспо́мнить	sich erinnern	среди́ (+ Gen.)	inmitten von, unter
вспо́мню, вспо́мнишь, вспо́мнят		сты́дно	peinlich, beschämend
°долг	Schuld	сюда́	hierher
°однодне́вный, -ая, -ое	eintägig	тот, та, то	dieser
письмо́	Brief	°уви́деться	sich (wieder) sehen
(как) пожива́ешь	(wie) geht es (dir)	уви́жусь, уви́дишься, уви́дятся	
остава́ться/оста́ться	bleiben	уче́бник	Lehrbuch
остаю́сь, остаёшься, остаю́тся		учи́ться/на-	lernen
оста́нусь, оста́нешься, оста́нутся		учу́сь, у́чишься, у́чатся	
°отова́ривать/отова́рить	in Waren umsetzen	хвата́ть/хвати́ть	reichen, genügen
отова́рю, отова́ришь, отова́рят		хвачу́, хва́тишь, хва́тят	
пиши́	schreib	ча́сто	oft, öfters
понима́ние	Verständnis	°чек	Scheck, *hier:* Kupon

15 О чём письмо?

Welche Themen hat Зоя angesprochen? Vergleichen Sie sie mit den Punkten, die in Übung 14 (Seite 121) erwähnt wurden.

1. Забастовка.
2. Семинар в Германии.
3. Работа в школе.
4. Зарплата.
5. Проблемы в семье.
6. Проблемы Верены.

16 Письмо

Ergänzen Sie die fehlenden Satzhälften, dann erhalten Sie eine Kurzfassung des Briefs.

1. У нас всё нормально, …
2. Из твоего письма мы узнали, …
3. Ты спрашиваешь, …
4. Меня даже пригласили в Дрезден, …
5. Им я напишу, …
6. Но ты ведь знаешь, …
7. До Москвы четыре часа на самолёте, …
8. А билет в плацкартном вагоне стоит больше, …
9. Иностранцам вообще трудно понять, …

а) как ты живёшь.
б) не приеду ли я.
в) чем я зарабатываю в месяц.
г) как мы живём.
д) Володя и Катюша учатся хорошо.
е) что у меня другие планы.
ж) сколько у нас получают учителя.
з) но я не поеду.
и) а на поезде надо ехать четыре дня.

 17 Письмо Зое Кисляковой

 Was würden Sie an Stelle von Verena auf Sojas Brief antworten? Arbeiten Sie in Kleingruppen (zu dritt oder viert). Sie erinnern sich: Ум – хорошо, а два лучше!

 18 Новости экономики

a) Hören Sie den Text von der Kassette / CD. Welche russischen Autowerke werden erwähnt? Und in welcher Reihenfolge? Tragen Sie die Ziffern ein.

  ВАЗ   КамАЗ   УАЗ   Москвич   ГАЗ

b) Hören Sie den Text noch einmal. Finden Sie heraus, mit welchen Autowerken Opel und Fiat zusammenarbeiten?

Опель _____   Фиат _____

c) Können Sie auch die beiden Fragen beantworten? Wenn nicht, einfach noch einmal die Kassette / CD hören!

1. Сколько автомобилей продают в Европе? _____
2. Сколько автомобилей производят[1] в России? _____

[1] *herstellen, produzieren*

B. Настоящий праздник

Текст

Зоя Борисовна зарплату не получает, но она продолжает работать в школе, как и большинство учителей в России. И когда из института имени Гёте написали, что у них для четвёртой школы есть сто двадцать учебников немецкого языка из Германии, Зоя с коллегами была в восторге. Сто двадцать немецких учебников!
Бесплатно! Это сон или действительность? Действительность, конечно. Но эта действительность находится в Москве, на Ленинском проспекте. Как им привезти учебники из Москвы в Минусинск?
Инна Георгиевна, директор школы, не знает, как им помочь – денег у школы нет. Сначала они думали собрать деньги у коллег и у родителей, но нужная сумма слишком большая. Наконец, Антонина Васильевна говорит: «Вы не знаете Стаса из девятого-«Б»-класса? Его мама работает проводником на поезде Абакан – Москва. Может, она …»

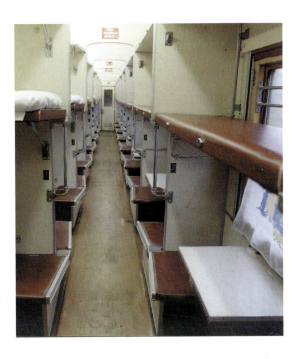

Мама Стаса говорит: «Хорошо, привезу ваши учебники в купе проводника.» Теперь надо звонить в Москву. Но телефон школы работает только внутри Минусинска, он отключён от междугородной сети, потому что и за телефон школа не может платить. Но в переговорном пункте тоже работает мама ученика из четвёртой школы …
«Когда, наконец, привезут эти учебники», вечером рассказывает Зоя Борисовна сыну, «это будет наш праздник, настоящий праздник.»

Tipp

Зоя und ihre Kolleginnen freuen sich über die deutschen Bücher, weil im Jahr 2000 immer noch keine wirklich neuen Lehrbücher in Russland erschienen sind, sondern nur oberflächliche Bearbeitungen der sowjetischen Bücher. Und weil die Schule selbst diese methodisch veralteten Bücher nicht bezahlen kann.

большинство́	Mehrheit	ну́жный, -ая, -ое	notwendig, nötig
внутри́ (+ Gen.)	innerhalb (von)	°отключён, -а́, -о́	abgeschaltet (sein)
девя́тый, -ая, -ое	neunter	°перегово́рный пункт	Ferngesprächsstelle
действи́тельность (f.)	Wirklichkeit	помога́ть/помо́чь	helfen
°ле́нинский, -ая, -ое	Lenin-	помогу́, помо́жешь, помо́гут	
междугоро́дный, -ая, -ое	Fern-	проводни́к	Zugbegleiter
		°сеть (f.)	Netz
находи́ться	sich befinden	°сон	Traum; Schlaf
нахожу́сь, нахо́дишься, нахо́дятся		четвёртый, -ая, -ое	vierter

19 Вы поняли всё?

Verbinden Sie die passenden Satzhälften. Sie können damit den Inhalt des Textes wiedergeben.

15–17

1. Зоя Борисовна не получает зарплаты, …
2. Из института им. Гёте написали, …
3. Директор школы не знает, …
4. Они хотят собрать деньги, …
5. Мама одного ученика работает проводником, …
6. Надо позвонить в Москву, …
7. Когда привезут учебники, …

а) что делать.
б) но сумма слишком большая.
в) но продолжает работать.
г) это будет большой праздник.
д) что у них есть учебники для четвёртой школы.
е) и привезёт учебники из Москвы.
ж) но телефон школы отключён.

20 Как вы думаете?

18/19

Beantworten Sie die Fragen so ausführlich wie möglich. Wenn Sie unter den möglichen Antworten *Ihre* Antwort nicht finden, hilft Ihnen Ihre Kursleiterin/Ihr Kursleiter bestimmt.

Почему
— Зоя Борисовна об этом не напишет в институт имени Гёте?
— она не получает зарплату, но продолжает работать?
— это будет настоящий праздник, когда привезут немецкие учебники?

- Это ведь учебники из Германии.
- Ей никто не может помочь.
- Она будет больше зарабатывать.
- Она понимает, что дети не виноваты[1].
- Она не может сидеть без дела.
- Они нашли выход[2] из трудной ситуации.

- В других школах нет таких учебников.
- Она сможет лучше учить детей.
- Она неактивный человек.
- Наконец у детей будут интересные учебники.
- По этим учебникам не так трудно работать.

- Стыдно.
- Там её не поймут.
- Это её проблемы.
- У неё нет выбора[3].

- Трудно об этом писать.
- Это ничего не изменит[4].
- Она любит свою работу.
- Она настоящая учительница.

- Ей так нравится.
- У неё нет дел дома.
- Она любит детей.
- Ей просто жаль детей.

[1]schuldig (sein) [2]Ausgang, Ausweg [3]Auswahl [4]verändern

Урок № 9

21 Как взять[1] таможенный барьер

a) Lesen Sie den Text. Sie brauchen nicht jedes Wort zu verstehen, um die Fragen zu beantworten. Wissen müssen Sie aber, was ГТК РФ heißt: Государственный таможенный комитет Российской Федерации (Staatliches Zollkomitee der Russischen Föderation). Таможня ist das Zollamt.

b) Von welchem Problem ist die Rede?

- ☐ безработица
- ☐ плохая работа таможни
- ☐ долги по зарплате учителям
- ☐ низкая зарплата учителей

c) Auf welche Fragen gibt der Text eine Antwort? Kreuzen Sie an.

- ☐ 1. После десяти лет реформ ульяновская таможня работает лучше?
- ☐ 2. Трудно ли школам и институтам получить учебную литературу из Германии?
- ☐ 3. Почему Н. просил[2] не называть[3] его имени?
- ☐ 4. А может ли быть по-другому?
- ☐ 5. Почему Н. помогает учителям?
- ☐ 6. Кто сказал: «Я здесь стою и не могу иначе[4]!»?

[1]nehmen [2]bitten [3]nennen [4]anders

d) А вы знаете, кто это сказал?

Как взять таможенный барьер

Реформы не затронули провинциальную систему правового беспредела.

Эти страшные служебные тайны таможни мне поведал сотрудник ульяновского регионального управления ГТК РФ Н. Он просил не называть его полного имени.

Удивительно, но факт: десять лет реформ и мирного сосуществования с Западом абсолютно не затронули таможенную систему.

Ни руководство ульяновских вузов, ни лекторы DAAD, как правило, не могут убедить заинструктированных таможенников, что литература, посылаемая институтом Гёте или «Inter Nationes», не предназначена для коммерческого использования.

«По-настоящему увлеченные школьные учителя и преподаватели вузов готовы отдать за новые немецкие учебники последние деньги.»

С ним согласна учитель немецкого языка средней школы № 85 Галина М. Мы долго не могли поверить, что эту великолепную литературу мы получаем совершенно бесплатно.

«Некоторые наши педагоги работают в школе по двадцать и больше лет», рассказывает завуч Владимир Б. «От этих книг они были просто в восторге! Но что мне приходилось переживать за этот восторг на таможне! Получать последний пакет я пошел только после официального заявления областного управления образования, что в нашей школе зарплата не выплачивалась последние шесть месяцев. А не то пришлось бы очень раскошелиться за подарки немецких друзей.»

Знакомый нам Н. – единственный, кто консультирует педагогов абсолютно бесплатно.

Учителя отдают за новые немецкие учебники последние деньги.

А может ли быть по-другому? Н. не верит, что в обозримом будущем положение на ульяновской таможне может кардинально измениться.

«Почему тогда вы помогаете учителям?» спросил я его.

Он улыбнулся. «Я в школе изучал немецкий. Нам рассказывали, один умный немец сказал: ‹Я здесь стою и не могу иначе!› Хорошие слова. Жаль, не помню, чьи. Но, может, другие узнают. И запомнят.»

! **Грамматика – не беда!**

Wenn Sie etwas über sich erzählen wollen, reicht es meist nicht, wenn Sie nur Substantive benutzen. Was nützt es Игорь Горшков, wenn Martin Hauser ihm schreibt «Вчера́ ве́чером я смотре́л фильм.»? Er kann antworten, dass er auch einen Film gesehen hat. Das war's dann. Wenn Martin aber schreibt «Вчера́ ве́чером я посмотре́л но́вый америка́нский фильм ‹Но́тинг Хилл›. Что ты ду́маешь о Джу́лии Ро́бертс? Она́ о́чень краси́вая актри́са, пра́вда?», dann haben die beiden ein Gespräch begonnen.

Nach Adjektiven fragen Sie im Deutschen immer mit *was für ein(e)?* Im Russischen ist das genauso. Das entsprechende Fragewort lautet: **како́й / кака́я / како́е**? Vorsicht! Fragen Sie nicht *wie ist …?*, darauf antwortet immer ein Adverb: *Wie ist der Film? Er ist neu.* Aber: *Was für ein Film ist das? Es ist ein neuer Film.*

Femininum Singular			
кака́я	сторона́?	друга́я	сторона́
како́й	стороны́?	друго́й	стороны́
како́й	стороне́?	друго́й	стороне́
каку́ю	сто́рону?	другу́ю	сто́рону
(с) како́й	стороно́й?	(с) друго́й	стороно́й
(о) како́й	стороне́?	(о) друго́й	стороне́

Maskulinum Singular			
како́й	ваго́н?	плацка́ртный	ваго́н
како́го	ваго́на?	плацка́ртного	ваго́на
како́му	ваго́ну?	плацка́ртному	ваго́ну
како́й	ваго́н?	плацка́ртный	ваго́н
(с) каки́м	ваго́ном?	(с) плацка́ртным	ваго́ном
(о) како́м	ваго́не?	(о) плацка́ртном	ваго́не

Bei den maskulinen Adjektiven müssen Sie berücksichtigen, ob sie sich auf ein belebtes oder ein unbelebtes Substantiv beziehen. Sie erinnern sich: unbelebt: Akkusativ = Nominativ / belebt: Akkusativ = Genitiv!

Die Neutra unterscheiden sich nur im Nominativ (und natürlich im Akkusativ) von den unbelebten Maskulina: **како́е ме́сто?** – **краси́вое ме́сто**. Die restlichen Formen stimmen überein. Lernen Sie die Adjektivendungen gut auswendig, denn es lohnt sich! Mit denselben Endungen bilden Sie nämlich auch die Ordnungszahlen und viele andere Pronomen, die häufig vorkommen:

пе́рвый / пе́рвая / пе́рвое   erste/r/s
второ́й / втора́я / второ́е   zweite/r/s
тре́тий / тре́тья / тре́тье (!)   dritte/r/s
кото́рый / кото́рая / кото́рое   der/die/das; welche/r/s
ка́ждый / ка́ждая / ка́ждое   jeder/jede/jedes
…   …

A Wortschatz und Grammatik   Слова и грамматика

1 Читать – прочитать

a) Wie heißt der Infinitiv dieser Verben?

купила _____	спрашивает _____
дарит _____	пригласишь _____
выучили _____	показывает _____
спросит _____	работал _____
подарили _____	приглашает _____
покупаем _____	посмотрим _____
учат _____	идём _____

b) Finden Sie unter diesen Verben Aspektpaare? Notieren Sie sie.

_____

_____

c) Welche der Verben stehen ohne ihren Partner? Können Sie ihn ergänzen?

_____

_____

2 Слова? Слова! Слова …

Welche Wörter gehören zur gleichen Wortfamilie? Sortieren Sie sie.

экскурсия	работать	подготовка	подарочный
говорить	письмо	время	город
экскурсовод	помогать	современный	заработок
приготовить	учительница	переговорный	помощь
дарить	написать	училище	междугородный

сто двадцать девять **129**

3 Вчера – сегодня – завтра

Setzen Sie die fehlenden Verben in der richtigen Form ein.

1. – Я прочитала этот роман ещё вчера. Он был очень интересный.
   – А я _____ его завтра.

2. – Сейчас она показывает подруге центр города.
   – А я вчера _____ ей центр, а завтра я _____ наш музей.

3. – Завтра приедет моя бабушка и я встречу её на вокзале.
   – А моя бабушка _____ вчера и я тоже _____ её на вокзале.

4. – Вчера я заказал столик в ресторане, а моя подруга не пришла.
   – А я завтра _____ столик и думаю, что моя подруга обязательно _____ .

5. – Вчера мы посмотрели мюзикл ‹Метро› и он нам очень понравился, хотя там играют непрофессиональные актёры.
   – Правда? А я _____ его завтра и думаю, что он мне тоже _____ .

4 Зоя Кислякова

Machen Sie die Geschichte interessant, indem Sie passende Adjektive einsetzen.

Зоя Кислякова живёт в _____ городе Минусинске. По профессии она учительница и работает в _____ школе. У неё двое детей. Сын Володя пойдёт в пятый класс, а дочь Катя учится в _____ школе. Зоя мечтает своими глазами увидеть Германию и даже получила приглашение на _____ семинар. Но поехать она не может: такой зарплаты не хватит даже на _____ билет! Но у Зои есть _____ подруга, которая всё понимает. А ещё у Зои радость[1]: в Гёте-институте есть 120 учебников для её _____ школы. Как привезти эти _____ учебники, если у школы совсем нет денег? Хорошо, что родители учеников всё понимают и помогают. Когда они получат _____ учебники, это будет _____ праздник для всех.

[1]Freude

Тест № 3

5 По-русски и по-немецки

Was passt zusammen? Verbinden Sie.

сладкий как мёд	eiskalt
небесно-голубой	schneeweiß
лёгкий как пёрышко	kohlrabenschwarz
белый как снег	zuckersüß
холодный как лёд	himmelblau
красный как рак	federleicht
чёрный как ночь	krebsrot

Б Mündlicher Ausdruck   Устная речь

6 Моя подруга / мой друг

Erzählen Sie von Ihrer besten Freundin/Ihrem besten Freund. Die Stichwörter helfen Ihnen.

звать[1]	жить	лет	родиться[2]	учиться
профессия	семья	дети	дом / квартира	интересы

[1] nennen, heißen   [2] geboren werden

7 Планы на завтра

Diese Form der Rollenspiele kennen Sie bereits, nicht wahr? Dann kann's ja gleich losgehen!

Карточка А

Вы звоните подруге и спрашиваете:
– was sie morgen macht,
– ob sie immer noch Interesse an Rockmusik hat.
– Sie schlagen vor, in ein Konzert von Алла Пугачёва zu gehen.
– Es gibt zwei Veranstaltungen: am Samstag und am Sonntag, jeweils um 18 Uhr.
– Sie schlagen vor, am Sonntag zu gehen.
– Sie finden das eine prima Idee und sind einverstanden. Sie werden am Sonntag morgen nochmal anrufen.

Карточка Б

Вам звонит друг и вы говорите, что:
– sie nichts Besonderes vorhaben,
– sie Rockmusik immer noch mögen.
– Sie sind einverstanden und finden die Idee großartig.
– Sie fragen nach Tag und Uhrzeit.
– Am Samstag haben Sie keine Zeit, weil Ihre Mutter da Geburtstag hat.
– Sonntag passt Ihnen prima. Sie schlagen vor, vorher noch einen Stadtbummel zu machen.

сто тридцать один **131**

B Leseverstehen — Понимание при чтении

8 Два разговора по телефону

a) Hier sind zwei Telefongespräche vermischt. Schaffen Sie es, sie auseinander zu sortieren?

– Памятник Жукову ему не понравился. Я понимаю, что критиковал он не Жукова, но мне это было как-то неприятно.

1 – Алло, Валентина? Это Рита. Ты дома вообще бываешь?

– А, Стас, привет.

– А что за фильм?

– Хорошо. Тогда я побежал[1] за билетами. Я позвоню ещё сегодня вечером.

– В субботу? Ещё не знаю. А что?

– Ну да, друг Игоря из Германии. Помнишь[2], я тебе о нём рассказывала.

– Понравилось, даже очень.

– Есть сеансы[3] в 13.00, 16.30 и в 20.30. Но на 20.30 все билеты уже проданы[4].

– Правда? Вот здорово! Пойду с удовольствием! А во сколько начало[5]?

– Что ты делаешь в субботу?

– Буду ждать твоего звонка[6]. Пока.

– Да, и очень даже хорошо.

– А где вы были?

13 – Лена, здравствуй! Это Стас.

– До вечера.

– Жаль! А в 13.00 я не могу. Давай пойдём на 16.30.

– Я хочу пригласить тебя в кино на премьеру.

– Ну и как, понравилось ему в Москве?

– «Сибирский цирюльник», а после фильма – встреча с режиссёром Никитой Михалковым и актёрами.

– Конечно на Красной площади, прогулялись по Тверской, были на вернисаже в Измайлово, в театре, ресторане. Только, знаешь, понравилось ему не всё.

– Гость?

– Рита! Здравствуй! Рада тебя слышать. Ты ведь знаешь, у нас был гость.

– А что же не понравилось?

– Да, теперь вспомнила. Мартин, кажется. А он говорит по-русски.

[1] (los-)laufen [2] (sich) erinnern [3] Vorstellung [4] ausverkauft [5] Anfang [6] Anruf

Тест № **3**

b) Eine dieser Anzeigen (Nr. 17 oder 18) passt zu einem der Telefongespräche. Finden Sie heraus, zu welchem? Dann tragen Sie die Ziffer ein.

Первый разговор: Лена со Стасом

Второй разговор: Рита с Валентиной

9 Титаник

Lesen Sie den Zeitungsartikel. Zu schwierig? Nicht, wenn Sie versuchen, nur die Lösungen zu den vier Aussagen zu finden. Dazu brauchen Sie nicht jedes Wort zu verstehen. Doch, das schaffen Sie!

Меню для самых бедных пассажиров «Титаника» купили за 32 тысячи долларов

ПРОДАНО!

Интерес к легендарному лайнеру не пропадает и спустя почти 90 лет со дня его гибели. Особенно если речь идет о реальных вещах, имевших отношение к первому и последнему рейсу корабля. В эти майские дни в Лондоне на аукционе было продано меню, которое предлагалось пассажирам третьего класса «Титаника». Его смогла каким-то образом спасти с тонущего судна англичанка Сара Рот.

Судя по меню, которое ушло с молотка за 32 тысячи долларов, кормили путешественников «непрестижного» класса вполне сносно: на обед подавали копченую селедку и ростбиф. Выяснилась еще одна интересная деталь – все бедные пассажиры «Титаника» перед посадкой проходили медосмотр, и им выдавалась соответствующая справка. Ее Сара Рот тоже смогла сохранить и выгодно продать. За нее дали 21 тысячу долларов. Кстати, в справке написано, что ее обладательница абсолютно здорова. Наверное, это и помогло ей выжить.

1. Пассажирка[1] ‹Титаника› Сара Рот

   a) из Америки.
   b) из Англии.
   c) из Франции.

2. У неё был билет

   a) 1-го класса.
   b) 3-го класса.
   c) 2-го класса.

3. Пассажиров третьего класса кормили[2]

   a) неплохо.
   b) отлично.
   c) очень плохо.

4. Справку[3] о здоровье Сара Рот

   a) купила.
   b) продала.
   c) прочитала.

[1]Passagierin [2]ernähren [3]Bescheinigung

Г Hörverstehen   Понимание при аудировании

10   Театр или школа?

Sehen Sie sich die Zeichnungen an und hören Sie die Beschreibungen von der Kassette/CD. Zu welchem Text passt welches Bild? Wenn Sie die Lösung bereits nach dem 1. oder 2. Satz wissen, ist Ihr Hörverstehen bereits prima trainiert. Tragen Sie ein, wie viele Sätze Sie pro Bild gebraucht haben.

11   Моя биография

Hören Sie die Biographie von Наталья Горшкова auf der Kassette/CD und notieren Sie alle Daten, die genannt werden.

_____

_____

_____

Д Schriftlicher Ausdruck   Письмо

12   Автобиография

Schreiben Sie Ihren eigenen Lebenslauf auf ein Blatt Papier. Die Fragen helfen Ihnen dabei. Bringen Sie sie zunächst in eine logische Reihenfolge.

Где и когда вы родились?	Как их зовут?	Когда вы пошли в школу?
Кто ваши родители?	Где вы учились потом?	Где вы живёте?
Кто вы по профессии?	У вас есть дети?	Когда они родились?

134   сто тридцать четыре

Мы помогаем

Урок № **10**

In vielen Orten Deutschlands gibt es sie – die Hilfsaktionen für Kinder, die durch die Tschernobyl-Katastrophe geschädigt wurden. Ein schönes Zeichen der Solidarität zwischen Deutschen und Russen. Stellvertretend für sie alle berichten wir über die Aktivitäten der Kleinstadt Friedrichsdorf.

A Über Gefühle sprechen

Подготовка

Одна в незнакомом городе

– Мама, а ты помнишь, как ты познакомилась с папой?
– Конечно помню. Это было зимой. Я приехала в первый раз в Москву со школьными подругами. Сначала мы хотели посмотреть Красную площадь.
5 В метро они вошли в вагон, а я осталась, было много людей. Стою и думаю: плакать или не плакать? Вдруг подходит ко мне молодой человек и спрашивает, всё ли в порядке. Какое там в порядке! Одна в незнакомом городе, без билета, просто
10 плакать хочется. Так и познакомились мы с твоим папой.

> **Tipp**
> Russen haben eine sehr differenzierte Art auszudrücken, dass sie etwas gerne möchten. Мне хо́чется heißt wörtlich *mir will sich's*. Nicht *ich will*, sondern *in mir ist etwas, das möchte gerne*. Deshalb müssen Sie immer den Dativ verwenden, wenn Sie diese Konstruktion gebrauchen:
> Мне (ему́, ей, им, нам, моему́ бра́ту, ...) хо́чется пла́кать.

вдруг	plötzlich	подходи́ть/подойти́	heran-/herbeikommen
зимо́й	im Winter	подхожу́, подхо́дишь, подхо́дят	
знако́миться/по-	sich bekannt machen	подойду́, подойдёшь, подойду́т	
знако́млюсь, знако́мишься, знако́мятся		по́мнить	sich erinnern
		по́мню, по́мнишь, по́мнят	
молодо́й, -а́я, -о́е	jung	поря́док	Ordnung
незнако́мый, -ая, -ое	unbekannt	хоте́ться	etwas gerne wollen
пла́кать	weinen	мне хо́чется	ich möchte gerne
пла́чу, пла́чешь, пла́чут			

 1 Знакомство

Und wie war das bei Ihnen? Где вы познакомились с вашим мужем / другом или с вашей женой / подругой? Fragen Sie 4–5 Teilnehmerinnen/Teilnehmer in Ihrem Kurs und notieren Sie die Ergebnisse. Unterhalten Sie sich mit Ihrer Nachbarin/Ihrem Nachbarn darüber.

сто тридцать пять **135**

Нет, просто живём Текст

Гриша и Таня – брат и сестра. Они живут в деревне Валавск Гомельской области, недалеко от Чернобыльской АЭС. О том, как они там живут, рассказывает одиннадцатилетний Гриша:

«К нам приезжают три-четыре раза в год проверять радиацию. Говорят, что всё в порядке. Но мы знаем, что у нас в школе, особенно на футбольном поле, повышенная радиация.»
«А вы на футбольном поле играете?»,
«Играем.»
«А с питьевой водой всё в порядке?»
«Не знаю. Но надо же что-то пить!»
«У вас не говорят об этом?»
«Нет, просто живём.»

Девяносто четвёртый год. Протестантская община Фридрихсдорфа приглашает первых пятнадцать детей из Чернобыля на отдых на четыре недели. Священник Хартман объясняет: «Это не церковная акция – это просто люди, которые хотят конкретно что-то сделать для детей из Чернобыльского региона. Наша община лишь предоставляет им место встречи и помогает в организационных вопросах.»

Вспоминает Гриша: «Первый раз, когда мы приехали во Фридрихсдорф, мне было страшно. Возле автобуса было много незнакомых людей. А где эта Бригитте? Мне тогда было шесть лет. Плакать хотелось немножко. Бригитте, правда, прислала свою фотографию, я уже запомнил её лицо, но не нашёл. Но тогда Бригитте подошла и спросила ‹Гриша?›. Это были странные чувства, с одной стороны: ‹Ой, слава Богу, меня нашли!›, а с другой: ‹Боже мой, что там будет?›»

> **Tipp**
> Меня зовут – mich ruft man (= ich heiße). Erinnern Sie sich? Auf Russisch benutzt man in der Regel die 3. Person Plural (ohne Personalpronomen!), um man auszudrücken: К нам приезжают ... Zu uns kommt man ... / Говорят, что ... Man sagt, dass ... Es muss ja auch im Russischen mal etwas Einfaches geben!

Лето девяносто девятого года. Гриша уже пятый раз отдыхает в семье Бишоф. Он фактически вырос вместе с Фабианом.

Госпожа Бишоф уже привыкла: «Зимой у меня двое детей, а летом – четверо, потому что и Марат Бондар из той же деревни, друг Гриши, уже третий год отдыхает у нас.» В девяносто шестом году семья Бишоф поехала в Валавск, хотели собственными глазами посмотреть, как живут их ‹русские дети›. Они познакомились и со старшей сестрой Гриши, Таней. Долго думали, но потом пригласили и её, будущую учительницу немецкого языка, к себе. Они нашли ей место как ‹Au-pair-Mädchen›. Она целый год провела в Германии.

Урок № 10

°АЭС (= А́томная Энерги́ческая Ста́нция)	Atomkraftwerk
°во́зле	(nahe) bei, neben
вопро́с	Frage
встре́ча	Treffen, Begegnung
°выраста́ть/вы́расти вы́расту, вы́растешь, вы́растут вы́рос, вы́росла (Prät.!)	aufwachsen
де́лать/с-	tun, machen
друг	Freund
запомина́ть/запо́мнить запо́мню, запо́мнишь, запо́мнят	sich einprägen
ле́то	Sommer
лицо́	Gesicht
лишь	nur, lediglich
немно́жко	ein wenig
°о́бласть (f.)	(Verwaltungs-)Gebiet
общи́на	Gemeinde
°оди́ннадцатиле́тний, -яя, -ее	elfjährig
о́тдых	Urlaub, Erholung
°питьево́й, -а́я, -о́е	Trink-
°повы́шенный, -а́я, -о́е	erhöht
по́ле	Feld
пра́вда	*hier:* wirklich, ehrlich
°предоставля́ть/предоста́вить предоста́влю, предоста́вишь, предоста́вят	erteilen, zur Verfügung stellen
привыка́ть/привы́кнуть привы́кну, привы́кнешь, привы́кнут	sich gewöhnen
присыла́ть/присла́ть пришлю́, пришлёшь, пришлю́т	herschicken
°радиа́ция	radioaktive Strahlung
°свяще́нник	Priester, Pfarrer
Сла́ва Бо́гу!	Gott sei Dank!
со́бственный, -ая, -ое	eigen
ста́рший, -ая, -ее	älter
стра́нный, -ая, -ое	merkwürdig
стра́шно	ängstlich, furchtsam
тот, та, то	dieser, jener
(мне) хоте́лось	ich wollte gerne
церко́вный, -ая, -ое	kirchlich
°че́тверо	vier
чу́вство	Gefühl

шко́ль**ные**	подру́г**и**
шко́ль**ных**	подру́г
шко́ль**ным**	подру́г**ам**
шко́ль**ных**	подру́г
(со) шко́ль**ными**	подру́г**ами**
(о) шко́ль**ных**	подру́г**ах**

In Урок 9 haben Sie die Singulardeklination der Adjektive kennen gelernt. Hier sind nun die Adjektive im Plural. Wir beginnen mit den Feminina. Die Substantivendungen kennen Sie ja bereits, sie brauchen also nur noch die Adjektivendungen zu lernen.

2 Вы поняли?

a) Schreiben Sie die wichtigsten Angaben aus dem Text heraus.

места *Валавск,* _____

имена _____

годы _____

b) Teilen Sie Ihrer Partnerin/Ihrem Partner mit, was Sie zu den Stichwörtern im Text erfahren haben.

Валавск – это деревня в Гомельской области недалеко от Чернобыльской АЭС.

3 Кто что говорит?

 Welcher Satz passt zu welcher Person?

1. В деревне высокая радиация, но об этом никто не думает.
2. Это инициатива людей, церковь[1] только помогает им.
3. Сначала хотелось плакать, потому что было страшно.
4. Надо же что-то пить!
5. Зимой у меня двое детей, а летом – четверо.
A 6. Наша община предоставляет место встречи.

A священник Хартман
B Гриша
C госпожа Бишоф

[1]*Kirche*

4 Числа

a) Suchen Sie im Text die Sätze mit den Zahlenangaben 3–4, 4, 6, 15 und lesen Sie sie vor.

b) Es gibt auch Sätze mit Ordnungszahlwörtern. Wie viele finden Sie? _____

c) Sie finden bestimmt auch den Satz mit den zwei Sammelzahlwörtern (siehe Seite 69)?

5 Ключевые слова

a) Notieren Sie mindestens acht Schlüsselwörter aus dem Text. Ihre Partnerin/Ihr Partner sucht die entsprechenden Textstellen und liest die Sätze vor.

b) Die Übung kann auch mit dem ganzen Kurs ‚gespielt' werden. Nennen Sie reihum je ein Schlüsselwort. Wer die Textstelle zuerst findet, erhält einen Punkt.

Б Wünsche äußern

Подготовка

 Разрешите, пожалуйста!

– Пап, у меня к тебе разговор.
– Давай, ты расскажешь мне всё потом.
– Папа, но это очень важно! Пожалуйста!
– Ну хорошо. У меня ещё есть немного времени.
5 – Папа, мне так неудобно перед Наташей! Родители разрешают ей гулять до десяти часов, а я в девять тридцать должен быть уже дома. Я чувствую себя идиотом, я даже не могу проводить её домой! Пап, ну разрешите хотя
10 бы до одиннадцати. Обещаю в одиннадцать быть дома.
– Хорошо, мы с мамой подумаем, но не думаю, чтобы она с этим согласилась.

Вам знакома эта проблема? Какие аргументы у
15 мальчика? Как вы думаете, мама согласится?

Tipp

Wenn Sie höflich um etwas bitten wollen, brauchen Sie den Konjunktiv: Разрешите хотя **бы** до одиннадцати. *Könntet ihr (nicht) bis 11 Uhr erlauben?* Den Konjunktiv bilden Sie mit dem kleinen Wörtchen **бы**. Mehr dazu später.

бы	Konjunktivpartikel	°соглаша́ться/согласи́ться	zustimmen
ва́жно	wichtig	соглашу́сь, согласи́шься,	einverstan-
немно́го	ein bisschen, etwas	соглася́тся	den sein
разгово́р	Gespräch	чу́вствовать/по- (себя́)	(sich) fühlen
провожа́ть/проводи́ть	begleiten	чу́вствую, чу́вствуешь, чу́вствуют	
провожу́, прово́дишь, прово́дят			
разреша́ть/разреши́ть	erlauben	что́бы	um zu, damit
разрешу́, разреши́шь, разреша́т			

организацио́нные	вопро́сы
организацио́нных	вопро́сов
организацио́нным	вопро́сам
организацио́нные	вопро́сы
(с) организацио́нными	вопро́сами
(об) организацио́нных	вопро́сах

Hier nun die Pluraldeklination der Maskulina. Die Adjektivendungen stimmen in allen Geschlechtern überein. Sie brauchen also gar nicht so viele neue Endungen zu lernen.

6 Рекла́ма

a) In dieser Annonce finden Sie jede Menge Adjektive. Notieren Sie sie. Was bewirken Adjektive in Werbeanzeigen? Unterhalten Sie sich mit Ihrer Nachbarin/Ihrem Nachbarn darüber.

b) Suchen Sie ähnliche Anzeigen in russischen Zeitungen. Wenn Sie selbst keine Materialien haben, bringt Ihnen Ihre Kursleiterin/Ihr Kursleiter gerne eine Auswahl mit. (Inzwischen erhalten Sie auch in vielen Kleinstädten russische Zeitschriften, meist am Bahnhofskiosk.)

сто три́дцать де́вять

В такой ситуации стесняешься (интервью) — Текст

Das Gespräch mit Таня Урецкая, aus dem Sie hier Auszüge lesen, fand am 27. Mai 1999 in Friedrichsdorf statt und wurde aufgezeichnet.

H.Z.: Таня, спасибо, что вы согласились откровенно поговорить со мной о сложных чувствах, которые вы испытали у нас в Германии и что вы разрешили использовать наш разговор для учебника ‹Ключи›. Семья Бишоф пригласила вас за свой счёт, они полностью за вас платили. Как вы чувствуете себя в этой ситуации?

Т.У.: Чувствуешь себя как-то неудобно …

H.Z.: Таня, вы действительно не стесняетесь рассказать об этом?

Т.У.: Нет, нет, просто думаю … В такой ситуации стесняешься. Ты просто … остаёшься должником, да, можно так сказать, потому что семья для тебя много делает, например, походы разные, а ты сама не можешь ответить тем же. С таким чувством легче жить, когда вы стали уже друзьями …

H.Z.: А эти немцы, которые вас пригласили – они друзья?

Т.У.: Да, это друзья. Это можно сказать искренне. Когда второй, третий, четвёртый год приезжаешь, то становишься частью семьи.

H.Z.: Вы думали и над тем, почему семья Бишоф это делает? Зачем это им нужно?

Т.У.: Да, я много думала над этим. Просто у них большое сердце, они хорошие люди. И ещё: если я уезжаю, уезжаю домой – то становится ясно: ты уже привязалась к своей новой семье; уже немного грустно. Воспоминания остаются с тобой, живые воспоминания. А может, это для них тоже важно?

Tipp

Зачéм э́то им ну́жно? An dieser Stelle mischte sich Frau Bischof ein: „Das habe ich mich selber schon oft gefragt. Da gibt es keine einfache Antwort. Wir hatten vor unseren Tschernobyl-Kindern schon öfter ausländische Gäste, z.B. über den Fußballverein. Nur diese Aktion war irgendwie anders, verbindlicher. Ich fand sie toll. Und Tschernobyl hat mich sehr berührt – da haben wir uns gesagt: Das machen wir auch! Und irgendwie hat Гри́ша dann unser Herz erobert."

воспомина́ние	Erinnerung	испы́тывать/испыта́ть	erfahren, spüren
гру́стно	traurig	ка́к-то	irgendwie
°должни́к	Schuldner	ле́гче	leichter
живо́й, -а́я, -о́е	lebendig	ну́жно	(es ist) nötig
зачéм	wofür, wozu	отвеча́ть/отве́тить	antworten
°и́скренне	aufrichtig	отве́чу, отве́тишь, отве́тят	
испо́льзовать	benutzen, verwenden	°по́лностью	vollständig, ganz
испо́льзую, испо́льзуешь, испо́льзуют		похо́д	Wanderung

°привя́зываться/ привяза́ться привяжу́сь, привя́жешься, привя́жутся	lieb gewinnen, Zuneigung empfinden	стесня́ться/по-	sich genieren, verlegen sein
		счёт	Rechnung
		уезжа́ть/уе́хать уе́ду, уе́дешь, уе́дут	wegfahren
ра́зный, -ая, -ое	verschieden		
сло́жный, -ая, -ое	компликовано kompliziert	часть (f.)	Teil
станови́ться/стать становлю́сь, стано́вишься, стано́вятся ста́ну, ста́нешь, ста́нут	werden	я́сно	klar

Jetzt fehlt nur noch die Pluraldeklination der Neutra. Die Adjektivendungen stimmen wieder mit denen der Feminina und der Maskulina überein. Der einzige Unterschied kann im Nominativ und im Akkusativ liegen.

7 Вопросы

a) Notieren Sie die Fragen, die in dem Interview zu den folgenden Antworten geführt haben.

AB 1–4

_____

Нет, мне было неловко.

_____

Да, мы хорошо понимаем друг друга, и я в семье как дочь.

_____

Они хотят сделать что-то конкретное, потому что они хорошие люди.

_____

Да, я много думала над этим.

b) Was würden Sie gerne von Таня wissen? Überlegen Sie zusammen mit Ihrer Partnerin/Ihrem Partner Fragen und schreiben Sie sie auf. Sie kennen schon jede Menge Fragewörter. Benutzen Sie

> как? сколько? почему? что? зачем? какой? кто? куда? когда?

c) Таня, сколько раз вы были в Германии? А кем вы хотите стать? Почему? Versuchen Sie sich in Таня hineinzuversetzen. Wie würde sie diese Fragen beantworten?

8 Давайте отдохнём!

a) Hören Sie die Kassette / CD. Welche der Anzeigen gehört zu dem Text?

 b) Es gibt in dem Hörtext einige neue Wörter, die Sie aber bestimmt erraten können. Notieren Sie mindestens fünf dieser Internationalismen.

_____

c) Schreiben Sie im nächsten Durchgang alle Adjektive auf, die Sie hören. Wie viele finden Sie? Vergleichen Sie Ihr Ergebnis mit den Notizen Ihrer Nachbarin/Ihres Nachbarn.

_____

_____

_____

Урок № 10

B   Здесь не обнимают (продолжение интервью)   Текст

H.Z.: Таня, как я понял, вам здесь в Германии нравится?
Т.У.: Очень!
H.Z.: А вы не хотели бы остаться в Германии?
Т.У.: Вы знаете, у нас попроще … . Например, если
5 что-то празднуют – то все вместе. Вот этого не
хватает здесь. И ещё: у нас в любое время можешь
пойти к своим друзьям поделиться, если что-то
не в порядке, а здесь после восьми вечера даже
звонить не приятно. Да, вот это мне не нравится,
10 что всегда надо время назначать и всегда всё заранее
планировать. И просто нашего дома не хватает.
H.Z.: Значит, ваши корни всё-таки там … .
Т.У.: Да, естественно, я же там выросла. Здесь я
чувствую себя чужой. Ты иностранец, и ты им
15 и останешься. Если вы к нам приедете – каждый
поможет … . А здесь как-то не так. ‹Ausländer› здесь
очень много, так что здесь с открытой душой или с
объятиями тебя не … .
Гриша: … да, здесь не обнимают … .
20 Т.У.: Точно.

Tipp

Игорь встретит Мартина в Шереметьево. Erinnern Sie sich? Wenn Sie an den Infinitiv **-ся** anhängen, haben Sie *treffen* in *sich treffen* umgewandelt. Aber: я встречу**сь**, он встретит**ся**, вы встретите**сь**, они встретят**ся**. Wenn der letzte Buchstabe vor **-ся** ein Vokal ist, wird **-ся** zu **-сь**, auch im Präteritum: он встретил**ся**, она встретил**ась**. Und ganz wichtig: Reflexive deutsche Verben sind im Russischen oft nicht reflexiv und umgekehrt.

Wenn Sie **-ова-** im Infinitiv eines Verbs entdecken, können Sie davon ausgehen, dass Sie die e-Konjugation brauchen: **-ую, -уешь, …, -уют**. Aus **-ова-** wird dabei **-у-**: чу́вств**ова**ть – я чу́вств**ую**, ты чу́вств**уешь**, … Genauso: пра́здн**ова**ть, испо́льз**ова**ть.

душа́	Seele	откры́тый, -ая, -ое	offen, öffentlich
есте́ственно	natürlich, selbstverständlich	°подели́ться	sich mitteilen
зара́нее	frühzeitig	поделю́сь, поде́лишься, поде́лятся	
иностра́нец	Ausländer	попро́ще	(etwas) einfacher
°ко́рень (m.)	Wurzel	пра́здновать	feiern
°назнача́ть/ назна́чить	bestimmen, ernennen	праздну́ю, праздну́ешь, праздну́ют	
назна́чу, назна́чишь, назна́чат		то́чно	genau
°объя́тие	Umarmung, offene Arme	чужо́й, -а́я, -о́е	fremd

9   Глазами Тани

6–9

a) Таня очень кратко[1] ответила на первый вопрос. Как вы думаете, что ей понравилось в Германии?

> Тане очень понравилось, что … .
> Ей очень понравилось/-лась/-лся/-лись … .

b) Что в Германии, по мнению[2] Тани, по-другому? Schreiben Sie ihre Beobachtungen heraus und lesen Sie sie vor.

> Таня думает, что здесь … . / Это (не) так.
> Я думаю, это нормально, что … .
> А мне (не) нравится, что … .

c) Таня не хочет остаться в Германии? Почему? Finden Sie Belege im Text.

[1]*kurz*   [2]*Meinung*

10 А ваше мнение[1]?

a) Как вы думаете, почему семья Бишоф помогает? Jetzt geht es wieder darum, dass Sie wirklich Ihre persönliche Meinung ausdrücken. Denken Sie an die Möglichkeiten, die Sie in den früheren Lektionen gelernt haben. Sie können den Aussagen zustimmen, sie ablehnen oder verschiedene Positionen miteinander verknüpfen. Und wenn Sie etwas ganz anderes sagen möchten, hilft Ihnen – wie immer – Ihre Kursleiterin/Ihr Kursleiter weiter.

- ☐ 1. Они понимают, как трудно этим детям, и поэтому помогают.
- ☐ 2. Они хотят, чтобы о них хорошо говорили в общине.
- ☐ 3. Они просто добрые люди.
- ☐ 4. Они хотят хорошо выглядеть в глазах общины.
- ☐ 5. Это приятно, когда ты можешь помочь.
- ☐ 6. Они хотят сделать что-то конкретное для этих детей.
- ☐ 7. У них много денег.
- ☐ 8. Они думают: «Мы живём хорошо, давайте поможем тем, кому трудно.»
- ☐ 9. Все в общине помогают, поэтому и они тоже помогают.
- ☐ 10. Дело значит больше, чем слово.
- ☐ 11. Это приятно, когда о тебе вспоминают добрым словом.

b) А почему семья Бишоф поехала в Валавск?

- ☐ 1. Они хотели познакомиться с сестрой Гриши, Таней.
- ☐ 2. Никто из Фридрихсдорфа ещё не был в Чернобыльском регионе.
- ☐ 3. Чтобы было о чём рассказать знакомым.
- ☐ 4. Они хотели собственными глазами посмотреть, как там живут люди.
- ☐ 5. Газеты много писали о Чернобыле, но лучше один раз увидеть, чем сто раз услышать.
- ☐ 6. На Майорке они были уже много раз, а вот Чернобыль – это действительно экзотика.

c) Как вы думаете, нужна такая помощь? А вы помогаете?

[1]Meinung

11 Давайте поиграем!

a) Spiel 1: Dieses Spiel kann entweder mit dem ganzen Kurs oder in Gruppen mit wenigstens vier Spielerinnen/Spielern durchgeführt werden. Der/die erste Spieler/in nennt ein Substantiv im Plural, der/die nächste ergänzt ein passendes Adjektiv. Wer keines mehr findet, scheidet aus. Gewonnen hat, wer übrigbleibt. Im nächsten Durchgang können Sie das Spiel mit ganzen Sätzen (im Plural!) spielen, die durch passende Adjektive erweitert werden müssen.

b) Spiel 2: Auch dieses Spiel wird am besten mit dem ganzen Kurs gespielt oder zumindest in größeren Gruppen. Der/die erste Spieler/in schreibt ein Substantiv im Plural auf einen Zettel und faltet den Rand so, dass man das Wort nicht sieht. Der/die nächste ergänzt ein Adjektiv im Plural, faltet den Zettel und gibt ihn weiter. Dann werden die Kombinationen vorgelesen, die auf dem Zettel entstanden sind. Probieren Sie es aus, es gibt oft lustige Varianten!

Урок № 10

12 Телепрограмма

Sehen Sie das Fernsehprogramm durch und beantworten Sie die Fragen.

a) Finden Sie eine interessante Sendung für Kinder? Wann beginnt sie?

b) Sie wollen Nachrichten sehen. Wann schalten Sie den Fernseher ein?

c) Notieren Sie eine Fernsehsendung, die Sie persönlich interessiert. Erklären Sie Ihrer Partnerin/Ihrem Partner, warum Sie gerade diese Sendung ausgewählt haben.

d) Vergleichen Sie das 1. Programm des russischen Fernsehens mit dem 1. Programm in Deutschland. Verwenden Sie die Wörter

мультфильм[1], сериал[2], новости, передача[3].

Welche Unterschiede stellen Sie fest? Unterhalten Sie sich mit Ihrer Partnerin/Ihrem Partner darüber.

В программе ОРТ/ARD много / мало …

[1]Zeichentrickfilm [2]Serie [3]Sendung

13 Общественное Российское Телевидение

Hören Sie das Fernsehprogramm von OPT für den 4. Juni von der Kassette/CD.

 a) Wann kommt eine Sportsendung? Notieren Sie die Uhrzeit.

AB 16/17

_____

b) Und wann können Sie einen Zeichentrickfilm anschauen?

c) Sie interessieren sich für klassische Musik. Notieren Sie die Uhrzeit der Sendung, den Namen des Komponisten und das Musikstück.

_____

_____

 14 Цвета¹

 a) Adjektive sind kein Problem mehr, oder doch? Hören Sie die Beschreibung von Daschas Zimmer und kreuzen Sie an, welche Farben genannt werden.

AB 18/19

b) In dem Hörtext sind die Farben durcheinander geraten. Hören Sie die Kassette/CD noch einmal und finden Sie heraus, bei welchen Einrichtungsgegenständen falschen Farben angegeben werden. Wie viele Fehler finden Sie?

¹Farben

Урок № 10

15 Как здорово …

Слова и музыка: Олег Митяев

Изгиб гитары жёлтой
Ты обнимешь нежно,
струна осколком эха
пронзит тугую высь.

    Кочнётся купол неба,
    большой и звёздно-снежный.
    Как здорово, что все мы здесь
    сегодня собрались. (2 раза)

Как отблеск от заката
костёр меж сосен пляшет.
Ты что грустишь, бродяга?
А ну-ка, улыбнись!

    И кто-то очень близкий
    тебе тихонько скажет:
    Как здорово, что все мы здесь
    сегодня собрались. (2 раза)

И всё-же с болью в горле
мы тех сегодня вспомним,
чьи имена как раны
на сердце запеклись.

    Мечтами их и песнями
    мы каждый вздох наполним.
    Как здорово, что все мы здесь
    сегодня собрались. (2 раза)

(Первый куплет повторяется ещё раз.)

Die Ausbuchtung der gelben Gitarre
umarmst du zärtlich,
die Saite als Splitter des Echos
durchbohrt die unnachgiebige Höhe.

    Die Himmelskuppel schaukelt,
    groß und voller Sternenschnee.
    Wie toll, dass wir uns alle hier
    heute versammelt haben.

Wie ein Abglanz des Sonnenuntergangs
tanzt das Lagerfeuer zwischen den Fichten.
Was bist du so traurig, Vagabund?
Na komm, lächle!

    Und jemand, der dir sehr nahe steht
    sagt dir ganz leise:
    Wie toll, dass wir uns alle hier
    heute versammelt haben.

Und dennoch mit Schmerzen in der Kehle
erinnern wir uns heute an die,
deren Namen wie Wunden
in unser Herz eingebrannt sind.

    Mit ihren Träumen und Liedern
    füllen wir jeden Seufzer
    Wie toll, dass wir uns alle hier
    heute versammelt haben.

! Грамматика – не беда!

In dieser Lektion haben Sie die Pluraldeklination der Adjektive kennen gelernt. Erinnern Sie sich noch an den Plural bei den Substantiven (Seite 68)? Auch bei den Adjektiven müssen Sie überlegen, ob das Substantiv, auf das das Adjektiv sich bezieht, belebt oder unbelebt ist. Also beim Akkusativ wieder aufpassen! Im Plural ist der Akkusativ bei *allen* belebten Substantiven (nicht nur bei den maskulinen!) gleich dem Genitiv. Die Pluralendungen der Adjektive sind dafür richtig einfach! Sie sind nämlich für alle drei Geschlechter *gleich*. Praktisch, nicht?

	(belebt)	**Feminina**		(unbelebt)	**Maskulina**	**Neutra**
		шко́льные	подру́ги		сло́жные	вопро́сы	чу́вства
		шко́льных	подру́г		сло́жных	вопро́сов	чувств
		шко́льным	подру́гам		сло́жным	вопро́сам	чу́вствам
		шко́льных	подру́г		сло́жные	вопро́сы	чу́вства
(со)	шко́льными	подру́гами	(со)	сло́жными	вопро́сами	чу́вствами
(о)	шко́льных	подру́гах	(о)	сло́жных	вопро́сах	чу́вствах

So viel zur Deklination der Adjektive.

Unter den neuen Vokabeln in Уро́к 10 waren auch einige reflexive Verben: познако́мить**ся**, стесня́ть**ся**. Sie erkennen sie an dem **-ся** (**-сь**) am Wortende.

	познако́миться (sich kennen lernen)	**стесня́ться** (sich genieren, verlegen sein)	
я	познако́млюсь	стесня́юсь	Diese Endung brauchen Sie beim
ты	познако́мишься	стесня́ешься	Konjugieren in allen Personen.
он / она́ / оно́	познако́мится	стесня́ется	Beachten müssen Sie, dass nach
мы	познако́мимся	стесня́емся	einem Konsonanten immer **-ся**
вы	познако́митесь	стесня́етесь	und nach einem Vokal immer **-сь**
они́	познако́мятся	стесня́ются	steht.

Und noch eine Besonderheit zum Thema Verben, die das Lernen erleichtert. Es gibt eine Gruppe russischer Verben, die im Infinitiv vor **-ть** ein **-ова-** (oder **-ева-**) haben. Wenn Sie beachten, dass aus **-ова-** bzw. **-ева-** im Präsens in allen Personen ein **-у-** wird, werden Sie feststellen, dass es sich um ganz gewöhnliche Verben der e-Konjugation handelt. Hier sind zwei Beispiele:

	рисова́ть (malen, zeichnen)	**фотографи́ровать** (fotografieren)
я	рису́ю	фотографи́рую
ты	рису́ешь	фотографи́руешь
он / она́ / оно́	рису́ет	фотографи́рует
мы	рису́ем	фотографи́руем
вы	рису́ете	фотографи́руете
они́	рису́ют	фотографи́руют

Урок № 11

Города-партнёры

Bisher haben Sie sprechen und hören, lesen und schreiben in der russischen Umgangssprache gelernt. Jetzt sollen Sie auch die Schriftsprache kennen lernen. Russen ganz unterschiedlichen Alters (14–81) berichten über ihren Aufenthalt in Deutschland, genauer in Offenbach am Main, das wie viele andere deutsche Städte eine Partnerschaft mit einer russischen Stadt unterhält.

A Nach dem Nutzen von etwas fragen

Подготовка

Международные контакты МГУ

В списке ста престижных высших учебных заведений России – Московский государственный университет имени Ломоносова на первом месте. Количество иностранных студентов говорит о престиже и научной репутации вуза.
МГУ сотрудничает с университетами сорока двух стран. Существуют договоры о сотрудничестве между МГУ и ста двадцатью вузами мира. Московский университет – член Евразийской ассоциации университетов. Среди совместных акций – научные конференции, форумы, обмены.
Кому выгодно такое сотрудничество?
В 1999–2000 учебном году в программах обмена МГУ принял участие триста шестьдесят один студент, а шестьсот

сорок три иностранных студента учились в Москве, из них двести пятьдесят студентов и преподавателей из ФРГ.

Есть ли в вашем городе университет? Он тоже организует обмены студентами?

°а́кция	Aktion
°ассоциа́ция	Vereinigung, Verband
°вуз (вы́сшее уче́бное заведе́ние)	Hochschule (höhere Lehranstalt)
°вы́годно	nützlich
госуда́рственный, -ая, -ое	staatlich
догово́р	Vertrag
°евразийский, -ая, -ое	eurasisch
°заведе́ние	Einrichtung, Anstalt
иностра́нный, -ая, -ое	ausländisch
кому́?	wem?
ме́жду (+ Instr.)	zwischen
нау́чный, -ая, -ое	wissenschaftlich
°репута́ция	guter Ruf, Reputation
принима́ть/приня́ть приня́ть уча́стие	nehmen teilnehmen
°сотру́дничать	zusammenarbeiten
°сотру́дничество	Zusammenarbeit
°спи́сок	Liste
совме́стный, -ая, -ое	gemeinsam
°существова́ть	existieren, vorhanden sein
уча́стие	Anteil, Teil
уче́бный, -ая, -ое	Lehr-, Unterrichts-
член	Mitglied

	мы	ты	он/оно́	она́	мы	вы	они́
	меня́	тебя́	(н)его́	(н)её	нас	вас	(н)их
	мне	тебе́	(н)ему́	(н)ей	нам	вам	(н)им
	меня́	тебя́	(н)его́	(н)её	нас	вас	(н)их
(со)	мной	тобо́й	(н)им	(н)ей	на́ми	ва́ми	(н)и́ми
(обо)	мне	тебе́	нём	ней	нас	вас	них

In dieser Lektion geht es um die Deklination der Personalpronomen. Wenn Sie sich die Übersicht anschauen, stellen Sie fest, dass Sie die meisten Formen schon kennen. Beachten müssen Sie den н-Vorschlag in der 3. Person Singular und Plural nach Präpositionen (у него́, к ней, с ним, о них) und den о-Einschub vor Doppelkonsonanten (ко мне́, со мно́й, обо мне́).

 ## Кому́ это на по́льзу?

 Партнёрство между городами – это, когда политики ездят туда-сюда, за счёт городского бюджета. Кому это на пользу? Разве нам?

5 Так часто думают и у нас и в России. Бывает и так. Но обязательно ли так должно быть? В городе Орле существует партнёрский клуб ‹Орёл – Оффенбах›, а в Оффенбахе
10 партнёрский клуб ‹Оффенбах – Орёл›. Члены этих клубов – обыкновенные люди. Им просто интересно организовывать встречи с русскими, и они хотят, чтобы немцы и русские
15 лучше понимали друг друга. Немцев интересует русская культура, русских – немецкая. Конечно, интересуют русская и немецкая кухни, русская водка и рейнское вино. Вот список
20 совместных дел этих клубов:

Текст

- Регулярные обмены школьниками. В Орле есть школа имени Фридриха Шиллера, где дети учат немецкий с первого класса. В оффенбахской Шиллершуле учат русский с седьмого класса.
- Выставки художников и фотографов в Орле и в Оффенбахе, концерты профессиональных и любительских ансамблей.
- Гуманитарная помощь больницам Орла.
- Практика врачей в оффенбахской больнице, практика в городской сберкассе (см. стр. 160), практика немецких учителей в школах и в университете Орла.
- Спортивные соревнования, например ‹Киккерс Оффенбах› – ‹Орёл› или велопробег.
- Обмены журналистами, студентами, туристические поездки.

Урок № 11

И всё это организуют члены клубов. Разве не интересно принять участие в таких акциях? А, может быть, и в вашем городе есть такой клуб? Вы уже довольно хорошо
25 говорите по-русски – две или три недели в русской семье, и вы будете ещё лучше знать русский!
У вашего города ещё нет города-партнёра в России? Тогда за дело! Мы с Людмилой вам
30 поможем – напишите нам в издательство!

°ансамбль (m.)	Ensemble, Gruppe	организовывать/	organisieren
больница	Krankenhaus	организовать	
°велопробег	Radrennen	организую, организуешь,	
ездить	(hin und her) fahren	организуют	
езжу, ездишь, ездят		°партнёрство	Partnerschaft
°гуманитарный, -ая, -ое	humanitär, menschlich	°партнёрский, -ая, -ое	partnerschaftlich
°издательство	Verlag	польза	Nutzen
°любительский, -ая, -ое	Liebhaber-, Amateur-	°сберкасса	Sparkasse
обыкновенный, -ая, -ое	gewöhnlich, normal	соревнование	Wettkampf
		спортивный, -ая, -ое	sportlich
		школьник	Schüler

1 Так ли это?

да	нет

1. Члены партнёрских клубов – это обычно политики.
2. Членов клубов интересует русская и немецкая культура.
3. Они хотят лучше понимать друг друга.
4. Все акции организуются за счёт городских бюджетов.
5. Работа в клубах помогает лучше говорить по-русски.

2 По-другому

Welche Überschrift passt am besten zum Text?

☐ Совместные дела   ☐ Города-партнёры

☐ Чтобы лучше понимать друг друга   ☐ Это просто интересно

3 А как вы думаете?

a) Bringen Sie diese drei Zwischenüberschriften in die richtige Reihenfolge.

AB 5–7

☐ Конкретные дела   ☐ Новые перспективы   ☐ Цели[1] клуба

b) Markieren Sie in Kleingruppen wichtige Schlüsselwörter in dem Text. Stellen Sie sie im Plenum vor und diskutieren Sie sie gemeinsam.

c) Jetzt haben Sie die Zwischenüberschriften und die Schlüsselwörter des Textes. Können Sie das Wichtigste kurz zusammenfassen? Doch, das schaffen Sie!

d) Und was meinen Sie? Unterhalten Sie sich mit Ihrer Nachbarin/Ihrem Nachbarn.

> Совместные акции клубов действительно интересны?
> В какой акции вы хотели бы принять участие? Почему?
> А у вас есть новые интересные идеи?

[1]*Ziel*

4 Дружбе[1] – двадцать лет

AB 8–11

a) Lesen Sie die Überschrift. Sie haben bestimmt Ideen, worum es in dem Hörtext gehen könnte.

b) Hören Sie den Text von der Kassette/CD. Waren Ihre Vermutungen richtig? Haben Sie auch verstanden, wie die Partner heißen?

_____

_____

c) Können Sie die Fragen schon beantworten? Wenn Sie noch unsicher sind, hören Sie den Text noch einmal und entscheiden Sie dann, welche Antworten zutreffen.

1. Кто с кем дружит[2]?
   ☐ а) баварская[3] община и район[4] Москвы
   ☐ б) Кассель и Ярославль
   ☐ в) Волгоград и Кёльн

2. Сколько километров между городами-партнёрами?
   ☐ а) 513
   ☐ б) 1513
   ☐ в) 1315

3. А сколько границ[5]?
   ☐ а) две границы
   ☐ б) четыре границы
   ☐ в) три границы

4. Сколько лет они уже дружат?
   ☐ а) 10 лет
   ☐ б) 20 лет
   ☐ в) 30 лет

5. Какие совместные акции были организованы?
   ☐ а) совместные альпинистские походы
   ☐ б) культурные мероприятия[6]
   ☐ в) велопробег
   ☐ г) обмены
   ☐ д) гуманитарные акции
   ☐ е) футбольный матч[7]
   ☐ ж) олимпиада

[1]*Freundschaft* [2]*befreundet (sein)* [3]*bayerisch* [4]*Region* [5]*Grenze* [6]*Unternehmung* [7]*Wettkampf, Spiel*

Б Über ein Ereignis berichten

Подготовка

Премьера

Вчера в Академическом театре драмы имени Льва Толстого состоялась премьера. Творческий коллектив театра подготовил настоящий сюрприз для любителей театра – спектакль ‹Две свадьбы› по водевилям Антона Павловича Чехова. Это уже третья в этом сезоне премьера, но это никак не сказалось на качестве спектакля. В течение двух часов молодые и пожилые театралы искренне смеялись. А после спектакля зрители и актёры обменялись впечатлениями о новом спектакле. Хотя он не похож на две другие премьеры, зрителям спектакль понравился. Встречаться со зрителями – это тоже одна из традиций театра.

a) Что особенного в новом спектакле? Понравился он зрителям? Вы интересуетесь театром? А вы хотели бы посмотреть этот спектакль? Почему?

b) Was haben Sie Neues aus dem Zeitungsartikel erfahren? Fassen Sie zusammen.

°водеви́ль (m.)	Singspiel	гото́вить/под- подгото́влю, подгото́вишь, подгото́вят	vorbereiten, bereit stellen
встреча́ться/ встре́титься встре́чусь, встре́тишься, встре́тятся	sich treffen		
		°пожило́й, -а́я, -о́е	bejahrt, älter
		похо́жий, -ая, -ое (на)	ähnlich (zu)
°впечатле́ние	Eindruck	°сва́дьба	Hochzeit
в тече́ние	im Laufe, während	сказа́ться ска́жется, ска́жутся	sich auswirken
зри́тель (m.)	Zuschauer		
°люби́тель (m.)	Liebhaber	состоя́ться	stattfinden
ника́к (не)	keineswegs	°тво́рческий, -ая, -ое	schöpferisch
°обме́ниваться/ обменя́ться	austauschen	°театра́л	Theaterliebhaber

—
себя́
себе́
себя́
(с) собо́й
(о) себе́

Nachdem Sie die Personalpronomen schon deklinieren können, bleibt noch das Reflexivpronomen. Es ist für alle Personen im Singular und Plural gleich und wird dekliniert wie das Personalpronomen ты: чу́вствую себя́ (ich fühle mich), предста́вим себе́ (stellen wir uns vor, …). Übersetzen können Sie die Formen von себя́ mit *mir, mich, dir, dich, sich, uns, euch*. Achtung: Es gibt keinen Nominativ!

Что думают в Орле?

Текст

 В 1999 году исполнилось десять лет, как дружат города Орёл и Оффенбах. Мы хотели узнать, что в Орле думают о сотрудничестве и об Оффенбахе. Вот что по этому поводу говорят самые разные орловцы, которые уже побывали в Оффенбахе.

Татьяна Волкова, бывшая ученица школы № 1

Когда мы принесли пакеты с гуманитарной помощью, было так много слёз с обеих сторон. Это произвело на меня очень глубокое впечатление.
Одна пожилая женщина никак не могла поверить в то, что ‹Германия о ней подумала›, что она дарит ей пакет с продуктами.

Я была одна из первых учениц города Орла, которая могла поехать в Оффенбах. Мы провели в Германии отличные недели. Часто мы давали интервью. В автобусе быстро познакомились с немецкими учениками, и тут мы поняли, что не все немцы – настоящие немцы. Никогда не думала, что ФРГ – многонациональная страна. В группе из 25 человек были дети девяти национальностей.

Елена Клочкова, доцент, председатель клуба ‹Орёл – Оффенбах›

Татьяна Клименко, учительница немецкого языка

В последний день в Оффенбахе русские и немецкие школьники говорили о результатах обмена. Мнение было единым: было очень интересно и все сдружились.

Урок № 11

> В течение этого десятилетия заключены настоящие контакты не только между школьниками, но и между спортсменами. Волейболисты, футболисты и дзюдоисты были в нашем городе. Интересным был и велопробег, о котором показали репортаж по орловскому телевидению. Теперь и у нас есть своя школа имени Фридриха Шиллера, как и в Оффенбахе.

Александр Кисляков, бывший мэр города Орла

Андрей Курнаков, профессор, народный художник СССР

> Моё первое знакомство с оффенбахцами состоялось в 1989 году, когда они прибыли в наш город с официальным визитом. Тогда мы и встретились в моей мастерской. Решили организовать выставку моих работ в Оффенбахе-на-Майне. Вернисаж посетили около четырёхсот человек. Он проходил в форме ток-шоу, я должен был отвечать на очень много вопросов, например: «Что вы думаете о русском авангарде?» Выставка работала шесть недель!

Светлана Ильина, заместитель директора школы им. Ф. Шиллера

> Очень глубокое впечатление произвела поездка по Германии: Альпы, Шварцвальд, Рейн, города, которые не похожи на российские. Но интереснее всего были совместные концерты, вечера, олимпиады, работа в творческих группах.

> Меня, как опытного велосипедиста, особенно поразило, что нигде кроме Оффенбаха не было велосипедных дорожек. Это велосипедный рай!

Сергей Колесников, участник велопробега

Алексей Бочков, корреспондент орловского телевидения

> Мне кажется, что немцы дружить с нами хотят гораздо больше, чем этого хотим мы. Они хотят, чтобы партнёрские клубы действительно работали, а не существовали только на бумаге.

бума́га	Papier	°мэр	Bürgermeister
бы́вший, -ая, -ее	ehemalig	нигде́	nirgends
°велосипеди́ст	Radfahrer	о́пытный, -ая, -ое	erfahren
°велосипе́дный -ая, -ое	Fahrrad-	°орло́вцы	(die) Orjoler
		°ощуще́ние	Gefühl, Empfindung
ве́рить/по-	glauben	°побыва́ть	sich aufhalten
°визи́т	(offizieller) Besuch	°по по́воду	anlässlich, bezüglich
глубо́кий, -ая, -ое	tief	°покида́ть/поки́нуть	aufgeben, verlassen
°гора́здо	bei weitem, weitaus	°поража́ть/порази́ть	einen Schlag versetzen
°десятиле́тие	Jahrzehnt	поражу́, порази́шь, поразя́т	
°дзюдои́ст	Judokämpfer	после́дний, -яя, -ее	letzter
°доро́жка	Weg, Pfad	председа́тель (m.)	Vorsitzende(r)
дружи́ть (с)	befreundet sein (mit)	°производи́ть/	erzeugen,
°еди́ный, -ая, -ое	einheitlich, gemeinsam	произвести́	hervorrufen
замести́тель (m.)	Stellvertreter(in)	произведу́, произведёшь, произведу́т	
знать/у-	kennen, erfahren	°рай	Paradies
°исполня́ться/	sich erfüllen, sich	са́мый, -ая, -ое	selbst
испо́лниться	verwirklichen	°спортсме́н	Sportler
испо́лнюсь, испо́лнишься, испо́лнятся		сдружи́ться	sich befreunden
		°телеви́дение	Fernsehen
кро́ме (+ Gen.)	außer	тут	hier, da
ли́чно	persönlich	уча́стник	Teilnehmer
мастерска́я	Werkstatt, Atelier	учени́ца	Schülerin
°многонациона́ль--ный, -ая, -ое	Vielvölker-		

Урок № 11

→← 5 Кто это говорит?

1. Это велосипедный рай! _____
2. Все очень сдружились. _____
3. Часто мы давали интервью. _____
4. Германия – красивая страна. _____
5. Было так много слёз! _____
6. Выставка прошла с большим успехом. _____
7. Теперь у нас тоже есть школа имени _____
   Ф. Шиллера.

→← 6 Самое главное[1]

a) Was hat die Orjoler am meisten beeindruckt? Arbeiten Sie zu zweit und markieren Sie in jeder Aussage den zentralen Gedanken.

b) In welchen Punkten sind sich die Орловцы einig?

☐ 1. В Германии живут не только немцы.
☐ 2. Все быстро подружились.
☐ 3. Очень интересно прошёл велопробег.
☐ 4. Самое главное – это совместные акции.
☐ 5. Поездка в Германию произвела глубокое впечатление.

[1] (das) Wichtigste

→← 7 Пресс-конференция

a) Wir wär's mit einem Interview? Eine Kursteilnehmerin übernimmt die Rolle von Татьяна Волкова und der Rest bereitet in Kleingruppen Fragen an sie vor. Sie brauchen auch jemanden, der den Gast vorstellt und sich für das Gespräch bedankt (siehe Урок 10!).

b) Hat es gut geklappt und – vor allem – hat es Spaß gemacht? Тогда вы могли бы организовать пресс-конференцию с другими членами клуба ‹Орёл – Оффенбах›.

сто пятьдесят семь **157**

В Мне повезло!

Текст

Нина Заболоцкая учила немецкий язык в школе. Она приняла участие в обмене учениками двух школ имени Шиллера. Когда она поступила в банковское училище в Орле, клуб ‹Оффенбах – Орёл› обратился в «шпаркассу»: не могли ли они пригласить Нину на практику в оффенбахскую сберкассу? Директор сберкассы сразу согласился. Они даже оплатили комнату и питание и предоставили карманные деньги.

Вот что пишет сама Нина об этом: «Сберегательная касса города Оффенбах-на-Майне произвела на меня большое впечатление, так как я ни разу не была в банке. Сначала, конечно, было сложно: языковой барьер, чужая страна и чужие люди. Но я быстро сориентировалась: познакомилась со многими интересными людьми, и с языком было уже не так трудно. Я практиковалась в валютном отделе, затем в отделе маркетинга, была в кредитном, расчётном отделах и в бухгалтерии, а также в филиале № 1 сберегательной кассы. Но самое интересное – это всемирный день сбережений. Очень много детей приносило свои копилки. Они хотели положить эти деньги на свой счёт. И каждому ребёнку работники сберкассы подарили подарки. Организовал всё это отдел маркетинга. Это они занимаются рекламной кампанией, придумывать новые акции. Сначала я скучала по дому, но потом мне не хотелось уезжать. Мне очень повезло, что меня пригласили в эту страну, в этот город, где меня радушно встретили очень гостеприимные люди.»

°ба́нковский, -ая, -ое	Bank-	отде́л	Abteilung
°валю́тный, -ая, -ое	Währungs-, Valuta-	пита́ние	Verpflegung
°всеми́рный день сбереже́ний	Weltspartag	поступа́ть/поступи́ть поступлю́, посту́пишь, посту́пят	eintreten
гостеприи́мный, -ая, -ое	gastfreundlich	°приду́мывать/ приду́мать	sich ausdenken, auf die Idee kommen
занима́ться/заня́ться займу́сь, займёшься, займу́тся	sich beschäftigen	°расчётный, -ая, -ое	Rechnungs-
зате́м	danach, darauf	сберега́тельный, -ая, -ое	Spar-
°карма́нный, -ая, -ое	Taschen-	скуча́ть	langweilen, (sich) sehnen (nach)
°копи́лка	Sparbüchse	сло́жно	schwierig
мне повезло́	ich hatte Glück	°учи́лище	Fachschule
мно́гие	viele	языково́й, -ая, -ое	sprachlich, Sprach-
обраща́ться/ обрати́ться обращу́сь, обрати́шься, обратя́тся	sich wenden		

Урок № 11

думать	говори́ть	гото́вить
ду́май!	говори́!	гото́вь!
ду́майте!	говори́те!	гото́вьте!

Hier nun noch die Bildung des Imperativs. Er ist Ihnen schon öfter begegnet, erinnern Sie sich: смотри́те, бери́те, пиши́те? Den Imperativ gibt es nur in der 2. Person Singular und Plural.
Der Plural ist einfach: **-те** an die Singularendung angehängt – и всё! Beim Singular kommt es darauf an, ob ein Vokal vor der Endung steht (**-й**) oder ein Konsonant (**-и́**, wenn betont, **-ь**, wenn unbetont).

8 А вы знаете …?

Haben Sie alles verstanden? Sicher!

1. Как Нина попала[1] на практику в Германию?
2. Что произвело на неё большое впечатление?
3. Были ли у неё сложности[2]?
4. Что ей особенно понравилось?

[1]gelangen [2]Schwierigkeiten

9 Почему Нине повезло?

Unterhalten Sie sich mit Ihrer Partnerin/Ihrem Partner über Нина.

многому научилась

съездила[1] в Германию

приняла участие в обмене

получила карманные деньги

была хорошая практика для неё

понравился город

не скучала по дому

сберкасса ей всё оплатила

раньше ни разу не была в банке

стала лучше говорить по-немецки

познакомилась с интересными людьми

сберкасса произвела большое впечатление

встретилась с хорошими гостеприимными людьми

[1]fahren (und nach einer Weile wieder zurückkehren)

10 Как вы думаете?

Какие цели¹ партнёрства между городами вы считаете важными²?

1. регулярные обмены школьниками, студентами
2. культурное сотрудничество
3. знакомство с культурами двух стран
4. тесные³ контакты между простыми⁴ людьми
5. экономическое сотрудничество
6. тесные контакты между спортсменами
7. гуманитарная помощь
8. регулярные официальные визиты
9. совместные акции
10. диалог культур
11. знакомство с национальной кухней
12. реклама своих товаров⁵ на новом рынке⁶
13. развитие⁷ интереса к немецкому языку в России и к русскому – в Германии
14. лучше узнать и понять друг друга
15. поучиться друг у друга
16. уйти от стереотипов
17. показать другим, как надо жить
18. посмотреть на себя глазами других
19. заработать деньги

¹Ziel ²wichtig ³eng ⁴einfach ⁵Waren ⁶Markt ⁷Entwicklung

11 Кому выгодно такое сотрудничество?

a) Begründen Sie Ihre Meinung!

политикам	бизнесменам	пенсионерам
всем гражданам¹	простым² людям	всем нам
России	Германии	иностранцам

b) А вы тоже член партнёрского клуба? Уже давно? Почему вы пришли в партнёрский клуб? Какие интересные акции вы организуете?

c) Ещё нет? А вы хотели бы организовать или работать в партнёрском клубе? Почему?

¹Bürger ²einfach

12 Не мы, а ты!

Ihre Partnerin/Ihr Partner sagt immer „wir", statt „ich". Aber Sie haben schließlich eine eigene Meinung. Korrigieren Sie ihre/seine Aussagen.

– Нам очень понравился мюзикл «Метро».
– Не нам, а тебе!
– Ну хорошо, мне.

1. Нам очень понравился мюзикл «Метро».
2. Но вообще-то мы больше любим драматический театр.
3. Современная музыка нам тоже нравится.
4. Завтра мы идём на концерт группы «Машина времени».
5. Вы пойдёте с нами?
6. Нас часто можно встретить в бильярдном клубе.
7. О нас вообще много говорят. Правда?
8. Нам ведь это нравится?
9. Но мы же любим тебя!

Урок № 11

13 Встреча городов-партнёров

a) Lesen Sie die Textabschnitte. Um welche Textsorte handelt es sich? Kreuzen Sie an.

☐ рекламный текст   ☐ объявление в газете

☐ текст из учебника   ☐ газетная статья[1]

b) Die Texte dieser Textsorte sind meist nach einem einheitlichen Schema aufgebaut:

Bringen Sie den Text in die richtige Reihenfolge und finden Sie eine Überschrift.

1. тема
2. главная[2] информация
3. детали

___

С 23 по 29 сентября в Москве и других российских городах проходила шестая встреча городов-партнёров России и Германии.

Вопросы развития сотрудничества городов-партнёров в экономической сфере заняли важное место в ходе дискуссии. Обсуждались, в частности, такие темы, как пути расширения партнёрства банков, проблемы визовой и таможенной политики, актуальные вопросы менеджмента и совместного бизнеса. По предложению немецкой стороны очередную встречу планируют провести в 2002 году в Германии. Секретариату МАПГ* надо решить важную задачу – найти в Германии партнёров для 25 российских городов.

Церемония открытия этого важного мероприятия состоялась в Доме дружбы с народами зарубежных стран. В приветствии Президента России Владимира Путина было подчёркнуто, что «наша страна искренне заинтересована в том, чтобы сотрудничество городов России и Германии расширяло свою географию, становилось всё более разносторонним. Это послужит развитию российско-германских отношений и обеспечению безопасности и стабильности в Европе.»

На обсуждение участников встречи была вынесена тема: «Партнёрские связи городов России и Германии как важный фактор экономического сотрудничества двух стран.»

*Международная Ассоциация Породнённых Городов

c) Welche Wendungen drücken inhaltlich das Gleiche aus? Verbinden Sie.

1. наша страна искренне заинтересована
2. сотрудничество городов расширяет[3] свою географию
3. это послужит[4] обеспечению[5] безопасности[6] и стабильности
4. заняли важное место в ходе[7] дискуссии

a) были в центре внимания[8]
b) мы очень хотим
c) больше городов нашли партнёров
d) поможет делу мира

[1]Artikel [2]Haupt- [3]erweitern [4]dienen [5]Versorgung [6]Sicherheit [7]Verlauf [8]Aufmerksamkeit

14 Мы сами

Sie können eine der Aufgaben auswählen oder – noch besser – beide bearbeiten.

1. Эта статья такая важная и интересная, что вы хотите рассказать о ней своим сокурсникам и сокурсницам. Важно, чтобы они вас поняли. Kürzen Sie den Artikel und vereinfachen Sie ihn. Berichten Sie im Kurs.

2. Вы тоже хотели бы принять участие в программе ‹города-партнёры›? Schreiben Sie einen kurzen Brief an die МАПГ. Begründen Sie Ihren Wunsch und schlagen Sie einige gemeinsame Aktivitäten vor.

15 Дискуссия

Welche Positionen gibt es in Ihrem Kurs zum Thema города-партнёры? Einige Teilnehmerinnen/Teilnehmer sind bestimmt für Städtepartnerschaften, andere stehen der Sache eher skeptisch gegenüber. Möglicherweise gibt es auch Teilnehmerinnen/Teilnehmer, die noch keine bestimmte Meinung zu der Frage haben. Bilden Sie möglichst drei Gruppen. Die Gruppen 1 (Pro) und 2 (Contra) suchen Argumente zur Verteidigung ihrer Position, Gruppe 3 stellt Fragen an die Mitglieder der Gruppen 1 und 2. Ein bisschen sprachliche Unterstützung:

Я думаю, что ...
Я отлично знаю, что ...
Я (тоже) считаю, что ...
Я (не) понимаю, почему ...
Я хотел(а) бы добавить / сказать ...
Я не могу согласиться с тем, что ...
Я (не) согласен / согласна с тем, что ...
Во-первых ... / Во-вторых ... / В-третьих ...

16 Нет, неправда

a) Traurige Geschichte – sie glaubt ihm nicht!

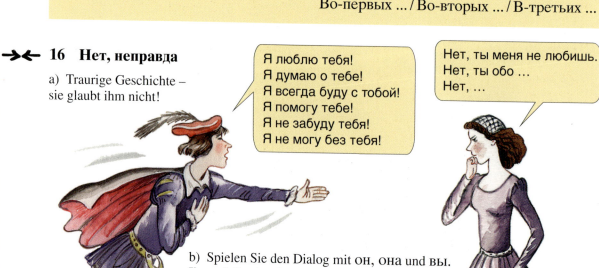

b) Spielen Sie den Dialog mit он, она und вы. Ihnen fallen bestimmt noch mehr Beispiele ein.

Урок № 11

17 Поворот

Слова и музыка: Машина времени

Мы себе давали слово
не сходить с пути прямого,
но так уж суждено.
И уж если откровенно,
всех пугают перемены,
но тут уж всё равно.

    Вот новый поворот,
    и мотор ревёт,
    что он нам несёт?
    Пропасть или взлёт,
    омут или брод?
    И не разберёшь
    пока не повернёшь.

И пугаться нет причины!
Если вы ещё мужчины,
вы кое в чём сильны!
Выезжайте за ворота
и не бойтесь поворота.
Пусть добрым будет путь!

    Припев

Wir haben uns unser Wort gegeben
nicht vom geraden Weg abzugehen,
aber so ist es schon bestimmt.
Und wenn wir schon ganz ehrlich sind,
alle versetzen die Veränderungen in Angst,
aber da ist schon alles gleich.

    Wieder eine neue Wendung,
    und der Motor brüllt,
    was wird sie uns bringen?
    Abgrund oder Aufstieg,
    Untiefe oder Furt?
    Und du kriegst das nicht raus
    ehe du die Kurve nimmst.

Und es gibt keinen Grund furchtsam zu sein!
Wenn ihr noch Männer seid,
dann habt ihr Kraft, etwas zu tun!
Fahrt heraus vor das Tor
und fürchtet euch nicht vor dem Umschwung.
Möge euer Weg gut sein!

    Refrain

Грамматика – не беда!

Sie haben den größten Teil der russischen Grammatik hinter sich. In dieser Lektion gibt es zum letzten Mal etwas Größeres zum Lernen: die Personalpronomen. Sie werden manches wiedererkennen, was Sie bei anderer Gelegenheit schon gelernt haben. Erinnern Sie sich an *etwas haben/besitzen* (Seite 54)? Genau, den Genitiv kennen Sie schon komplett!

Und wenn Sie sich in der Tabelle mal мы, вы oder они́ anschauen: -ам oder -им im Dativ Plural – das kam schon bei den Substantiven und den Adjektiven vor. An die Adjektive werden Sie sich auch erinnern, wenn Sie он, оно́ und она́ betrachten. Das Fragepronomen кто? kennen Sie bereits aus Уро́к 2. Wenn Sie es hier noch einmal mitlernen, geht's leichter. Packen Sie's an?

кто?		я	ты	он / оно́	она́	мы	вы	они́
кого́?		меня́	тебя́	(н)его́	(н)её	нас	вас	(н)их
кому́?		мне	тебе́	(н)ему́	(н)ей	нам	вам	(н)им
кого́?		меня́	тебя́	(н)его́	(н)её	нас	вас	(н)их
(с) кем?	(со)	мной	тобо́й	(н)им	(н)ей	на́ми	ва́ми	(н)и́ми
(о) ком?	(обо)	мне	тебе́	нём	ней	нас	вас	них

Das **н-**, das vor den Pronomen der 3. Person steht, wird dann mitgesprochen (und -geschrieben!), wenn vor dem Pronomen eine Präposition steht: у него́, к ней, с ни́ми. Aber: Vorsicht! Das gilt nur für die Personalpronomen, nicht für die Possessivpronomen.

Personalpronomen   У него́ маши́на.   Er hat ein Auto.
Possessivpronomen   У его́ бра́та маши́на.   Sein Bruder hat ein Auto.

Jetzt kennen Sie alle Personalpronomen. Bleibt noch das Reflexivpronomen. Erinnern Sie sich an das Verb чу́вствовать себя́?

Richtig! Es geht um das Wörtchen себя́. Praktisch ist, dass das Reflexivpronomen für alle Personen (Singular und Plural) gleich ist. Es wird dekliniert wie das Personalpronomen ты. Besonderheit: Es gibt keinen Nominativ!

Reflexivpronomen		
Nom.		–
Gen.		себя́
Dat.		себе́
Akk.		себя́
Instr.	(с)	собо́й
Präp.	(о)	себе́

Und jetzt noch die Bildung des Imperativs. Den Imperativ gibt es nur in der 2. Person Singular und Plural: Смотри́! Смотри́те! Gebildet wird der Imperativ immer vom Präsensstamm. Anstelle der Endungen der 3. Person Plural werden die Imperativendungen angehängt.

Beim Singular kommt es darauf an, ob vor der Endung ein Vokal (Imperativ: **-й**) oder ein Konsonant steht (Imperativ: **-и́** oder **-ь**). Bei einem Konsonanten müssen Sie darauf achten, ob die Endung in der 1. Person Singular im Präsens betont (**-и́**) oder unbetont (**-ь**) ist. Dafür ist der Plural für alle gleich: Es wird einfach nur **-те** an den Singular angehängt.

	-й	-и́	-ь
Singular	ду́май!	говори́!	гото́вь!
Plural	ду́майте!	говори́те!	гото́вьте!

Урок № 12

Я рада, что мы познакомились!

Wenn es um persönliche Probleme geht, gibt es zwischen Russen und Deutschen jede Menge Gemeinsamkeiten. Auch wenn viele Russen (noch) eine andere Vorstellung von der Rollenverteilung in einer Partnerschaft haben, können ähnliche persönliche Erfahrungen zu einer echten Freundschaft führen, so wie hier zwischen der deutschen Botschaftsrätin Antje Glaser und der Moskauer Dozentin Галина Черникова.

 A Nicht nur über politische Beziehungen sprechen — Подготовка

«Сегодня снова пришло время Москвы …»,
считает бургомистр Берлина Эберхард Дипген.

«Господин бургомистр, у Берлина заключены партнёрские контакты с целым рядом городов мира. Какую роль среди них играет Россия?»

«Я бы сказал – особую. Не думайте, что это просто приятный комплимент, если я скажу, что сегодня снова пришло время Москвы. Каждый раз, когда я приезжаю в Москву, я вижу, как много там построено или реконструировано. И этот визит – тоже не исключение. А строительных кранов в Москве даже больше, чем в Берлине. Договор о дружбе и партнёрстве между нашими городами был подписан в 1993 году. Стоило бы так же сказать, что сотрудничаем мы и в области экономики и культуры.»

«Вас не беспокоит нестабильность экономической ситуации в России?»

«Политик должен быть оптимистом. Мы помогаем большинству немецких фирм, которые хотят работать в Москве, находить партнёров, а российским фирмам находим партнёров в Берлине. Я считаю, что у российской экономики большой потенциал.»

беспоко́ить	beunruhigen	°подпи́сан, -а, -о	unterschrieben
беспоко́ю, беспоко́ишь, беспоко́ят		°постро́ен, -а, -о	gebaut
дру́жба	Freundschaft	прия́тный, -ая, -ое	angenehm
°заключён, -ена́, -ено	abgeschlossen	росси́йский, -ая, -ое	russisch
исключе́ние	Ausnahme	ряд	Reihe
°нестаби́льность (f.)	Instabilität	стро́ительный, -ая, -ое	Bau-
осо́бый, -ая, -ое	besonderer		

интере́сный	интере́снее
прия́тный	прия́тнее
ва́жный	важне́е
хоро́ший	лу́чше
плохо́й	ху́же
большо́й	бо́льше

In dieser Lektion geht es um die Steigerung der Adjektive und Adverbien. Sie müssen – genau wie im Deutschen – zwei Steigerungsstufen unterscheiden (*interessant – interessanter – am interessantesten*). Fangen wir mit dem Komparativ an. Die Bildung ist für Adjektive und Adverbien gleich: **-ee** anstelle der Endung – и всё! Leider gibt es ein paar unregelmäßige Formen, die Sie lernen müssen. Doch, es lohnt sich, sie kommen oft vor!

1 Так ли это?

a) Stand es so im Text? Ja oder nein?

1. Москва играет особую роль среди городов-партнёров Берлина.
2. Строительных кранов в Берлине больше, чем в Москве.
3. Многие немецкие фирмы находят партнёров в Москве.
4. Э. Дипген считает, что российская экономика будет успешно работать.
5. Экономическая нестабильность беспокоит немецкие фирмы.
6. Договор между Берлином и Москвой был подписан в тысяча девятьсот тридцать девятом году.

да	нет

b) Was gehört zusammen?

1. Это не просто комплимент,
2. Я вижу,
3. Надо сказать,
4. Я думаю,

a) что мы сотрудничаем и в других областях.
b) что у этой страны большой потенциал.
c) просто снова пришло время Москвы.
d) как быстро строится[1] Москва.

[1] gebaut wird

Знакомство на приёме

Текст

Антье Глазер работает в немецком посольстве в Москве. На Мосфильмовской улице много посольств. Это престижный район. На территории
5   посольства 140 квартир: большинство немецких дипломатов там не только работает, но и живёт. Антье среди дипломатов исключение: она довольно хорошо говорит по-русски. И она
10 живёт не в посольской квартире. На приёме в посольстве она познакомилась с госпожой Черниковой. Галина Черникова работает доцентом русского языка в Российском
15 Университете Дружбы Народов.

Урок № 12

Женщины сразу разговорились и проговорили бы весь вечер, но к Антье постоянно подходили люди. Тогда они обменялись визитками. «Какая приятная женщина и интересная собеседница», подумала Антье, «с ней стоило бы познакомиться поближе.»

Через несколько дней в десятом часу вечера в квартире Антье Глазер звонит телефон: «Это Галина Черникова вас беспокоит, вы ещё помните меня?»

«Конечно помню! Я очень рада, что вы позвонили.»

«Извините за поздний звонок. Вы знаете, госпожа Глазер, наша беседа на приёме была такой интересной, что я вечером подумала …»

«… с этой женщиной я хотела бы познакомиться поближе!»

«… Точно! А я как раз хотела пригласить вас к себе на ужин, если вы не возражаете …»

«С большим удовольствием приду! Спасибо за приглашение. А когда вы думали … вы знаете, я вечером часто …»

«… бываю на приёмах», смеётся Галина Черникова, «а в субботу на следующей неделе вы не свободны?»

«Одну минуточку, я посмотрю в ежеднёвнике. Ой нет, к сожалению, я должна встретить депутата Бундестага в Шереметьево. Вы знаете, просто так на такси поехать в гостиницу, это наши политики, кажется, не могут. А в воскресенье я свободна …»

«Тогда давайте в воскресенье, в семь – хорошо?»

«Договорились! Ещё раз спасибо за приглашение, обязательно приду!»

«Тогда до воскресенья.»

бесéда	Gespräch, Unterhaltung	°подýмать	einige Zeit nachdenken
°возражáть/ возразúть возражý, возразúшь, возразя́т	erwidern, widersprechen	°посóльство	Botschaft
		постоя́нно	ständig, dauernd
		приём	Empfang
договáриваться/ договорúться/	sich einigen, übereinkommen	°проговорúть	sich eine Zeitlang unterhalten
°ежеднéвник	Terminkalender	рад, -а	froh sein
зáнят, -á, -о	beschäftigt sein	°разговорúться	ins Gespräch kommen
звонóк	Klingeln, Läuten		
кáжется	es scheint	°райóн	Region, Gegend
как рáз	gerade, ausgerechnet	свобóден, -дна, дно	frei sein
нарóд	Volk	слéдующий, -ая, -ее	nächst, folgend
°поблúже	ein bisschen näher	°собесéдница	Gesprächspartnerin
пóздний, -яя, -ее	spät		

2 Вы всё поняли?

Bringen Sie die Sätze in die richtige Reihenfolge.

☐ 1. Галина приглашает Антье в гости.   ☐ 3. Они договариваются на воскресенье.

☐ 2. Антье знакомится с Галиной.   ☐ 4. В квартире Антье звонит телефон.

3 Ещё раз, пожалуйста!

Lesen Sie den Text noch einmal und achten Sie genau auf die Einzelheiten. Wenn Sie aufmerksam gelesen haben, fallen Ihnen die Unstimmigkeiten hier bestimmt sofort auf. Korrigieren Sie sie.

1. Антье Глазер работает в Москве в институте имени Гёте.
2. Она живёт в престижном районе на Мосфильмовской улице.
3. Антье среди дипломатов исключение – она совсем не говорит по-русски.
4. Она познакомилась с Галиной в университете.
5. Галина работает там.
6. Женщины сразу не понравились друг другу, но потом обменялись визитками.
7. Через несколько дней Галина позвонила утром на работу Антье.
8. Галина пригласила Антье на обед.
9. Они договорились в пятницу на следующей неделе.

4 Телефонный разговор

a) Lesen Sie das Telefongespräch noch einmal und üben Sie den Dialog mit Ihrer Partnerin/Ihrem Partner. Spielen Sie ihn im Plenum vor.

b) Lesen Sie Frau Glasers Terminkalender. Hören Sie die Kassette/CD noch einmal und ändern Sie den Dialog entsprechend.

c) Unterhalten Sie sich jetzt über die Termine von Antje Glaser. Wann hat sie was vor? Benutzen Sie die Informationen in der **Справка.**

Чт	Пт	Сб	Вс
10.00 Morgenrunde beim Chef	11.00 Дергачёв, мин. Культуры		Heute: Vorlage Treffen Minister – Иванов
15.00 художник Курнаков, выставка в Оффенбахе	13.00 Hassel, Frankfurter Rundschau (Essen, Kantine)	14.00 LH 3232, MdB Glos, CSU – гостиница «Балчук», Rundgang Zentrum	15.00 Goethe-Institut: Sommerfest дача, Серебряный бор
16.30 Маурер, Видергебурт Омск	15.45 Елена Николаевна, урок русского языка		
18.00 приём, посольство Казахстана	20.00 «У Пиросмани», Mr Baker, American Embassy (Unterstützung Beutekunst)	19.00 «Жизель» в Большом, Glos + Медведев	

Урок № 12

Б Über persönliche Erfahrungen berichten

Подготовка

Настоящие альфонсы

Один из осенних вечеров мы с подругой решили провести в кафе. Познакомились там с парнями. Первое впечатление было очень хорошим – симпатичные, с такими
5 приятно общаться. Мы пили пиво, смеялись. Потом они предложили перейти на ты. Когда собрались домой, парни сказали, что у них ‹финансовый кризис› и попросили заплатить за них. Деньги у нас были – почему бы не
10 помочь? Они нас проводили до дома и обещали романтический ужин в ресторане. Наше знакомство продолжалось.

Они тянули нас в бары и клубы. Но что интересно, оплачивали всё это обычно мы, а парни с удовольствием отдыхали за наш 15 счёт. Как-то вечером мы беседовали и философствовали о жизни. Один из парней, Павлик, с восторгом рассказал о своём друге, который живёт с женщиной старше себя за её счёт. «Она его даже в Париж 20 брала!», вздыхал он. С ужасом слушала я эти откровения. Наверное, нет больше настоящих мужчин!

Светлана Н., 22 года

бесе́довать	sich unterhalten	продолжа́ться/	andauern, weiter-
бесе́дую, бесе́дуешь, бесе́дуют		продо́лжиться	gehen
жизнь (f.)	Leben	продо́лжится, продо́лжатся	
°обща́ться	verkehren	проси́ть/по-	bitten
°осе́нний, -яя, -ее	herbstlich	прошу́, про́сишь, про́сят	
°открове́ние	Eröffnung	себя́ (Gen./Akk.)	sich
°па́рень (m.)	Kerl, Bursche	°собира́ться/собра́ться	*hier:* sich aufmachen
переходи́ть/перейти́	(hin)übergehen	соберу́сь, соберёшься, соберу́тся	
перехожу́, перехо́дишь, перехо́дят		ста́рше	älter
перейду́, перейдёшь, перейду́т		°тяну́ть	schleppen, ziehen
°пи́во	Bier	тяну́, тя́нешь, тя́нут	
предлага́ть/предложи́ть	vorschlagen	у́жас	Entsetzen, Grauen
предложу́, предло́жишь, предло́жат			

сказал
сказала
сказало   бы
сказали

Wenn Sie höflich fragen oder bitten möchten, verwenden Sie auch im Russischen den Konjunktiv. Erinnern Sie sich noch an Урок 10 (Seite 138)? Die Bildung ist einfach: Präteritum des Verbs + бы. Wichtig: Sie brauchen *immer* das Präteritum, auch wenn sich die Aussage auf die Gegenwart oder die Zukunft bezieht!

5 А вы не хотели бы?

AB 11–14

Fragen Sie Ihre Partnerin/Ihren Partner. Sie/er möchte schon, kann aber leider nicht. Oder doch?

А ты не хотел(а) бы пойти в кино?

Я бы с удовольствием, но, к сожалению, не могу.

- идти/пойти в кино
- читать/прочитать новый роман
- ехать/поехать в Москву
- идти/пойти в поход
- отдыхать/отдохнуть на Канарах
- смотреть/посмотреть новую выставку

- находить/найти интересную работу
- покупать/купить новую машину
- писать/написать книгу
- находить/найти новых друзей
- покупать/купить собаку[1] или кошку[2]
- знакомиться/познакомиться с интересными людьми

[1]Hund [2]Katze

6 Это Café?

a) Finden Sie die Textstelle, die die Antwort auf diese Frage gibt?

b) Welche Wörter gehören wohin? Notieren Sie sie auf einem Blatt Papier.

выпить кофе   выпить пиво   позавтракать   съесть[4] мороженое
поужинать   пообедать[1]   потанцевать[3]   послушать музыку
пригласить друзей на вечеринку[2]
выпить стакан сока, минеральной воды   отпраздновать[5] день рождения
выпить коктейль

Café	кафе

[1]zu Mittag essen [2]bunter Abend [3]tanzen [4](auf-)essen [5]feiern

7 Права[1] ли Светлана?

AB 15/16

a) Кто такой «альфонс»?

- любит женщин старше/моложе себя
- играет роль сына/маленького мальчика
- живёт за счёт женщин
- симпатичный/интересный/красивый
- любит красивую жизнь
- живёт с женщинами старше/моложе себя

- любит больше себя, чем партнёра
- не хочет работать
- не может найти работу
- любит только себя
- использует другого человека
- слабый[2]/зависимый[3]/неуверенный[4] человек

b) Эти парни действительно альфонсы? Begründen Sie Ihre Meinung anhand des Textes.

c) Это чисто[5] российская проблема. Вы согласны[6]?

[1]Recht (haben) [2]schwach [3]abhängig [4]unsicher [5]rein [6]einverstanden (sein)

Урок № 12

Чувство близости

Текст

Галина поставила на стол закуски: рыбный салат, колбасу, селёдку под ‹шубой›, мясной салат, маринованные грибы и бутерброды с красной икрой, домашние соления. И на второе – настоящие сибирские пельмени по бабушкиному рецепту. Даже бутылку ‹Киндзмараули› поставила на стол. Они втроём сидят за столом в большой комнате. Антье замечает, что Галина с мужем почти не разговаривает и что Семён Борисович коротко, почти грубо реагирует на вопросы жены. Зато обе женщины снова увлечённо беседуют, как тогда на приёме; их как бы тянет друг к другу. Когда Семён Борисович пошёл спать и они, наконец, могут выключить телевизор, Галина Черникова поднимает свой бокал и предлагает перейти на ты. Госпожа Глазер очень радуется. Она поднимает и свой бокал и говорит:
«С удовольствием, Галина, я – Антье.»
Они чокаются. Потом они ещё долго разговаривают, о дочери Галины, студентке частного института менеджмента в Санкт-Петербурге; о дочери Антье, которая живёт в интернате в Англии; о возможной

карьере Антье на диплужбе; о работе Галины в университете и ... и ... .
В полдвенадцатого Галина провожает новую подругу до метро. Антье приглашает Галину к себе в гости.
«В посольской квартире я ещё не была», говорит Галина, «и как ты можешь жить в этой крепости?», с иронией спрашивает она по дороге к метро.
«А я там и не живу», говорит Антье, «но ты права, это просто ужас, настоящее гетто. Нет, я живу в центре, на набережной Шевченко.»
«У тебя, наверное, квартира немного больше нашей?»
«Немного», смеётся Антье, «всего четыре комнаты.»

А́нглия	England	пельме́ни	kleine Teigtaschen mit Füllung
бли́зость (f.)	Nähe		
°втроём	zu dritт	под (+ Instr.)	unter
выключа́ть/вы́ключить	ausschalten	(в) полдвена́дцатого	um halb zwölf
вы́ключу, вы́ключишь, вы́ключат		°посо́льский, -ая, -ое	Botschafts-
гру́бо	grob, unhöflich	прав, -а́	Recht haben
°диплслу́жба (дипломати́ческая слу́жба)	diplomatischer Dienst	ра́доваться	sich freuen
		°селёдка	Hering
доро́га	Weg	°сиби́рский, -ая, -ое	sibirisch
зато́	dafür, jedoch	°соле́ние	Eingesalzenes
ко́ротко	kurz	°увлечённо	hingerissen
марино́ванный, -ая, -ое	mariniert, eingelegt	°чо́каться/чо́кнуться	anstoßen (mit)
		ча́стный, -ая, -ое	privat, Privat-
°на́бережная	Uferstraße	°шу́ба	Pelzmantel

8 Скажите, пожалуйста, …

Stellen Sie Ihrer Partnerin/Ihrem Partner jetzt mal selbst Fragen zum Text – doch, das schaffen Sie, auch ohne Ihre Kursleiterin/Ihren Kursleiter!

| Кто? | Где? | Когда? | Что делает/делают? |

9 Как правильно?

Verbinden Sie die Satzhälften so, dass die Aussagen passen. Kein Problem, oder?

1. Галина живёт — провожает подругу до метро.
2. Она приготовила — не разговаривает с мужем.
3. Галина почти — в двухкомнатной квартире.
4. Зато она — новую подругу в гости.
5. Потом они — настоящие сибирские пельмени.
6. Вечером Галина — долго разговаривает с Антье.
7. Антье приглашает — переходят на ты.

10 Отношения[1] в семье Галины – какие они?

Wie sind die Beziehungen in Galinas Familie? Unterstreichen Sie die passenden Adjektive und unterhalten Sie sich mit Ihrer Partnerin/Ihrem Partner darüber.

добрые	хорошие	плохие	деловые[2]
чистые	дружеские	неплохие	сложные
холодные	ужасные	простые	непростые

[1]*Beziehungen* [2]*sachlich, geschäftlich*

11 Семён Борисович

a) Вам он симпатичен? Почему?

b) Что вы думаете – сколько ему лет? А кто он по профессии? У него есть хобби? Schreiben Sie einen Lebenslauf für ihn. Arbeiten Sie zu zweit und tragen Sie Ihre Ergebnisse vor. Wer hat die interessanteste Biografie ausgedacht?

12 Разговор

Семён Борисович спит, а женщины всё разговаривают. О чём они говорят? Schreiben Sie einen Dialog und spielen Sie die Szene im Kurs vor.

13 Что вам нравится больше?

Machen Sie eine Umfrage und finden Sie heraus, wem in Ihrem Kurs was besser gefällt. Erweitern Sie die Fragen beliebig. Viel Spaß!

театр или кино	опера или балет
стихи или проза	спорт или поездки
дома или в гостях	лето или зима
город или деревня	весна или осень
мечта или реальность	
суббота или воскресенье	
современная или классическая музыка	

Урок № 12

В Лучше без мужа, чем без любви   Текст

«Добро пожаловать», говорит Антье, «как я рада, что ты пришла, Галина!» Женщины обнимаются. Антье снова испытывает это чувство близости, человеческой теплоты. Она наливает шампанское.

Домработница приготовила на ужин типично немецкие блюда. Галина и Антье ужинают, весело разговаривают, пьют рейнское вино и слушают компакт-диск Аллы Пугачёвы. Антье особенно нравится песня ‹Сильная женщина›. Галина вспоминает другую песню Пугачёвой, ‹Айсберг›, которую Антье ещё не знает.

«А твой муж, Антье, кем он работает? Он тоже дипломат?», спрашивает Галина.

«Да, сейчас он работает в нашем посольстве при Ватикане. Мы, впрочем, развелись. Уже шесть лет тому назад.»

«Развелись? Извини меня за нескромный вопрос, а почему?»

«Да знаешь, он больше всего любил самого себя. А меня, может быть, совсем не любил. Нужна была супруга, вот я ей и стала.»

Женщины сидят молча. Через некоторое время Галина продолжает разговор.

«Ты, наверное, заметила, что у меня с мужем тоже не самые сердечные отношения …»

«Заметила. Он очень коротко, почти грубо разговаривает с тобой, даже при мне.»

Галина глубоко вздыхает.

«Раньше он был совершенно другим, мы очень и очень любили друг друга. А сейчас …»

«А почему тогда ты не …»

«… не разведёшься, ты хочешь сказать? Да знаешь, у вас это, может быть по-другому, а у нас жизнь до того сложна, что без мужа очень трудно, в первую очередь в финансовом отношении.»

«Не знаю. Я сама испытала, как грубы могут быть мужчины. Как равноправного человека Томас меня никогда не воспринимал. А на людях он очень красиво рассуждал о равноправии между мужчинами и женщинами.»

«Значит, не он бросил тебя?»

«Нет, это я бросила его.»

«Ты с самого начала не любила его?»

«Любила, очень. Поэтому было так больно. И иногда бывает больно до сих пор.»

«А я уступаю и уступаю. Даже, когда он бьёт меня.»

Антье не знает, что сказать. Но она понимает, что должна задать ещё один вопрос.

«Но Галина, ты не можешь любить человека, который бьёт тебя …»

«… это редко бывает …»

«… но бывает. Ты знаешь, у меня подруга в Дюссельдорфе, муж её тоже бьёт. Почему каждый раз она прощает мужа – это я никак не могу понять. Говорит, что любит его. А ты, почему ты прощаешь мужа, зачем уступаешь ему?»

«Чтобы сохранить семью. Его же так воспитывали, мужчина уступать не может, уступить должна женщина.»

«Не знаю.»

Женщины опять сидят молча, думают. Наконец, Антье тихо говорит: «Лучше без мужа, чем без любви. И если иногда бывает больно, даже очень больно.»

«Ты уверена в этом?»

«Уверена. А ты действительно думаешь, что женщина всегда должна уступать?»

«Нельзя сказать, что я только думаю так. ‹Женщина должна уступать› – это у меня уже в крови. И есть ещё банальный, но очень конкретный

сто семьдесят три

вопрос: квартирный. Поменять двухкомнатную квартиру на две однокомнатные, конечно, можно; но тут надо доплатить немалую сумму. Если бы я знала, где взять такие деньги. Развестись не сложно, но мы должны были бы дальше жить в одной квартире. У нас часто так бывает …»

«Ах, как всё сложно!», думает Антье. Она понимает, что тут слова не помогут. Что делать? Наконец, она садится рядом с Галиной, обнимает её и тихо говорит: «Я рада, что мы познакомились!»

«Я тоже очень рада, Антье! У меня такое чувство, что мы давно уже знаем друг друга.»

бить	schlagen
бью, бьёшь, бьют	
близкий, -ая, -ое	nah, vertraut
блюдо	Gericht, Gang
больно	schmerzhaft
°взять/брать	nehmen
возьму, возьмёшь, возьмут	
весело	lustig, heiter
воспитывать/воспитать	erziehen, aufziehen
°воспринимать/воспринять	akzeptieren, hinnehmen
восприму, воспримешь, воспримут	
°впрочем	übrigens
давно	seit langem
домработница	Haushälterin
°доплачивать/доплатить	nachzahlen
доплачу, доплатишь, доплатят	
до сих пор	bis jetzt
задавать/задать	stellen, aufgeben
кровь (f.)	Blut
любовь (f.)	Liebe
(год тому) назад	vor (einem Jahr)
наоборот	umgekehrt, entgegengesetzt
°немалый, -ая, -ое	nicht klein, groß
°нередко	oft, nicht selten
°нескромный	unbescheiden
обниматься/обняться	sich umarmen
опыт	Versuch
отношение	Beziehung
очередь (f.)	Reihe, Schlange
по-другому	anders
°поменять	eintauschen
прощать/простить	verzeihen, vergeben
прощу, простишь, простят	
равноправный, -ая, -ое	gleichberechtigt
разводиться/развестись	sich scheiden lassen
разведусь, разведёшься, разведутся	
°рассуждать/рассудить	erwägen, überlegen
рассужу, рассудишь, рассудят	
редко	selten
сердечный, -ая, -ое	herzlich
сильный, -ая, -ое	stark, kräftig
совершенно	vollständig, ganz
сохранять/сохранить	bewahren, erhalten
сохраню, сохранишь, сохранят	
супруга	Gattin
теплота	Wärme
°уверен, -а, -о	überzeugt sein
°уступать/уступить	nachgeben
уступлю, уступишь, уступят	
человеческий, -ая, -ое	menschlich

Урок № 12

ситуа**ция**
ситуа**ции**
ситуа**ции**
ситуа**цию**
(с) ситуа**цией**
(о) ситуа**ции**

Erinnern Sie sich an Россия und станция (Seite 55)? Diese Feminina auf -ия haben besondere Endungen. Viele dieser Wörter sind Fremdwörter: станция, ситуация, дискуссия. Übrigens auch im Deutschen: *Station, Situation, Diskussion*. Da Sie die Wörter oft brauchen, hier die Deklination im Überblick. Mehr dazu auf Seite 180.

14   Раньше и теперь

1. Что вы узнали о семейной[1] жизни Антье?
2. Почему она развелась?
3. А какие проблемы у Галины?

[1]*Familien-*

15   Настоящие подруги? Но они же такие разные!

a) Worin bestehen die Unterschiede zwischen den beiden Frauen? Und die Gemeinsamkeiten? Tragen Sie Ihre Argumente in Stichpunkten in die Tabelle ein.

отличия[1]	общее[2]

b) Was meinen Sie: Sind die beiden Frauen schon Freundinnen geworden? Begründen Sie Ihre Meinung anhand des Textes.

[1]*Unterschiede* [2]*Gemeinsamkeiten*

16   Какая?

AB 17

a) Zwei Adjektive gehören jeweils zusammen. Welche?

смелая[1]
активная
слабая[2]   уступчивая[3]
уверенная
зависимая[4]

сильная
независимая
робкая[5]   неуверенная
пассивная
неуступчивая

b) Welche Adjektive charakterisieren Антье? А Галину?

[1]*mutig* [2]*schwach* [3]*nachgiebig* [4]*abhängig* [5]*ängstlich*

17 Две истории[1]

a) Arbeiten Sie in Kleingruppen. Notieren Sie in Stichwörtern, was Sie über Антье und Галина erfahren haben.

b) Erzählen Sie mit Hilfe der Stichwörter die Liebesgeschichte einer der Frauen.

c) Wer ist Ihnen sympathischer? Warum?
Мне больше нравится …, потому что …

d) Fallen Ihnen andere Liebesgeschichten (aus Romanen oder Filmen) ein? Unterhalten Sie sich darüber.

[1]Geschichten

18 А вы понимаете?

Почему Галина каждый раз прощает мужа?

- всё равно[1] его любит
- просто ко всему уже привыкла
- вообще-то он неплохой
- её так воспитали
- это редко бывает
- думает, что женщина должна всегда прощать и уступать
- не хочет, чтобы все узнали
- дочь любит папу
- а что скажут другие?
- так все живут
- «бьёт – значит любит»
- чтобы он не ушёл к другой
- чтобы сохранить семью

Почему она не разводится?

- из-за денег
- не сможет одна решать все финансовые проблемы
- она в безвыходной[2] ситуации
- слабая[3]
- пассивная
- не сможет одна решать все бытовые проблемы
- лучше с таким мужем, чем совсем без мужа
- просто боится[4] остаться одна
- столько прожили[5] уже вместе
- но ведь они любили друг друга

А почему развелась Антье?

Haben Sie noch andere Argumente? Ihre Kursleiterin/Ihr Kursleiter hilft Ihnen, Sie richtig in die Liste aufzunehmen.

[1]sowieso, dennoch [2]ausweglos [3]schwach [4]sich fürchten [5]durchleben, erleben

19 Дискуссия

a) Können Sie sich Galinas Situation vorstellen? Was würden Sie an ihrer Stelle tun?
Хороший совет: Я бы на месте Галины ...

b) Лучше без мужа, чем без любви? Вы тоже так считаете?
Suchen Sie Kursteilnehmerinnen/Kursteilnehmer, die Ihren Standpunkt teilen, bilden Sie eine Arbeitsgruppe und schreiben Sie möglichst viele Argumente auf.

Лучше? (Почему?)	Хуже? (Почему?)

Versuchen Sie die andere Gruppe mit Ihren Argumenten zu überzeugen.

c) Мужчина моей мечты! / Женщина моей мечты!
Wie stellen Sie sich Ihren Traummann/Ihre Traumfrau vor? Was wünschen Sie sich von einem Partner/einer Partnerin? Я хочу, чтобы он/она ... .

Урок № 12

 20 Что такое женственность сегодня?

 a) Was verstehen Sie unter женственность? Suchen Sie Adjektive, die dieses Wort Ihrer Meinung nach beschreiben. (Nachschlagen ist übrigens nicht verboten, sondern erwünscht!)

b) Hören Sie die Interviews zu diesem Thema. Wie viele Personen sprechen?

 два   три   четыре   пять   шесть

c) Und was sind sie von Beruf? Kreuzen Sie an.

☐ инженер   ☐ политик   ☐ певица[1]   ☐ учитель   ☐ юрист

☐ писательница[2]   ☐ врач-сексолог   ☐ ведущий[3] ток-шоу   ☐ экономист

d) Machen Sie sich die Bedeutung und Unterschiede zwischen den folgenden Sätzen völlig klar. Hören Sie dann die Kassette/CD noch einmal. Welche der Aussagen haben Sie in den Interviews gehört?

☐ 1. Настоящие мужчины любят слабых женщин.
☐ 2. Слабые женщины сексуально более активны.
☐ 3. Чем сексуальнее женщина, тем привлекательнее[4] она для мужчин.
☐ 4. Женственность – это игра в слабость[5].
☐ 5. Женственность и профессионализм – совсем разные, несовместимые[6] понятия[7].
☐ 6. Со временем критерии женственности становятся другими.
☐ 7. Женственность – это стандарт слабой женщины, которая удобна[8] для общества[9].
☐ 8. В Советском Союзе[10] были все условия[11] для развития[12] женственности.
☐ 9. Штампы[13] ‹женственность› и ‹мужественность› не так важны, главное[14] в человеке – это индивидуальность.
☐ 10. Плохая организация быта[15] помогает развитию женственности.

e) А как **вы** думаете, что такое женственность? Должна ли современная женщина быть женственной? Formulieren Sie Ihre Meinung dazu schriftlich und tragen Sie in der nächsten Stunde Ihre Ergebnisse vor.

 f) Проект: Wenn Sie Lust haben, könnten Sie Ihre Meinung auch auf einem großen Plakat anschaulich darstellen. Erarbeiten Sie in Kleingruppen (3–4 Teilnehmerinnen/Teilnehmer) eine Collage zu dem Thema ‹женственность – неженственность›.

---

[1]*Sängerin* [2]*Schriftstellerin* [3]*Leiter* [4]*anziehend* [5]*Schwäche* [6]*unvereinbar* [7]*Vorstellung* [8]*bequem* [9]*Gesellschaft* [10]*Sowjetunion* [11]*Bedingungen* [12]*Entwicklung* [13]*Stempel, Schablone* [14]*wesentlich* [15]*Lebensweise*

21 Игра

a) Obwohl Aufschneiden ja nicht gerade zu den Tugenden zählt, dürfen Sie Ihre Partnerin/Ihren Partner jetzt mal so richtig übertrumpfen:

У меня большой дом.

А мой (дом) больше!

b) Sie sind davon überzeugt, dass Ihnen wirklich das Allerbeste gehört. Setzen Sie das Spiel fort! Was sagen Sie jetzt?

Мой дом ещё больше! Он вообще самый большой!

22 Сказка

a) Lesen Sie einen kurzen Auszug aus dem Märchen ‹Сказка о мёртвой царевне и семи богатырях› von Александр Сергеевич Пушкин. Die Königin hatte einen Zauberspiegel, der sprechen konnte und alles wusste. Was wollte die Königin wissen? Unterstreichen Sie es.

«Свет мой, зеркальце! Скажи
Да всю правду доложи:
Я ль на свете всех милее,
Всех румяней и белее?»

И ей зеркальце в ответ:
«Ты, конечно, спору нет;
Ты, царица, всех милее,
Всех румяней и белее.»

b) Wonach könnte die Königin den Spiegel noch fragen? Arbeiten Sie mit Ihrer Nachbarin/Ihrem Nachbarn zusammen. Spielen Sie Ihren ausgearbeiteten Dialog vor. Какой диалог вам понравился больше?

23 Сильная женщина

Слова и музыка: Алла Пугачёва

Так и скажи, что не любишь меня,
ну что-ж ты, давай смелей!
Та, на кого ты меня променял,
глупее, моложе и веселей.
Я ей сама дверь отворю,
крепкого чая ей заварю.
Люби его, детка, как я не смогла,
люби его крепко, он хочет тепла.

    Крикну, а в ответ – тишина.
    Снова я останусь одна.
    Сильная женщина плачет
    у окна.

Чтобы забыть тебя, и поскорей,
я приглашу в дом старых друзей.
И притворюсь будто всё хорошо,
стану шутить я всем бедам на зло.
Я прогоню нелепую боль,
в жизни моей ты сыграл свою роль.
Кто-то другой скажет ‹люблю›,
может быть, даже поверю ему.

    Припев

Та, что с тобой рядом была,
это твой сон, грех – это не я.
Если и жаль мне, то только тебя,
ведь я для тебя умерла.

    Припев

So sag's doch, dass du mich nicht liebst,
na, was hast du denn, los, mutiger!
Die, gegen die du mich ausgetauscht hast,
ist dümmer, jünger und lustiger.
Ich mach ihr selbst die Tür auf,
koche ihr einen starken Tee.
Lieb ihn, Kindchen, wie ich es nicht konnte,
lieb ihn kräftig, er will Wärme.

    Ich schreie und als Antwort – Stille.
    Wieder bleibe ich allein.
    Die starke Frau weint
    am Fenster.

Um dich zu vergessen und möglichst schnell,
lade ich alte Freunde ins Haus ein.
Und ich heuchle, es sei alles gut,
ich fang an zu scherzen, allen Übeln zum Trotz.
Ich werde den blöden Schmerz verjagen,
in meinem Leben hast du deine Rolle zu Ende gespielt.
Jemand anders sagt ‚ich liebe dich',
vielleicht glaub ich ihm sogar.

    Refrain

Die, die mit dir zusammen war,
das ist dein Traum, deine Sünde – nicht ich.
Wenn mir jemand Leid tut, dann nur du,
bin ich für dich doch gestorben.

    Refrain

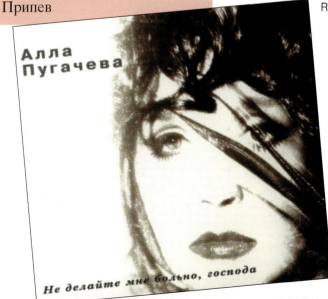

! Грамматика – не беда!

Zum Schluss geht es noch um die Steigerung der Adjektive und Adverbien: *interessant – interessanter – am interessantesten*. Auch im Russischen gibt es zwei Steigerungsstufen, den Komparativ und den Superlativ. Fangen wir mit dem Komparativ an. Gleich eine gute Nachricht. Die Formen sind für Adjektive und Adverbien gleich: Anstelle der Endung steht **-ее**.

interessant	интере́сный / интере́сно	интере́с**нее**	*interessanter*
angenehm	прия́тный / прия́тно	прия́т**нее**	*angenehmer*
wichtig	ва́жный / ва́жно	важ**нее**	*wichtiger*

Jetzt kommt die weniger gute Nachricht: Die Komparative von vielen häufig gebrauchten Adjektiven und Adverbien sind leider unregelmäßig. Es hilft nichts, Sie müssen sie einfach lernen!

хоро́ший	**лу́чше**	*besser*	дешёвый	**деше́вле**	*billiger*
плохо́й	**ху́же**	*schlechter*	дорого́й	**доро́же**	*teurer*
большо́й	**бо́льше**	*größer*	молодо́й	**моло́же**	*jünger*
ма́ленький	**ме́ньше**	*kleiner*	ста́рый	**ста́рше**	*älter*
высо́кий	**вы́ше**	*höher*	громкий	**гро́мче**	*lauter*
ни́зкий	**ни́же**	*niedriger*	тихий	**ти́ше**	*leiser*
далёкий	**да́льше**	*weiter*	короткий	**коро́че**	*kürzer*
бли́зкий	**бли́же**	*näher*	ра́нний	**ра́ньше**	*früher*

Manchmal finden Sie den Komparativ auch mit **бо́лее** + Adjektiv: **бо́лее** прия́тный. Und wenn Sie etwas *am (aller)besten* finden, brauchen Sie den Superlativ: **са́мые** хоро́шие отноше́ния (*die besten Beziehungen*). Die Bildung ist einfach. Aber: Vorsicht! Sie gilt diesmal leider nur für Adjektive: **са́мый**, **са́мая**, **са́мое**; **са́мые** + Adjektiv. Bei Adverbien sagen Sie **лу́чше всех** (*besser als alle*): Вы говори́те **лу́чше всех** по-ру́сски. (Das ist sicher!)

So viel zur Steigerung.

Jetzt kommen wir noch zum Konjunktiv, der Höflichkeitsform, die Sie ruhig oft verwenden sollten. Auch hier ist die Bildung wieder ganz einfach: Sie nehmen das Präteritum des Verbs und ergänzen danach **бы**. Das ist schon alles.

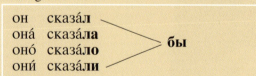

Wichtig ist, dass Sie daran denken, auch wirklich immer das Präteritum zu benutzen: Я пое́хал**(а) бы** в Москву́ heißt je nach Textzusammenhang entweder *ich führe nach Moskau, ich würde … fahren* oder *ich wäre … gefahren*.

Und noch eine letzte nützliche Einzelheit für Ihre russischen Grammatikkenntnisse. Dass sich die Endungen bei Росси́я und ста́нция von den ‚normalen' Feminina unterscheiden, haben Sie auf Seite 55 ja schon erfahren. Ста́нция, ситуа́ция, диску́ссия und viele andere sind auch im Russischen Fremdwörter. Statt *-ion* im Deutschen schreiben die Russen **-ия**. Hier die vollständige Deklination:

Femininum auf -ия	
Nom.	ситуа́ция
Gen.	ситуа́ции
Dat.	ситуа́ции
Akk.	ситуа́цию
Instr.	(с) ситуа́цией
Präp.	(о) ситуа́ции

A Wortschatz und Grammatik — Слова и грамматика

1 Новые слова

Finden Sie ein passendes Adjektiv zu diesen Substantiven und schreiben Sie die Ausdrücke auf.

_____ соревнования		_____ вид	
_____ клуб		_____ отношения	
_____ деньги		_____ беседа	
_____ акции		_____ идеи	
_____ впечатление		_____ женщина	

2 Короткий – короче

a) Wie heißen die Ausgangsformen?

лучше _____	тише _____	хуже _____
выше _____	дороже _____	раньше _____
ближе _____	меньше _____	громче _____

b) Und wie heißen die Komparative mit более? Schreiben Sie sie auf.

_____

_____

_____

3 Тише или громче?

Welche Komparative passen?

1. Я ничего не слышу. Сделай, пожалуйста, радио _____ .
2. Можно, конечно, отдохнуть и на Бали, но в Египте _____ .
3. Да ты что, это же бутик! Здесь цены ещё _____ , чем в других магазинах.
4. Она ещё ездит? Да эта машина _____ , чем мой дедушка.
5. Ну и лето! Температура всего +15°. _____ не бывает!
6. Это его любовница[1]? Да она _____ его в три раза!
7. Ты знаешь, я овощи всегда покупаю на рынке[2]. Там они _____ .
8. У тебя уже такой большой сын! Я думала, что он намного _____ .

[1] Geliebte [2] Markt

4 Зачем?

Ergänzen Sie die Sätze.

1. Я учу русский, чтобы _____.
2. Я хотел(а) бы купить компакт-диск Аллы Пугачёвой, чтобы _____.
3. Вы не хотели бы пойти в театр, чтобы _____.
4. А вы хотели бы поехать в Москву, чтобы _____.
5. Вы не хотели бы работать в партнёрском клубе, чтобы _____.
6. Вы хотели бы принять участие в обмене, чтобы _____.
7. Вы хотели бы пригласить к себе чернобыльских детей, чтобы _____.
8. А вы хотели бы, чтобы _____.

5 Слова

Wie viele Wörter können Sie aus den Bestandteilen bilden? Sie gehören alle zu einer Wortfamilie!

от на равно	**прав**	ный ительство лять ильно

по вы пред(о)	**став**	ить ка лять итель ление

_____
_____
_____
_____

_____
_____
_____
_____

Б Mündlicher Ausdruck — Устная речь

6 В ресторане

Карточка А

Sie wissen, dass sie Татьяна heißt und Künstlerin ist. Sie fragen:
- ob sie zum ersten Mal in Deutschland ist,
- wie es ihr hier gefallen hat,
- ob ihr auch die deutsche Küche gefällt.
- Sie waren noch nie in Russland, würden aber sehr gerne nach Moskau fahren, Красная площадь и Кремль besichtigen und ins Большой театр gehen.
- Sie sagen, dass Ihnen ihre Bilder sehr gut gefallen und fragen, ob sie nicht Lust hat, eine größere Ausstellung in Deutschland zu organisieren.
- Sie nennen Ihre Telefonnummer und wiederholen die Ziffern noch einmal.
- Sie sind einverstanden und heben Ihr Glas.

Ihr Partnerstadtverein hat einen Abschlussabend für die russischen Gäste organisiert. Sie kommen mit einer jungen Frau ins Gespräch.

Карточка Б

Sie sind zum ersten Mal in Deutschland und es hat Ihnen gut gefallen, besondere die kleinen alten Städte.
- Sie finden die deutsche Küche sehr schmackhaft.
- Sie fragen, ob Ihre Gesprächspartnerin/Ihr Gesprächspartner schon einmal in Russland war.
- Sie nennen Ihre Moskauer Adresse und Telefonnummer und sagen, dass Sie sich über einen Anruf sehr freuen würden.
- Sie finden die Idee mit der Ausstellung toll und freuen sich, dass Ihre Arbeiten gefallen.
- Sie notieren die Telefonnummer, haben aber beim ersten Mal nicht alle Ziffern behalten und fragen deshalb noch einmal nach.
- Sie bedanken sich und schlagen vor, auf die Freundschaft zu trinken.

7 Ваше мнение[1]?

Nehmen Sie Stellung zu einer dieser drei Thesen:

Женщина не может быть одна.

Партнёрство – шаг[2] к миру во всём мире?

Зачем нам чернобыльские дети? У нас много своих проблем!

[1]*Meinung* [2]*Schritt*

B Leseverstehen — Понимание при чтении

8 Объявления

Какие объявления вас интересуют, если …

1. … вы хотите посмотреть Суздаль, но у вас только один свободный[1] день?
2. … вас интересует традиционная русская кухня?
3. … вы хотели бы улучшить[2] свои знания[3] английского[4] и получить сертификат?
4. … вы менеджер с опытом[5] работы (четыре года) и хотели бы пройти[6] практику?
5. … вы хотите знать, что читает и что интересует средний класс в России?
6. … вы хотели бы познакомиться с женщиной средних лет, которая интересуется природой и музыкой?

[1]frei [2]verbessern [3]Kenntnis [4]Englisch
[5]Erfahrung [6]durchlaufen

Тест № 4

9 БГ – новый альбом ‹Территория›

Вы ещё помните песню ‹Ключи›? А как зовут её автора? Правильно: Борис Гребенщиков, или коротко – БГ. Прочитайте интервью с БГ.

a) Ordnen Sie die Antworten А–Д den fünf Interviewfragen zu.

1. Борис Борисович, расскажите о своём необычном проекте.
2. Значит, это самое лучшее на ваш взгляд[1]?
3. Вы теперь полностью довольны[2] тем, что получилось?
4. Новые песни пишутся?
5. Почему вы снова и снова выходите на сцену[3]?

1	2	3	4	5

А В тот день, когда я полностью буду доволен тем, что я сделал, я уйду на пенсию.

Б То, что мы играем, я считаю, очень сильно и непохоже на всё, что делается у нас. Может, я средненький, но патриот. Не люблю громких слов, но хочу, чтобы в России было что-то, что можно было бы сравнить со всем остальным в мире.

В Ужасно медленно. Потому что, как я писал раньше, я знаю. Мне теперь интересно понять, как я новые буду писать. Мне хочется сделать то, чего я ещё не делал. Мне неинтересно повторяться.

Г В качестве красивого жеста, чтобы попрощаться с двадцатым веком, мы решили собрать все песни, которые любим. И это не только популярные композиции. Мы хотели собрать не то, что люди любят, а то, что мы сами любим. Получилось семьдесят шесть минут нашей музыки. Мне всегда хотелось записать такой альбом, который я мог бы подарить любому человеку.

Д Да, совершенно верно. А чтобы было нескучно, мы записали ещё четыре песни, которых больше нигде нет, кроме Интернета, и две старые песни переписали так, как мы слышим их сегодня.

b) Вам интересен этот человек? С какими его словами вы можете согласиться? Unterstreichen Sie.

c) Welche Fragen würden Sie noch an БГ stellen? Schreiben Sie sie auf ein separates Blatt.

d) Напишите короткую аннотацию[4] к новому альбому БГ ‹Территория›.

[1]*Ansicht, Meinung* [2]*zufrieden* [3]*Bühne* [4]*kurze, kritische Inhaltsangabe*

Hörverstehen — Понимание при аудировании

10 Приятного аппетита!

Вы уже много слышали о блинах. А вы не хотели бы их попробовать? Правда? Тогда за дело! Итак, блинчики с мёдом.

a) Послушайте рецепт и запишите, какие продукты вам нужны.

b) Welches Wort kennen Sie nicht? Ahnen Sie, was es bedeutet?
_____

c) Послушайте рецепт ещё раз и запишите, в каком количестве вам нужны эти продукты.

_____
_____
_____
_____

Schriftlicher Ausdruck — Письмо

11 Идея

Вы и ваши друзья решили организовать партнёрский клуб. Schreiben Sie einen Brief an eine russische Stadt Ihrer Wahl, in dem Sie …

a) Ihren Wunsch begründen,
b) von Ihren Interessen berichten,
c) gemeinsame Aktivitäten vorschlagen.

Anhang

Страноведческий словарь

Урок 2

стр. 17

Александр Сергеевич Пушкин
Der berühmteste Dichter Russlands. Obwohl er schon mit 37 Jahren bei einem Duell ums Leben kam, ist seine Stellung in der russischen Literatur nur mit der Goethes in der deutschen zu vergleichen. Mit ihm tritt die russische Literatur ebenbürtig in den Kreis der europäischen Literaturen ein. Es gibt gute Übersetzungen, vielleicht fangen Sie mit einer Sammlung von Erzählungen an, in der *Die Hauptmannstochter* unbedingt enthalten sein sollte.

Алла Борисовна Пугачёва
Berühmtester Popstar der Sowjetunion und Russlands. Sie zeichnet sich dadurch aus, dass sie nicht nur sehr schöne, sondern oft auch kritische Lieder singt, immer wieder auch solche (für Russland völlig untypisch), in denen selbstbewusste Frauen eine andere Art, mit Männern umzugehen, leben. Ihre CDs sind in guten Spezialgeschäften auch hier in Deutschland zu bestellen.

Антон Семёнович Макаренко
Sowjetischer Pädagoge, der aus der Arbeit mit verwahrlosten Jugendlichen nach dem Bürgerkrieg zu Beginn der 20er Jahre ein Erziehungskonzept aufstellte, das die westliche Pädagogik stark beeinflusst hat. In der Sowjetunion wurde er bald zu einer Ikone gemacht, die jeder kannte, deren Lehren aber niemand mehr berücksichtigte. Lesen Sie seinen Roman *Der Weg ins Leben* und stören Sie sich nicht an dem militärischen Äußeren. Wenn Sie sich in seine Grundideen hineinversetzen, fällt es Ihnen bestimmt nicht schwer zu verstehen, warum er, auch nach westlicher Meinung, zu den größten Pädagogen unseres Jahrhunderts gehört.

Дмитрий Иванович Менделеев
Sein *Periodisches System der Elemente* hatten viele von uns im Chemieunterricht vor sich – erinnern Sie sich?

Иван Алексеевич Бунин
Zu Beginn der Sowjetzeit emigriert, ist er einer der größten russischen Dichter des 20. Jahrhunderts (Nobelpreis für Literatur: 1933). Lesen Sie z.B. die Novelle *Der Herr aus San Francisco* oder die Erzählungen unter der Überschrift *Dunkle Alleen*, die so gut wie jede Russin/jeder Russe heute kennt, weil auch in künstlerischer Form sexuelle Themen in der sowjetischen Literatur nicht vorkamen. Und sollte Sie der Weg nach Lipezk führen (Уроки 5 + 6), dann machen Sie unbedingt eine Ausflug nach Елец und besuchen Sie das Haus, in dem Bunin seine Schuljahre verbracht hat.

Лев Николаевич Толстой
Bei uns wohl bekanntester Vertreter der russischen Literatur, deshalb brauche ich hier sicher nichts über sein Werk zu schreiben. Sein Landhaus liegt im Gebiet Tula und lohnt einen Tagesausflug von Moskau.

Майя Михайловна Плисецкая
Weltberühmte Primaballerina des klassischen russischen Balletts.

Марина Ивановна Цветаева
Lyrikerin, die schon vor der Oktoberrevolution zu dichten begann. Lyrik hat in Russland einen völlig anderen Stellenwert als bei uns. Bekannte Lyrikerinnen/Lyriker lesen bis heute in den größten Sälen vor vielen tausend Zuschauerinnen/Zuschauern. Sie füllen sogar Fußballstadien! Das Geheimnis: Sie schreiben verständlicher als ihre westlichen Kolleginnen/Kollegen und die

Sensibilität der Menschen für Lyrik ist in Russland größer und viel weiter verbreitet. Марина Цветаева ist auch bei uns übersetzt, teilweise sogar in zweisprachigen Ausgaben zu erhalten.

Михаил Сергеевич Горбачёв
Seine Bedeutung für Russlands Entwicklung beginnen die Russen allmählich zu verstehen. Bis Ende der 90-er Jahre des letzten Jahrhunderts verfluchten oder verachteten sehr viele ihn, weil sie ihn für die schlechte wirtschaftliche Lage verantwortlich machten. Wir müssen allerdings auch erkennen, dass er in der Innenpolitik ein Zögerer war, kein klares Konzept für die Perestrojka hatte und deshalb in Russland nicht sofort der Held werden konnte, als den viele von uns ihn empfunden haben.

Пётр Ильич Чайковский
Auch wer nicht Klavier spielt, kennt ihn bei uns. Seine Bedeutung für die russische Musik besteht nicht zuletzt darin, dass er die westlichen Komponisten kannte und teilweise für eigene Werke adaptierte. Hören Sie sich beispielsweise mal Folgendes an: *Suite Nr. 4, Op. 61 Mozartiana*. Auch für Leute ohne besondere Leidenschaft für klassische Musik gut hörbar! Auf derselben CD (z.B. *Arte Nova Classics* 74321 37294 2) finden Sie auch so typische Tschajkowski-Stücke wie den *Slawischen Marsch* oder den *Krönungsmarsch*.

Чингиз Торекулович Айтматов
Musterbeispiel für einen multinationalen Schriftsteller im besten Sinn: Айтматов schreibt entweder kirgisisch und übersetzt selbst ins Russische oder umgekehrt. Verwurzelt in den Traditionen und Mythen seiner kirgisischen Heimat sieht er die Welt aus einem modernen, sehr gesellschaftskritischen Blickwinkel. Und er kann schreiben! Überzeugen Sie sich selbst, lesen Sie zum Einstieg vielleicht die Erzählung *Der erste Lehrer*, danach den Roman *Ein Tag länger als ein Leben*, den ich in seinem Weitblick und wegen seines Themas gerne mit Heinrich Manns *Untertan* vergleiche. Bei uns auch erhältlich: *Der weiße Dampfer* oder die hoch gelobte Liebesgeschichte *Dshamilja*.

Юрий Алексеевич Гагарин
Sie wissen selbst, dass er als erster Mensch im Weltraum unsere Erde umkreiste. Damit löste er endgültig den so genannten *Sputnik-Schock* aus, der im gesamten Westen zur Überprüfung der Bildungssysteme führte: Man nahm an, dass das sowjetische Bildungssystem die Grundlage für solche unerwarteten Entwicklungen sei. Eine Folge davon war z.B., dass die westdeutschen Naturwissenschaftlerinnen/Naturwissenschaftler die Kultusministerkonferenz drängten, Russisch zum Schulfach zu machen (was es wegen des Kalten Krieges bis 1962 nicht war!) und damit sicher zu stellen, dass sie Studentinnen/Studenten mit Russischkenntnissen bekämen, um die russische Fachliteratur nicht mehr mit mehrjähriger Verspätung über amerikanische Übersetzungsdienste lesen zu müssen.

стр. 19

Инна Викторовна Филиппова
Russen haben eine differenziertere Abstufung in der Anrede. Госпожа Филиппова – das sagt man privat höchstens zu einer Ausländerin, und auch dann nur beim ersten Treffen. Господин/госпожа drückt sehr große Distanz aus. Normal für Russen ist es, sich mit dem Vor- und Vatersnamen (Innas Vater heißt Viktor) und per Sie anzusprechen. Das ist ein größerer Grad von Vertrautheit, aber doch korrekt: Journalistinnen/Journalisten nennen Ельцин völlig selbstverständlich Борис Николаевич oder Путин Владимир Владимирович. Wenn man per Du ist, benutzt man auch im Russischen nur den Vornamen. Sehr verbreitet sind im familiären Bereich die verschiedensten Koseformen (siehe die Liste mit den Eigennamen auf Seite 245): Мария – Маша – Машенька, Наталья – Надя – Наташа, …

стр. 20

Известия

Eine der großen Zeitungen mit langer Tradition. An Bahnhofskiosken kann man sie bei uns auch in mittleren Städten kaufen, da sie in einer Deutschland-Ausgabe in Neu-Isenburg bei Frankfurt gedruckt wird. Kaufen Sie sich doch mal eine – es macht Spaß, einiges schon zu verstehen und anderes sich zusammenzureimen, auch wenn Sie die Artikel natürlich noch nicht lesen können. Die Известия ist eine unabhängige Zeitung, soweit man das in Russland heute sagen kann und sie fühlt sich einem unabhängigen, pluralistischen Journalismus verbunden, anders als die

Правда

Sie ist nach wie vor das Sprachrohr der РКП (Russischen Kommunistischen Partei).

Московский Комсомолец

Die zur Jahrtausendwende auflagenstärkste russische Zeitung. In Russland wird er oft als *gelbe Zeitung* bezeichnet, was so viel heißt wie *Boulevardblatt*. Mit unserer Bildzeitung kann man ihn trotzdem nicht vergleichen, weil er eine im demokratischen Sinne sehr fortschrittliche Politik verfolgt und neben kurzen Artikeln zu *Sex & Crime* jeden Tag ein bestimmtes Thema aus Kultur, Politik usw. ausführlich, informativ, allgemein verständlich und umfassend behandelt. Er mischt sich mit Enthüllungen ebenso in die russische Politik ein wie viele Zeitungen bei uns. Die Reaktionen sind dort allerdings anders: Als der Reporter Dima Cholodov einem Betrugsskandal mit persönlicher Bereicherung von höchsten Offizieren der russischen Armee zu dicht auf die Sprünge kam, schickte man ihm eine Aktentasche mit angeblichem Geheimmaterial, bei deren Öffnen ihn eine Bombe in der Redaktion zerriss. Das Verbrechen ist bis heute nicht aufgeklärt. MK ist die Zeitung, deren Artikel Sie, etwa ab Lektion 9, am ehesten verstehen können. Auch er wird an Bahnhofskiosken hier in Deutschland verkauft.

Аргументы и Факты

Eine Wochenzeitschrift, die ihre große Reputation daher bezieht, dass sie wahr macht, was ihr Name verspricht: objektive Information. Russische Zeitungen haben fast alle eine sehr niedrige Auflage, weil der Durchschnittsbürger sich ein Abonnement nicht mehr leisten kann. Erkundigen Sie sich, ob das jetzt immer noch so ist.

стр. 21

Бистро

Ein sehr interessantes Wort: Es taucht im Französischen erstmals auf, nachdem die russischen Kriegsgefangenen Napoleons nach Frankreich gekommen waren. Auf Russisch heißt быстро *schnell*. Jetzt ist das Wort nach Russland zurückgekehrt: Der Moskauer Oberbürgermeister Юрий Лужков hat als nationale Antwort auf die vielen dort entstandenen Макдоналдс eine Kette unter der Bezeichnung Бистро gegründet.

Парикмахерская

Russifizierte Form von *Perückenmacher*. Orthodoxe schneiden sich eigentlich nicht die Haare. Wer es, in Folge der Öffnung zum Westen unter Peter dem Großen doch tat, brauchte zu bestimmten Gelegenheiten deshalb eine Perücke. Die Perückenmacher holte man zunächst aus Deutschland – und benutzt das Wort seitdem als Synonym für *Friseur*.

Булочная

Haben Sie die Nähe zu unseren *Buletten* bemerkt? In der булочная gibt es aber nicht nur Brötchen (die sowieso in Russland weniger beliebt und vielfältig sind als in Deutschland), sondern in erster Linie Brot. Und davon haben die Russen viele, viele Sorten. Wenn Sie hinkommen, probieren Sie mal Бородинский. Einfach nur mit Butter schmeckt es toll und etwas Ähnliches kenne ich bei uns nicht.

Справка 3

Урок 3

стр. 22

Гостиница Россия
Ein riesiges Hotel (6 500 Betten), direkt am Roten Platz und an der Moskva gelegen. Es hat u.A. einen berühmten Filmsaal, in dem das Moskauer Filmfestival stattfindet.

стр. 23 / 14

ГУМ
Das Foto wurde, ebenso wie das auf Seite 14, im weltberühmten Kaufhaus ГУМ am Roten Platz aufgenommen. Eröffnet wurde es noch zur Zarenzeit, 1908 und es war so aufgebaut, dass Händlerinnen/Händler dort eine Art Stand mieten konnten, einen zimmergroßen Raum, der auf eine Galerie hinausging, auf der die Käuferinnen/Käufer flanierten. An der Architektur kann man das noch immer gut erkennen. Heute wird der überwiegende Teil von meist westlichen Firmen genutzt, z.B. vom Moskauer Karstadt, von Lego, vielen Edelläden für Kleider, Parfüm und Kosmetika. Ein normaler Russe kann dort nur gucken, aber nicht kaufen. Weil das ГУМ aber architektonisch etwas Besonderes ist, sollten Sie hingehen. Zu empfehlen: Die kleinen Cafés in der 2. Etage (= 1. Stock!), in denen man vergleichsweise preiswert etwas Essen oder Trinken kann, wenn man vom Innenstadtbummel geschafft dort ankommt. Auf dem Plakat steht: *Für Sie / zu ehrlichen Preisen / Parfümerie, Kosmetik, Accessoires* – buchstabieren Sie mal die russischen Wörter, Sie werden das leicht selbst verstehen!

стр. 25

Кока-кола
Der Unterschied zwischen der russischen Schrift im Text und dem Plakat am Kiosk wird Ihnen aufgefallen sein: *Coca Cola* hat seinen traditionellen Schriftzug für die Werbung beibehalten (im Unterschied zu den cleveren Leuten von Макдоналдс, Russisch kommt nämlich besseran), aber geschrieben wird trotzdem Russisch. Es gibt auch Cola-Flaschen mit russischem Aufdruck. Auf dem Schild oben am Kiosk steht außerdem noch горячий хлеб: *heißes Brot = frisches Brot*.

стр. 26 / 28

Unter den sechs Moskauer Sehenswürdigkeiten in dieser Übung wollten wir Ihnen auch solche nahe bringen, die nicht unbedingt zum Standardprogramm einer Stadtrundfahrt gehören. Deshalb erklären wir hier drei davon.

Музей Маяковского
Владимир Маяковский ist der Poet der Oktoberrevolution, dem es tatsächlich gelang, für die neuen Ideen auch neue Formen zu finden. Das macht seine Bedeutung in der Weltliteratur aus. Aber auch seine Agitationsplakate sind hinreißende Zeugnisse eines großen Künstlers. Neben Gedichten und Poemen hat er Theaterstücke geschrieben, die auch bei uns immer wieder gespielt werden. Gehen Sie hin, wenn *Die Wanze* oder *Das Schwitzbad* angekündigt werden. Es lohnt sich, weil er auch noch in der Übersetzung ein beißender Satiriker ist und seine Stücke, gegen die aufkommende Bürokratie in der Sowjetunion geschrieben, auf jede Form von Bürokratie und Spießertum wirken. Als Маяковский seinen Traum vom kommunis-

tischen Staat Ende der 20er Jahre schwinden sah, beging er Selbstmord. Das Museum ist ausgezeichnet gemacht, im Zentrum gelegen (am Kinderkaufhaus Детский мир) und lohnt einen Besuch unbedingt, auch wenn Sie noch nichts von Маяковский gelesen haben. Aber vielleicht lesen Sie ja jetzt etwas, z.B. das Gedicht *Deutschland,* aus dem die folgenden Zeilen stammen (es entstand auf einer Reise Majakowskis durch das Deutschland nach dem Ersten Weltkrieg):

Längst abgestreift hab' ich die Lumpen der Nation Bettelarmes Deutschland, vernimm:
Ich leih' wie ein Deutscher, wie dein eigener Sohn Deinem Schmerz meine Stimm'.

Wenn er Ihnen eines Tages so gefallen sollte wie mir, dann besuchen Sie einfach auch sein Grab auf dem Friedhof des Neuen Jungfrauen-Klosters in Moskau, wie ich das fast bei jedem Aufenthalt mache – am Eingang können Sie eine rote Rose oder Nelke kaufen und sie auf den Sockel des sehr beeindruckenden Grabsteins legen.

Храм Христа Спасителя

Christus-Erlöser-Dom. Die zentrale Kirche der russischen Orthodoxie, so etwas wie der Petersdom der Orthodoxen. Über die Architektur des erst aus dem Ende des 19. Jahrhunderts stammenden ursprünglichen Baus und darüber, ob er das Stadtbild eher bereichert oder verschandelt, gehen die Meinungen stark auseinander – aber dieses Schicksal teilt der Dom mit manchen anderen neueren Bauwerken in Moskau. Bilden Sie sich Ihre eigene Meinung dazu! Die Kirche wurde in den 30er Jahren von den Kommunisten gesprengt und der Marmor teilweise beim Bau der Metro verwendet. Damit sollte demonstriert werden, dass die im kommunistischen Sinne überholte und schädliche Kirche verschwinden und ihre Reste für den Aufbau einer den Menschen wirklich dienenden Sache verwendet würden. Aus demselben Verständnis heraus wurden damals an vielen Stellen auf dem Land Kirchen zu Speichern oder Ställen umgewandelt, was ihnen immerhin den Bestand und damit die Möglichkeit garantierte, sie heute wieder zu renovieren. Mit dem Храм Христа Спасителя ging es so einfach nicht ab: An seiner Stelle sollte das erste Moskauer Hochhaus errichtet werden, in dem die Parteizentrale der KPdSU residieren sollte. Von dort hätte man auf den Kreml, die Regierungszentrale auch bei den Kommunisten, herabblicken können, sinniges Symbol des Selbstverständnisses der russischen Kommunisten. Der weiche Untergrund am Ufer der Moskva machte einen Strich durch diese Rechnung – der Wolkenkratzer hätte nicht lange gestanden. So lag das Gelände brach, von den 30er bis in die 60er Jahre des 20. Jahrhunderts. Dann wurde dort ein fantastisches Freibad gebaut, groß wie ein Fußballfeld und so beheizt, dass man auch bei 30° unter Null baden konnte. Anfang der 90er Jahre setzte sich der damalige Moskauer Oberbürgermeister Юрий Лужков an die Spitze einer Bewegung, die den Храм Христа Спасителя neu bauen wollte. Kirche und Stadt sammelten eifrig und 1998 wurde der Dom wieder geweiht, auch wenn bis zu seiner endgültigen Fertigstellung noch einige Zeit vergehen wird.

Поклонная гора

Wörtlich: *Verbeugeberg,* ein Hügel am westlichen Rand der Moskauer Innenstadt, auf dem Napoleon gestanden haben soll, als er 1812 auf das von den Bewohnern angesteckte Moskau sah, das seinen bis dahin siegreichen Feldzug sinnlos machte. Symbolische Bedeutung hat das deshalb, weil der Krieg gegen Napoleon *Vaterländischer Krieg* genannt wurde: Es ging um das Vaterland. Der Zweite Weltkrieg wird von den Russen *Großer Vaterländischer Krieg* genannt, weil die Kriegsziele Hitlers ja nicht nur die Besetzung vorsahen, sondern die Russen auch als Volk durch die Rassenpolitik bedroht waren. Deshalb hat die russische Regierung zu Beginn der 90er Jahre des letzten Jahrhunderts eine Erinnerungsstätte an Leiden und Sieg im *Großen Vaterländischen Krieg* gebaut und sie 1995 zum 50. Jahrestag des Sieges eingeweiht. Lohnt einen Besuch sehr, weniger wegen der dort ausgestellten Militärtechnik aus dem Zweiten

Weltkrieg als wegen der Darstellung des russischen Selbstverständnisses. Aber man hat von dort (am Ende es Kutusow-Prospekts, leicht erreichbar, in Kürze mit eigener Metro-Station: Парк победы) auch einen schönen Blick auf Moskaus schöne Seite. Und es gibt viel Grün, dazu Getränke, Snacks und Souvenirs.

стр. 29

Алло?

Telefonieren in Russland ist schwierig! Da hat man sich als Ausländerin/Ausländer schon überwunden und die Nummer einer/eines Bekannten gewählt. Der Hörer wird abgenommen, aber man erfährt nicht, wer dran ist, eine Stimme sagt nur: «Алло?» und dann muss man rauskriegen, wer dran ist. Dabei ist ein Telefon doch zur Kommunikation und nicht zur Abschreckung da! An den Reaktionen in den beiden Gesprächen sehen Sie, dass die Anrufer auch gar nicht daran interessiert sind, mit wem sie sprechen, sondern einfach nach dem fragen, den sie sprechen wollen. Auch nach sechs Jahren in Moskau finde ich das noch schwierig und vor allem unhöflich. Stellen Sie sich also innerlich auf Stress ein, ehe Sie zum ersten Mal in Russland zum Hörer greifen.

стр. 31

Вестибюль

So heißt die Eingangshalle einer Metro-Station, also der Teil, der vor den Sperren zum Bahnsteig liegt (siehe auch Metro und билет).

стр. 33

Квартира

Die Wohnungsfrage spielt in Russland und deshalb auch in **Ключи** eine besondere Rolle: Vater und Mutter auf der Schlafcouch im 16 qm großen Wohnzimmer; zwei Kinder im 10–12 qm großen zweiten Zimmer; Oma auf der Campingliege in der Küche – für sehr viele Russen in den Städten ist das Alltag. Und sie betrachten auch das oft als Fortschritt, wenn sie die ersten 5–10 Jahre der Ehe, schon mit zwei Kindern, bei den Eltern in einer 2-Zi-Wohnung verbracht haben. Oder in einem Zimmer einer Großwohnung, in der sich 3–4 Parteien eine Küche und eine Bad teilen. Wer eine der noch nicht sehr häufigen 3-Zimmerwohnungen hat, schätzt sich überhaupt glücklich. Größere Wohnungen gibt es nur auf dem Land – seit etwa 1993 für Neureiche auch in Städten. Die *Neuen Russen* bauen sich aber eher Villen am Stadtrand. Wenn Sie zu denen gehören, die in einem fremden Land auch Kontakte suchen, werden diese in den beschriebenen Verhältnissen zustande kommen. Könnte die leichte Beklemmung, die wir in einer solchen Wohnung verspüren, nicht auch von einer uns selbstverständlichen Erwartungshaltung kommen? Unser Lebensstandard, meine ich, sollte uns nicht dabei behindern, auch mit denen in Beziehung zu treten, die nicht in solchen Bedingungen leben wie wir. Aus eigener Erfahrung kann ich Ihnen versichern: Es lohnt sich!

Комната

Wie hieß es noch, das einzige Gemach, das in den mittelalterlichen Ritterburgen geheizt werden konnte und deshalb den Frauen vorbehalten war? Richtig – Kemenate!

Что это?

Ja, das verwundert uns Wessis (sind wir dort schließlich alle!) immer wieder: Da ist man bei Russen eingeladen, fragt sich, ob man bei der Wirtschaftslage nicht besser was zu Essen statt Blumen mitbringen soll – und dann biegt sich der Tisch, dass man versucht ist zu fragen, ob es wirtschaftliche Probleme in Russland überhaupt gibt. Die Lösung: Der Gast ist für Russen so heilig, dass alle Anstrengungen unternommen werden, um ihn, auch durch eine großartige Bewirtung, zu ehren. Da leiht man sich eher Geld und öffnet das letzte Glas Eingemachtes, das eigentlich für Notfälle aufgespart war, wenn der Winter noch lange dauern sollte, als dem Gast nicht eine große Tafel aufzutischen. Kann man was anderes tun, als sie dafür zu lieben?

стр. 34

Метро

Doch, die Moskauer Metro ist (ein lohnendes) Ziel von Besichtigungen. Ihre Erbauer sahen sie ebenfalls als ein Symbol: So schön wie die Moskauer Metro wird es mit dem Kommunismus in ganz Russland. Das hat zwar nicht so ganz geklappt, aber die Moskauer Metro ist einmalig auf der ganze Welt durch die Pracht und Vielgestaltigkeit ihrer Stationen. Diese sind Personen, Städten (z.B. Киевская, Рижская, Курская) oder historischen Ereignissen (Баррикадная, 1905 года, Первомайская) und anderem gewidmet. Besonders prächtig sind die im Zentrum gelegenen Stationen, z.B. Площадь Революции oder die drei Stationen der Киевская. Mir gefallen am besten Тургеневская, Маяковская und Баррикадная, weil der architektonische Gedanke da sehr klar und überzeugend zum Ausdruck kommt. Aber die Moskauer Metro sieht nicht nur schön aus, sondern funktioniert so gut wie immer und ist im Vergleich zu unseren U-Bahnstationen sehr sauber. (Abstände zwischen den Zügen meist nur 90 Sekunden – auf jedem Bahnhof in jeder Richtung! Abends beklagen sich die Moskauer, wenn sie 4–5 Minuten auf einen Zug warten müssen.)

Билет для проезда в московском метрополитене

Die haben es in sich. Zwar ist der Preis unabhängig von der Entfernung, mit einem билет können Sie fahren und umsteigen, solange und wohin Sie wollen. Aber nach 30 Tagen ist das Ticket verfallen, auch wenn Sie eine 10-er-Karte gekauft und erst eine Fahrt gemacht haben. Dann kommt das билет zwar wieder aus dem Automaten heraus, aber der bleibt rot, und wenn Sie trotzdem losgehen, haut Ihnen eine Sperre vor oder zwischen die Beine. Und mit einem Koffer gehen Sie lieber gleich an der Wächterin vorbei, die auf jeder Station sitzt. Das билет bekommen Sie auf jeder Station und zu jeder Zeit, auch um Mitternacht sind die Kassen noch besetzt.

стр. 36

Реклама

Einige Anzeigen arbeiten ganz bewusst mit altertümlichen Schriften, um den Eindruck zu erwecken, ihr Produkt stamme direkt aus der Zarenzeit. Auch an nationale Gefühle wird appelliert: Der Wodka in Anzeige B ist in alter Schrift gesetzt und wird als отечественная водка – *vaterländischer Wodka* angepriesen. Erinnern Sie sich an die Parole aus England: *Buy British?*
Schade, dass nach der Öffnung der Märkte der armenische oder georgische Kognak, der sehr gutem französischem, gelinde ausgedrückt, in nichts nachsteht, nicht mehr коньяк heißen darf. Wenn Sie mal wirklich guten Cognac trinken wollen, kaufen Sie sich eine Flasche armenischen бренди – auf der Flasche steht, wie alt er ist. Unter 18 Jahren sollten Sie nicht anfangen, obwohl 12 auch schon mal geht.

стр. 37

Макаревич / Гебенщиков

Die Autoren und Sänger des **Ключи**-Titelsongs gehören zu einer Art Künstler, die es so in Deutschland nicht gibt. Sie werden бард genannt und das ist mit *Liedermacher* nur unzureichend übersetzt. Es umfasst ein Spektrum, das weit über Wolf Biermann, Konstantin Wecker und Reinhard Mey hinausgeht und in Russland auch in der Bevölkerung sehr verbreitet ist. Sogar in Provinzstädten gibt es oft Vereinigungen von Laien, die dichten und komponieren, und ihre Treffen, in manchen Fällen größer als Woodstock, finden jährlich statt und sind gesellschaftliche Ereignisse, etwa das Грушинский фестиваль an und auf der Wolga, nicht sehr weit von Samara. Die Übergänge vom бард zum Popstar sind dabei manchmal fließend: Макаревич ist Lead-Sänger der traditionsreichen und sehr bekannten Popgruppe *Zeitmaschine* – Машина времени.

Урок 4

стр. 43

Сразу откроем

In Deutschland würden wir es ein bisschen merkwürdig finden, wenn der Gastgeber uns unseren mitgebrachten Wein anböte. In Russland ist das ganz anders: *Das, was du mitgebracht hast, muss etwas ganz Besonderes sein – und so etwas möchte ich natürlich mit dir zusammen probieren.* Wenn man den Beweggrund kennt, kann es doch auch so ganz schön sein, oder?

стр. 48

Закуска

Die Sakuska-Tafel (= *Vorspeisenplatte*) ist vielleicht die schönste Errungenschaft der russischen Art zu essen. Das Hauptgericht ist gar nicht so interessant, sondern die Vorspeisen, die in großer Zahl und Vielfalt angeboten werden, nicht als Platte, sondern eben so, dass der Tisch voll ist; oft steht ein Teller auf den Rändern von drei oder vier anderen, damit alles auf den Tisch paßt. Und dazu werden noch warme закуски serviert, die man direkt auf den Teller kriegt. Genussmenschen wie ich fühlen sich da so wohl wie selten sonst. Also, fangen wir mal an: Weißbrotscheibchen mit rotem Kaviar, eine Vinaigrette mit roten Rüben, eingelegter Hering, verschiedene Schinken- und Wurstsorten, Zunge, immer Schalotten, frischer Koriander oder Petersilie und Gurken, frisch und gesalzen, dazu Zitronenscheiben, Ei in Aspik, mehrere Sorten Salate, mild geräucherter und gesalzener Speck, der auf der Zunge zergeht, und … und … und …, nicht zu vergessen die блинчики, Minipfann-kuchen, hauchdünn, mit saurer Sahne oder Kaviar; zur Suppe dann пирожки, Blätterteig-röllchen mit Kraut, Fleisch oder Fisch gefüllt – reicht's? Aber dann kommt erst das Hauptgericht, bei Udalzows мясо в горшочке – Fleisch im Topf: In ein extra Tontöpfchen für jeden Gast kommen lagenweise Fleisch, Zwiebeln, Kartoffeln, Pilze, Karotten. Nach anderthalb Stunden bei 180° kommt saure Sahne und frisch gepreßter Knoblauch drauf – ein Gedicht, dem man auch nach den закуски nicht widerstehen kann. Danach geht's natürlich noch weiter: Tee oder Mokka, Butterkremtorte und Eis sind Standard. Den Tee schlürft man übrigens über marinierte Früchte oder ganz dick eingekochte Marmelade, die варенье. Die Kalorien sollte man dabei allerdings nicht zählen. Das Ganze verteilt sich allerdings: Wie bei uns, um 19.30 Uhr am Tisch, spätestens um 20.45 Uhr wieder in der Sitzecke – das gibt es in Russland nicht. Da kommt man um sieben, wird an den Tisch gesetzt, auf dem schon fast alle закуски stehen, und dort bleibt man auch bis um elf oder halb zwölf, bis man eben aufbricht. Sie glauben gar nicht, wie förderlich für menschliche Annäherung so ein russisches Abendessen ist. Приятного аппетита! – *Guten Appetit!*, das wünschen wir Ihnen möglichst schon bei Ihrem ersten Aufenthalt in Russland.

Урок 5

стр. 55

Спальный вагон
Die in Russland fast einzige Form, weite Strecken mit der Eisenbahn zurückzulegen. Die Züge bestehen ausschließlich aus Schlafwagen. Es gibt drei Klassen:

Плацкартный вагон
Nicht in Abteile untergliedert; auf der Grundfläche eines Abteils schlafen sechs Personen, zwei davon am Fenster des Korridors. Man kriegt alles mit, was im gesamten вагон passiert (siehe auch Урок 9, Seite 117).

Купейный вагон
Vierbettabteile, auf jeder Seite schlafen nur zwei Personen übereinander.

Спальный вагон
Zweibettabteile. Waschgelegenheiten gibt es kaum, lediglich an jedem Wagenende eine Toilette, mit kaltem und warmem Wasser. Im спальный вагон reicht das aus, weil nur 18 Personen in den neun Abteilen fahren. Aber im купейный und плацкартный gibt es auch nur diese beiden Toiletten, für 36 bzw. 54 Passagiere. Die Züge haben eine wesentlich geringere Reisegeschwindigkeit als unsere und halten an den Stationen unverhältnismäßig lange – deshalb dauert selbst die Fahrt nach Lipezk, ganze 450 km, gut zehn Stunden und in die großen Städte Sibiriens ist man drei Tage unterwegs. Mehr dazu unter dem Stichwort проводница!

стр. 56

Павелецкий вокзал
Moskau hat, wie früher Berlin, ein System von Richtungsbahnhöfen, insgesamt sind es acht. Man muss beim Umsteigen also quer durch die Stadt. Das ist aber nicht so schlimm wie es sich anhört, weil sieben Bahnhöfe an der Ringlinie der Metro liegen und in wenigen Minuten zu erreichen sind. Wenn Sie nach Moskau kommen, fahren Sie zur Metro-Station Комсомольская und sehen sich den schönsten Bahnhof an, den Ярославский вокзал. Er liegt an einem Platz mit zwei anderen Bahnhöfen, dem Ленинградский und dem Казанский вокзал.

стр. 58

Металлург
Der Zug nach Lipezk heißt so, weil das riesige Stahlwerk dort der Stadt seinen Stempel aufgeprägt hat: Lipezk ist die Stadt der Metallurgie. Auch bei uns haben Züge und Flugzeuge ja z.T. Städtenamen.

Проводница
In den russischen Zügen hat jeder Wagen seine eigene Schaffnerin/seinen eigenen Schaffner (проводник, wörtlich: *Begleiter, Zugbegleiter*). Die sind aber nicht nur zum Fahrkarten kontrollieren da, sondern sie halten den Wagen sauber, bringen Tee ins Abteil, sorgen für die Heizung des Wagens, indem sie auf der Plattform am Ausgang Kohlen auf einen Ofen schütten. Wenn sie einschlafen, wird es nachts kalt im Waggon! Aber meistens ist es überheizt und die Fenster kann man nicht öffnen. Seit Anfang 2000 gibt es erste Versuche, diese zeit- und personalaufwendige Art des Reisens zu ändern: Neue Züge zum Sitzen, die nur noch die Hälfte der Zeit benötigen, fahren wenigstens in nah bei Moskau gelegene Städte, z.B. der Орёл-экспресс, der für die 350 km, die der Schlafwagenzug in neun Stunden zurücklegt, nur noch vier Stunden braucht.

Справка 6

Куда поставить чемоданы?
Die unteren Liegen im Abteil kann man hochklappen, dann kommt ein Gepäckfach zum Vorschein, aber das muss man natürlich wissen! Außerdem gibt es eine weitere große Ablage über dem Korridor.

стр. 59

Проездной документ
Auf diesem Fahrausweis können Sie natürlich nicht alles dechiffrieren, aber in Zeile 1 finden Sie отправление: Abfahrt mit den Angaben Tag – Monat – Stunden – Minuten; in Zeile 2 steht der Bahnhof: Москва Кур(ский вокзал); in Zeile 3 Platz (im Plural): места; und in Zeile 5 sehen Sie, dass die Fahrkarte auf einen Namen ausgestellt wird. Vergessen Sie Ihren Pass nicht, wenn Sie eine Fahrkarte kaufen wollen!

стр. 61

Берите яблоки!
Viel schneller als in Deutschland wird man von den allermeisten Russen einbezogen. Eine Nacht im gemeinsamen Abteil – das reicht völlig aus, um dem Reisegenossen gleich auch was anzubieten.

Москва – это ещё не вся Россия
Zu den (großen) Unterschieden zwischen den Städten in Russland finden Sie unter Липецк – небольшой город (Seite 198) Informationen.

стр. 62

Антоновка
In Russland weit verbreitete Apfelsorte.

В деревне
Wenn jemand Verwandte, besonders Großeltern, auf dem Land hat, dann bedeutet das, dass die Familie wie auf der дача (die in großen Städten oft schwer zu kriegen ist) mit Gemüse und Kartoffeln versorgt ist, also keinen Hunger haben oder unter einseitiger Ernährung leiden muss. Mehr unter dem Stichwort дача (Seite 199).

стр. 64

Выключает свет
Eiserne Regel: Um 23.00 Uhr geht in russischen Zügen das Licht aus. Es brennt dann nur noch eine Notbeleuchtung im Abteil, außerdem hat jede Passagierin/jeder Passagier eine kleine Leselampe am Kopfende des Bettes, am Fenster. Oft muss man aber mit dem Kopf zum Gang schlafen, weil die Fenster zwar verriegelt sind, was aber nicht bedeutet, dass es nicht zieht. Dann kommt man kaum ans Licht.

Урок 6

стр. 69

Волга
Ein russischer Mittelklasse-Pkw (2,5 l-Motor mit 72–110 PS), der früher vornehmlich von mittleren Funktionären gefahren wurde. Auch die meisten Taxis kommen von ГАЗ, wo es ein eigenes Taxi-Fließband gibt. ГАЗ = Горьковский Автомобильный Завод, weil die Fabrik im früheren Gorki liegt, einer Großstadt etwa 1000 km östlich von Moskau. Sie heißt heute wieder Нижний Новгород (wörtlich: *Untere Neustadt*).

Подрабатывать

Da die Gehälter in Russland so niedrig sind, dass die meisten Menschen von ihrem Gehalt nicht leben könnten, haben sehr viele zwei Arbeitsstellen. Sie arbeiten z.B. als Universitätsdozentin und Sekretärin, als Chemiker und Taxifahrer usw. Lehrerinnen/Lehrer geben häufig Privatstunden. All das unterstützt das Einkommen aus dem eigentlichen Beruf. *Unter* heißt auf Russisch под, daher подрабатывать (= *dazuverdienen*).

стр. 70

Липецк – небольшой город

Für uns ist eine Stadt mit fast 500 000 Einwohnern natürlich keine Provinzstadt, zumal Липецк bei uns *Landeshauptstadt* hieße – es ist die Verwaltungszentrale des Gebietes Lipezk, das von der Größe her zwischen dem Saarland und Hessen liegt. In Russland ist die Einteilung anders: Es gibt die Hauptstadt Moskau und die Stadt, die sich selbst für die heimliche Hauptstadt hält, Sankt Petersburg, das frühere Leningrad. In diesen beiden Städte kann man im Zentrum an manchen Stellen bereits keine Unterschiede zu einer westlichen Stadt mehr feststellen. Danach kommt lange nichts, denn schon die Millionenstädte wie Новосибирск, Самара, Волгоград oder Екатеринбург sind vom Erscheinungsbild her mit Moskau oder Petersburg nicht zu vergleichen. Und dann kommt auch noch die wirtschaftliche Bedeutung dazu – Städte wie Липецк haben ein eingeschränktes Warenangebot, sind oft nur mit einem Zug oder einem Flug pro Tag zu erreichen und haben sehr schlechte Verbindungen in die größeren Nachbarstädte. Eingeschränkte medizinische Versorgung, ein schlechtes Netz an Nahverkehrsmitteln usw. kommen noch dazu.

Социальная защита

In der kommunistischen Zeit wurde die soziale Versorgung weitgehend von den Gewerkschaftsorganisationen in den Betrieben wahrgenommen. Dort arbeiteten Ärzte, die ins Krankenhaus überwiesen oder zur (fast kostenlosen) Kur schickten. Den Gewerkschaften gehörten die meisten Erholungsheime, in die man zum Urlaub mit der ganzen Familie fast kostenlos fuhr. Die Betriebe bauten Wohnungen für ihre Belegschaft, unterhielten Kindergärten, eigene Landwirtschaftsbetriebe, deren Produkte in Werksläden günstig verkauft wurden, sie unterstützten Schulen usw. Dieses System funktionierte zwar nicht immer zufriedenstellend, auf eine Wohnung musste man z.B. viele Jahre warten, aber wirkliche soziale Not gab es dadurch nicht. Unter den Bedingungen der Marktwirtschaft müssen die Betriebe heute solche nicht produktionsbezogenen Aufgaben abbauen und in der Perspektive ganz aufgeben. Und der Staat hat es bis heute (Ende 2000) versäumt, ein neues soziales System zu beschließen und zu organisieren – deshalb нет настоящей системы социальной защиты.

стр. 74

Водка ‹Бунинская›

Wodkafabriken gibt es in vielen Städten Russlands – sehen Sie mal genau hin, wenn Sie in Ihrem Supermarkt *Moskovskaja* finden. Oft steht auf dem Etikett, dass der *Moskauer* in Samara (1000 km südlich!) hergestellt wurde. Die Fabriken suchen auch dort nach eindrucksvollen Bezeichnungen für ihren водка, und so ist die Schnapsbrennerei in Елец, einer kleinen Stadt bei Липецк, auf die Idee gekommen, ihren водка nach Бунин zu benennen (siehe Anmerkungen auf Seite 188), dem emigrierten großen russischen Schriftsteller (Literatur-Nobelpreis: 1933), weil der seine Schulzeit in Елец verbracht hat.

Шампанское ‹Абрау Дюрсо›

Vielleicht die berühmteste russische Sektkellerei. Sie liegt im Nordkaukasus und man kann z.B. von Анапа im Nordosten des Schwarzen Meeres (einziger Sandstrand im russischen Teil des Schwarzen Meeres) einen Ausflug mit

Sektprobe unternehmen. Aus eigener Erfahrung versichere ich Ihnen, dass es sich landschaftlich und auch vom Sekt her lohnt. Achten Sie bei der Hinfahrt auf den wunderschönen Kaukasus!

стр. 75

С девяноста первого года

1991 wurde die Sowjetunion aufgelöst. Bis dahin hatten die Bürger der UdSSR zwar genügend Geld, aber es gab viele Dinge nicht zu kaufen, auch nur ein sehr begrenztes Angebot an Lebensmitteln, dies allerdings zu niedrigen, staatlich festgesetzten Preisen. Der Durchschnittsbürger (auch die Gehälter waren fast einheitlich) hatte deshalb, so seltsam uns das vorkommt, freies Geld und konnte ohne Schwierigkeiten in ein Restaurant gehen und einen Abend feiern, denn auch dort waren die Preise staatlich festgesetzt. Heute sind die Restaurants privat, die Preise etwa auf dem Niveau von Deutschland, aber viele Menschen verdienen um die 100 € pro Monat.

Дача

Eine дача ist etwas völlig Anderes als ein Wochenendhaus bei uns. Für die allermeisten Besitzer ist sie unverzichtbar zur Versorgung der Familie mit Kartoffeln, Tomaten, Gurken usw. An Freitagen sind alle Ausfallstraßen verstopft und alle Vorortzüge überfüllt, weil etwa 30% der Stadtbevölkerung auf die дача fahren, wo sie ein durchaus nicht nur angenehmes Wochenende mit Unkraut jäten, Beeren einkochen, Gurken und Tomaten einmachen, Kartoffeln hacken, das Blechdach mit Rostschutz streichen usw. erwartet. Da die meisten die Preise auf den Märkten nicht bezahlen können, ist die дача die einzige Möglichkeit, mit Vitaminen über den Winter zu kommen. Aber natürlich gibt es dort auch fröhliche Feiern in der Familie oder mit Freunden und Nachbarn, Lagerfeuer mit gebratenen Kartoffeln für die Kinder, Baden in einem Flüßchen oder einem See ... Moskauer fahren leicht 100–200 km, um zu ihrer дача zu kommen – verständlich, wenn über eine Million Einwohner eine дача hat.

Так жить нельзя!

Anspielung auf den Anfang der 90er Jahre und bis heute sehr bekannten Film gleichen Titels, in dem der berühmte russische Regisseur Stanislav Govoruchin fragt: *Was ist das für ein Leben, das wir führen müssen? Warum wächst die Kriminalität? Was umgibt uns?* – also die Fragen stellt, die die Menschen bewegten und bewegen.

стр. 78

На посошок

Das sagen die Russen, wenn es um das letzte Gläschen водка (an diesem Abend) geht. Der Ausdruck stammt aus der Zeit der Leibeigenschaft, wo man, wenn jemand zum Frondienst einberufen wurde und für lange Zeit Abschied nahm, ihm mit diesem Ausdruck alles Gute wünschte.

Урок 7

стр. 87

Восьмое марта

Auch bei uns der internationale Frauentag. Innerhalb der ehemaligen sozialistischen Länder als (progressives) Gegenstück zum westlichen Muttertag verstanden. Unterschied: Der 8. März ist ein offizieller Feiertag und arbeitsfrei.

Детский сад

Der детский сад unterscheidet sich stark von dem, was wir uns unter einem Kindergarten vorstellen. Einerseits setzt die Schule voraus, dass im letzten Jahr des Kindergartens Lesen und Schreiben gelernt wird, das Programm zielt dadurch eher auf die Weitergabe von Wissen als auf die Entfaltung von Fantasie durch Spiele und freie Beschäftigung. Andererseits (und besser als in Deutschland) gibt es elternfreundliche Öffnungszeiten, Musik-, Tanz- und Sportlehrerinnen bzw. -lehrer zusätzlich zu den Erzieherinnen/Erziehern und dreimal täglich ein warmes Essen.

стр. 88

Что подарить Елене Анатольевне
Auch die Lehrerinnen, sie werden von den russischen Schülerinnen/Schülern mit Sie und dem Vor- und Vatersnamen angesprochen, werden am 8. März beschenkt – das gehört unbedingt dazu. Die für uns eher befremdliche Sitte, Lehrerinnen/Lehrern Blumen zu schenken, ist in Russland ausnahmslos üblich. Zum Beginn des Schuljahres z.B. bringen die Schülerinnen und Schüler ihren Klassenlehrerinnen/Klassenlehrern Blumen mit und zum Tag des Lehrers studieren sie oft ein buntes Programm ein, in dessen Rahmen die Lehrerinnen/Lehrer auch lustig-kritisch dargestellt werden.

стр. 90

Детская
Die volle Bezeichnung müsste детская комната heißen – aber das sagt niemand. Auch andere Zimmer werden ohne комната bezeichnet: ванная – wörtlich: *Wannenzimmer* (ist das nicht viel anschaulicher als unser *Bad*?), спальня – das *Schlafzimmer* und sogar das russische Wort für *Kantine* (und – in normalen russischen Wohnungen selten bis nie vorhanden – das *Esszimmer*) ist so gebildet: столовая – das *Tischzimmer*. Was könnte dann гостиная bedeuten? Richtig – das *Gästezimmer* (das in der Regel durch ‚Umbaumaßnahmen' entsteht).

стр. 92

На диване она одна
Erinnern Sie sich? In den meisten russischen Stadtwohnungen besteht das Ehebett aus einer Klappcouch im Wohnzimmer. Bei einer Breite von 120 cm merkt man es natürlich, wenn man dort allein liegt.

Где сосиски?
Wenn Russen morgens wenig Zeit haben, dann trinken sie auch nur einen Kaffee oder Tee und essen ein Stück Brot dazu. Am Feiertag gibt es aber ein richtiges russisches Frühstück, und dazu gehören heiße Würstchen, Rühr- oder Spiegeleier, каша – ein Brei, und außerdem alles, was wir so zum Frühstück haben.

стр. 96

Домашняя работа
Hausarbeit sieht in Russland ein bisschen anders aus als bei uns: Es gibt kaum Haushaltsmaschinen. Eine Spülmaschine z.B. wird man in fast allen Haushalten vergeblich suchen. Häufig hat der Hängeschrank über der Spüle keinen Boden und dort steht ein Gestell, in das die Teller nass hineingestellt werden, nachdem sie, natürlich unter fließendem Wasser, abgespült wurden. Sparsamer Umgang mit Energie ist bis jetzt – ebenso wie getrennte Müllsammlung – kein Thema in Russland (siehe auch стирать und убирать).

Стирать
Es gibt jetzt moderne Waschmaschinen zu kaufen, aber für die meisten Russen sind sie unerschwinglich, sie müssen deshalb weiterhin mit der Hand waschen oder benutzen ganz einfache Maschinen, die mit heißem Wasser gefüllt werden müssen und dann nur die Wäsche darin bewegen. Gespült wird danach wieder von Hand. Und Trockner sind auch kaum verbreitet, außer natürlich bei den sogenannten новые русские (= *neuen Russen*). Aufgehängt wird

Справка 8

die Wäsche in dem winzigen Bad über der Badewanne oder in der Küche – sonst gibt es keine Möglichkeit in der Wohnung. Hausarbeit (siehe auch домашняя работа und убирать) ist deshalb in Russland noch viel aufwendiger und mit richtiger körperlicher Arbeit verbunden.

Убирать

Aufräumen und putzen sind in Russland Sisyphusarbeiten: Stellen Sie sich vor, sie müssten mit vier oder fünf Personen in einer 2-Zimmerwohnung leben, 11 und 16 qm, Küche 6,5 und Bad 2,8 qm. Einen Abstellraum oder Keller haben die meisten russischen Wohnungen nicht. Da steht zwangsläufig viel rum, auch auf dem Boden, wofür in den wenigen Schränken, die man auf solch einer Fläche stellen kann, einfach kein Platz mehr ist. Das muss dann beim Saugen von einer auf die andere Seite und später wieder zurück geräumt werden. Hausarbeit ist aus diesen Gründen in Russland eine ungleich größere Belastung und frustriert noch mehr als bei uns (siehe auch домашняя работа und стирать).

Урок 8

стр. 101

Раньше и теперь

Die 72-jährige **Раиса Егоровна** vergleicht ihr Leben vor Beginn der перестройка mit dem jetzigen. Für sehr viele Russen, ganz besonders für die Rentnerinnen/Rentner, aber auch für bestimmte Berufsgruppen, wie Lehrerinnen/Lehrer, Post- und Bahnbeamte, öffentlich angestellte Ärztinnen/Ärzte, Krankenschwestern und für die meisten Arbeiterinnen/Arbeiter war das Leben zur sowjetischen Zeit wirklich besser als heute. Sie konnten sich Kleider kaufen, zu Verwandten auch in entlegene Landesteile fliegen, ins Restaurant gehen, in Urlaub fahren und vieles mehr, was heute nicht oder nur noch unter großen Schwierigkeiten möglich ist. Viele, die dieser ‚guten alten Zeit' nachtrauern, vergessen dabei natürlich, dass sie damals keine modernen Sachen kaufen konnten, dass das Angebot sehr beschränkt war und es bestimmte Sachen oft wochen- und monatelang überhaupt nicht zu kaufen gab, dass auch Lebensmittel knapp waren und man manchmal lange anstehen musste, um ein Stück Fleisch oder Brot zu bekommen, dass man so gut wie nicht ins Ausland fahren konnte und sogar Literatur aus dem Westen verboten war. Aber kann man das einem Rentner verdenken, der heute von 30–50 € im Monat leben muss? Oder einer Lehrerin, die 70–90 € bekommt? Fragen Sie Ihre Dozentin/Ihren Dozenten nach dem aktuellen Stand.

стр. 102

Сталинский дом

Das sind die Häuser in Moskau, die zu Stalins Zeit und nach seinen (hohen) Qualitätsansprüchen gebaut wurden. Sie haben dicke Ziegelmauern. Die kaum vorhandene Schallisolierung in den Plattenbauten lässt Moskauer schon alleine deshalb davon träumen. Aber die Wohnungen sind auch größer, Heizung und Installation sind gut und sie liegen meistens sehr verkehrsgünstig. Außerdem haben sie hohe Räume – etwa 3,40 m. Deshalb gibt eine solche Wohnung ihrer Besitzerin/ihrem Besitzer ein großes Prestige. Viele сталинские дома wurden übrigens Ende der 40er und Anfang der 50er Jahre des letzten Jahrhunderts von deutschen Kriegsgefangenen gebaut, so z.B. der untere Teil des Кутузовский проспект.

двести один

стр. 105

Белые ночи
Weiße Nächte nennt man die Zeit in Petersburg, in der es (im Juni) auch nachts so hell bleibt, dass man mühelos lesen kann und die Autos ohne Licht fahren. Da dann das Schlafen schwer fällt, ist besonders am Newa-Ufer die ganze Nacht Betrieb: Vor allem junge Leute bummeln, bestaunen das Hochziehen der Brücken und die vorbeifahrenden Ozeanschiffe und fühlen sich einfach wohl.

Блокада
Ленинград, wie Санкт-Петербург damals hieß, war im zweiten Weltkrieg von den deutschen Truppen eingekesselt und fast drei Jahre lang von der Versorgung abgeschnitten. Hunderttausende starben, oft einfach auf der Straße, besonders Kinder. Lediglich im Winter gab es eine Möglichkeit, der Einkesselung zu entkommen: Über das Eis des Ladoga-Sees, allerdings unter dem Beschuss deutscher Tiefflieger. Bis heute findet zur Erinnerung daran jeden Winter eine Ski-Wanderung auf der alten Route über den Ladoga-See statt. Militärisch war das völlig sinnlos, von beiden Seiten ging es nur um Prestige: Die Einnahme von Leningrad hätte den Deutschen keine Vor- und den Russen keine Nachteile gebracht; aber für die beiderseitige Propaganda hatte Leningrad, die Stadt, die nach dem Führer der Oktoberrevolution benannt wurde, natürlich einen hohen Symbolwert. Die Schrecken des Lebens unter der Blockade hat der Komponist Дмитрий Шостакович musikalisch verarbeitet und zum Thema einer großen Symphonie gemacht, seiner siebten, der Ленинградская. Im ersten Teil gibt es ein Motiv, das die Älteren unter uns besonders ergreift: Man hört das Heulen der deutschen Sturzkampfflugzeuge. Nicht ganz einfach zu ertragen – aber ein großes Musikstück eines großen Komponisten. Wenn man ein bisschen sucht, kann man eine CD-Aufnahme finden.

стр. 106

Шереметьево
Der (von deutschen Firmen zur Olympiade 1980 gebaute) Moskauer Flughafen, von dem man ins Ausland fliegt. Er liegt im Nordwesten und unterteilt sich (wie Frankfurt) in терминал 1 und терминал 2. Moskau hat außerdem noch zwei weitere große Flughäfen: Внуково (im Westen) für den Süden Russlands, aber teilweise auch Sibirien; in Внуково 2 landen die Staatsbesucher und von Внуково 3 aus fliegt man nach Baikonur, dem russischen Raumfahrtzentrum, das heute in Казахстан liegt. Домодедово liegt im Süden Moskaus, ebenfalls ein sehr großer Flughafen, der Sibirien, aber auch bestimmte ausländische Destinationen bedient. Für den Regionalverkehr gibt es noch eine Reihe kleinerer Flughäfen, der größte von ihnen ist Быково im Südosten Moskaus. Das Umsteigen in Moskau ist deshalb sehr schwierig, weil man z.B. von Шереметьево nach Домодедово über 70 km fahren muss, und weil die meisten Flüge aus dem Westen gegen Abend in Moskau ankommen. Es gibt direkte Busse zwischen den Flughäfen, zu niedrigen Preisen; aber wenn man es mit denen nicht schafft, übernachtet man billiger in Moskau und fliegt am nächsten Tag, als sich einem der Taxi-Haie anzuvertrauen. Das ist zwar nicht unsicher, aber für 150–200 Dollar kann man auch im Flughafenhotel übernachten.

Hier ein paar Informationen zu verschiedenen russischen Flugzeugtypen: In der Sowjetunion waren die Konstruktionsbüros, die sich mit der Entwicklung neuer Flugzeuge befassten, nach den Namen ihrer Leiter benannt. Das hat sich bis heute erhalten. Die bekanntesten Flugzeugtypen sind TU 104 (das erste Düsenpassagierflugzeug der Welt) , TU 154, TU 134 und das berühmte russische Überschall-Passagierflugzeug TU 144, der Chefkonstrukteur heißt Туполев. Dann gibt es die IL 62, das erste (und bisher einzige) russische Langstreckenflugzeug; damit fliegt man z.B. in neun Stunden nonstop von Moskau nach Kamtschatka – suchen Sie das mal auf der Karte (Seite 18)! Die IL 86 und IL 96 heißen in

Russland аэробус und haben zwei Stockwerke; innerhalb Russlands steigt man über eine kurze Treppe in den Rumpf, stellt sein Gepäck in ein Regal und geht dann innerhalb des Flugzeugs eine Treppe hinauf in den Passagiersalon. Der Chefkonstrukteur hieß Илюшин. Die ЯК-40 ist ein kleines Passagier-Düsenflugzeug (38 Plätze), das auf Gras- und Sandpisten starten und Landen kann – in dem riesigen Russland (größter Flächenstaat der Erde) eine Notwendigkeit für den internen Verkehr. Die ЯК-40 wurde aber auch in Deutschland auf Kurzstrecken eingesetzt, als es Flugzeuge dieses Typs im Westen noch nicht gab. Außerdem gibt es noch die ЯК-42, eine Art Luftbus mit richtigen Bänken statt Sitzen, für 100 Passagiere auf Nahstrecken. Chefkonstrukteur: Яковлев. Ältere unter ihnen, oder Fans erinnern sich vielleicht an die legendäre deutsche Ju 52, deren Konstrukteur Junkers hieß. Natürlich gibt es noch eine Menge andere Flugzeugtypen in Russland, z.B. die berühmte МиГ 29 des Konstrukteurs Микоян, aber über die lesen Sie bei Interesse besser in der Fachliteratur nach, sonst wird unser Buch zu dick. Wenn Sie nach oder in Russland fliegen, werden Sie mit der IL 86 oder 96 oder mit der TU 154 fliegen.

Вернисаж в Измайлово
Riesiger Flohmarkt im Osten von Moskau (Metro-Station Измайловский парк), wo es vom SS-Stahlhelm über beliebige russische Uniformen, Fotoapparate, Kitsch & Kunst, Teppiche, Porzellan, Samoware … wirklich alles gibt. Wenn Sie in der Zeile der Maler aufmerksam hinsehen, finden Sie auch die Miniaturen von Viktor Nosdrin. Вернисаж heißt der Flohmarkt nach wie vor, weil er aus einer *wilden* (= nicht genehmigten) Gemäldeausstellung von Künstlerinnen/Künstlern entstand, die offiziell wegen der Art ihrer Darstellung nicht anerkannt waren und keinen Platz für die Ausstellung ihrer Bilder bekamen. Das war auch noch zu Zeiten der перестройка so. Diese Künstlerinnen/Künstler versammelten sich im Park von Измайлово und hängten ihre Bilder an Bäume oder hielten sie in der Hand, damit sie schnell flüchten konnten, wenn die Polizei anrückte. Was damals also auch politischer Protest war, ist heute eindeutig Kommerz mit dem Ziel, Ausländerinnen/Ausländer anzulocken. Interessant ist es trotzdem und man kann manches Schnäppchen machen. Allerdings muss man aufpassen – es gibt auch viel Ware zweiter Wahl. Wenn Sie z.B. das wunderschöne Leningrader Porzellan kaufen wollen, dann werden Sie reeller und billiger im Дом фарфора auf dem Ленинский проспект bedient.

Подстаканник
Wörtlich: *Unterglasding*. Gemeint ist ein Teeglashalter, etwas, was bei uns leider so gut wie unbekannt ist. Es gibt furchtbar kitschige подстаканники, aber auch hochkünstlerisch gestaltete aus geflochtenem Melchior (Metalllegierung), aus Silber, teilweise mit Ornamenten, die mit Hilfe von Säure auf dem Silberuntergrund schwarz aussehen (weshalb man die Technik чернение = *Schwärzung* nennt), auch vergoldete oder aus reinem Gold angefertigte und manchmal mit Gravuren versehene (Верочка своему Димочке, 1ое мая 1953 oder К юбилею от товарищей по работе) oder emaillierte … Jedenfalls kann ich Ihnen aus nunmehr über dreißigjähriger, zur Tradition gewordenen Erfahrung versichern, dass Tee nur aus einem Kristallglas, das in einem подстаканник steht, wirklich schmeckt. Und außerdem geht viel mehr rein als in die Tassen, aus denen Deutsche ihren Tee trinken.

Островский, Александр
Einer der großen Theaterdichter des 19. Jahrhunderts. Viele seiner Stücke sind übersetzt und werden auch heute in der ganzen Welt gespielt. Er schrieb z.B. *Schuster, bleib bei deinen Leisten*, das Stück, das auch Игорь und Martin gesehen haben. Auf Russisch heißt der Titel Не в свои сани не садись – kriegen Sie raus, wie das wörtlich heißt? Wenn nicht, lassen Sie es sich von Ihrer Kursleiterin/Ihrem Kursleiter erläutern – es ist ganz russisch gedacht und sehr lustig.

Снегурочка
Neben *Schwanensee* das Ballett, das wohl am bekanntesten für die russische Ballettkunst ist. Frauen mögen es meistens, Männer müssen oft etwas reifer als Игорь und Martin (und ganz viele andere) sein, um daran ihre Freude haben zu können.

стр. 107

Маршал Жуков
Der bekannteste russische Heerführer des Zweiten Weltkrieges, leitete den Feldzug nach Westen und war persönlich bei der Einnahme von Berlin und der Unterzeichnung der Kapitulation am 9. Mai 1945 (nach russischer Zeit war es schon der 9., nach westeuropäischer noch der 8. Mai) anwesend. Alle Russen kennen den Film, in dem Жуков, hoch zu Ross auf dem Roten Platz die Siegesparade anführte. Wird in Russland bis heute verehrt, weshalb Martins Kritik an dem Denkmal auch zunächst bei Russen eher befremdlich wirkt.

Соцреализм
Abkürzung für социалистический реализм. *Sozialistischer Realismus* – das war eine Kunstdoktrin, die für die UdSSR, aber auch für ihre Satellitenstaaten, verbindlich vorschrieb, dass die Kunst realistisch zu sein habe. Der Kommunismus begann mit der Vorstellung, dass alle Menschen an Kunst herangeführt werden müssten und dass es dazu richtig sei, zunächst die allen Menschen leicht erkennbaren Kunstformen, nämlich die realistischen, zu benutzen. Die Künstlerinnen/Künstler bekamen sozusagen die Aufgabe, für die breiten Massen anspruchsvoll zu malen, zu schreiben, zu komponieren, das Volk zum Kunstgenuss zu erziehen. Die sowjetische Kunst sollte ein Gegenstück zur westlichen werden, in der häufig künstlerische Mittel benutzt wurden, die nur einer kleinen Schicht Gebildeter erschließbar waren. Diese zwar idealistische, aber deshalb ja nicht völlig abwegige Vorstellung, führte schon Ende der 30er Jahre dazu, dass viele Künstlerinnen/Künstler auswanderten, weil sie sich nicht gängeln lassen wollten – die Bürokratie hatte sich durchgesetzt. Seit Ende der 30er Jahre wurden den Künstlerinnen/Künstlern auch die Themen vorgegeben und sie sollten diese Themen *parteilich* bearbeiten, also aus dem Blickpunkt der Arbeiterklasse bzw. dessen, was die kommunistischen Herrscher sich darunter vorstellen wollten. So wurde aus einem humanistischen Ansatz ein schreckliches Korsett, auch wenn einzelne Schriftsteller sogar in diesem Rahmen große Werke schufen.

стр. 110

Горизонт
Auch bei westlichen Fotografinnen/Fotografen berühmte Breitbildkamera. Sie arbeitet nicht mit einem an den Seiten verzerrenden Fischauge wie alle anderen Modelle, sondern ihr Objektiv dreht sich vor dem Film von rechts nach links und liefert so über 120°-Aufnahmen ohne Verzerrungen.

Ресторан Центральный
Es gehört zum гостиница Центральная, einem Hotel auf der Тверская улица, also im absoluten Zentrum Moskaus. Dieses Hotel hieß früher Люкс (*Luxus*) und hier nächtigten in den 40er Jahren die führenden Mitglieder der Komintern (*Kommunistische Internationale*), z.B. Walther Ulbricht und Herbert Wehner.

Урок 9

стр. 115

Лагерь
Dabei handelt es sich um Ferienlager für Kinder und Jugendliche. In der Sowjetzeit hießen sie Pionierlager und waren die verbreitetste Art, den Sommerurlaub zu verbringen: Gemeinsamer Familienurlaub war damals eine Ausnahme. Die Pionierlager waren oft pädagogisch sehr sinnvoll organisiert, mit Programmen und Unternehmungen, mit Lagerfeuern und Feiern, auch wenn sie für uns westliche Beobachter manchmal etwas Halbmilitärisches an sich hatten. Praktisch jede mittlere Fabrik hatte ein oder mehrere eigene Pionierlager. Dabei handelte es sich um feste Gebäude, nicht um Zeltlager. Allerdings waren die meisten ohne Heizung, konnten also nur im Sommer genutzt werden. Viele sind mittlerweile geschlossen, weil die Fabriken sie sich nicht mehr leisten können. Aber einige existieren noch und werden von Kommunen, den Gewerkschaften (oder ganz großen Werken) unterhalten, was auch sehr wichtig ist: Für die große Mehrheit der Jugendlichen stellen sie auch heute noch die einzige Urlaubsmöglichkeit überhaupt dar, denn nicht jeder hat eine бабушка в деревне. Und einen Urlaub in unserem Verständnis können sich die meisten Russen seit über zehn Jahren und wohl noch auf absehbare Zeit nicht leisten. Bitte erkundigen Sie sich nach dem neuesten Stand in dieser Frage bei Ihrer Kursleiterin/Ihrem Kursleiter.

В деревне
Russische Familien verreisen viel seltener gemeinsam als deutsche. Sehr häufig fahren sogar Vater und Mutter zu unterschiedlichen Zeiten und zu unterschiedlichen Zielen (siehe профсоюз). Die Kinder haben hauptsächlich zwei Möglichkeiten, die Sommerferien zu verbringen: Viele fahren zu Verwandten, meist zu Oma und Opa. Letzteres besonders dann gerne, wenn die eine дача haben: Ein ungezwungenes Leben ist garantiert, meistens gibt es ein Flüsschen in der Nähe, in dem man nicht nur baden kann, sondern zu dem man meist auch zum Waschen gehen muss, weil viele Datschas kein fließendes Wasser haben – man muss sich also nicht so oft waschen wie zu Hause. Insgesamt eine bis 12–13 Jahre durchaus verlockende Sache. Wer Dorf und Oma nicht gut findet, kann möglicherweise in eines der früheren Pionierlager fahren, die unter anderem Namen weiter existieren und im Sommer eine gute Gelegenheit bieten, mit Gleichaltrigen ein ebenfalls recht freies Leben zu führen (siehe лагерь).

Профсоюз оплатит (профессиональный союз)
Wörtlich: *Berufsverband*. So heißen die Gewerkschaften in Russland. In der sowjetischen Zeit hatte die Gewerkschaft weit umfangreichere Aufgaben als unsere Gewerkschaften: Die meisten Sanatorien und Erholungsheime gehörten ihnen und sie vergaben die Plätze zwar nicht immer sehr korrekt, aber immer so gut wie kostenlos. Daher kommt es auch, dass Eltern nichts dabei finden, getrennt in Urlaub zu fahren: Die Frau bekam ihre Urlaubsreise von ihrer Gewerkschaftsorganisation, der Mann von seiner – und die gingen eben zu unterschiedlichen Zeiten zu unterschiedlichen Zielen. Bei der Gewerkschaft beantragten die Eltern auch den Ferienaufenthalt ihrer Kinder im Pionierlager. Das hat sich bis heute weitgehend erhalten.

стр. 116

Абакан
Sehen Sie sich im Atlas auch mal den Maßstab an, damit Sie *in der Nähe* auf russische Art

verstehen, so wie wir es hier gebraucht haben: 500 km sind für Russen noch keine richtige Entfernung!

В переводе на немецкие марки
Hier haben wir zu einem Trick gegriffen. Da Sie sich unter 1200 Rubeln wahrscheinlich nichts oder etwas Falsches vorstellen würden, haben wir die Rubelsummen in diesem Text in € angegeben. Das ist auch deshalb nötig, weil sich der Umtauschkurs voraussichtlich viel schneller ändert, als **Ключи** überarbeitet werden kann. Wenn Sie wissen möchten, was die aktuellen Rubelsummen sind, sehen Sie in einer Zeitung nach – dort werden die Umtauschkurse täglich veröffentlicht. Es ist selbstverständlich möglich, dass sich auch die Gehälter verändern und es den vielen Russen, die jetzt an oder unter der Armutsgrenze leben, wirklich besser geht. Wir wünschen uns das natürlich. Wenn Sie Genaueres wissen möchten, rufen Sie im Internet die Website der Russischen Botschaft (http://www.russische-botschaft.de) auf (dort können Sie übrigens auch den Antrag für ein russisches Visum herunterladen!) oder fragen Sie Ihre Kursleiterin/Ihren Kursleiter nach den aktuellen Verdiensten, damit Sie sich ein reales Bild machen können.

стр. 117

Институт имени Гёте
Deutsche Kultur und Sprache wird im Ausland von den Goethe-Instituten vertreten, so auch in Russland. Das Goethe-Institut in Moskau ist in der ehemaligen Botschaft der DDR untergebracht und besonders seine Sprachkurse sind total überlaufen. Das GI führt aber auch viele Fortbildungslehrgänge für russische Deutschlehrerinnen/-lehrer durch und verwaltet einen Teil der Stellen, die in Deutschland für Fortbildungen oder Hospitationen in deutschen Schulen zur Verfügung stehen. Dazu kommen Kulturveranstaltungen, nicht nur in Moskau und Sankt Petersburg, sondern weit gestreut über ganz Russland.

Verena Wienandt
Gibt es wirklich. Sie ist eine junge Russischlehrerin aus Grimma und hat drei Jahre im Rahmen des sogenannten Lehrerentsendeprogramms in Minusinsk unterrichtet. Bund und Länder stellen den russischen Behörden seit 1994 etwa 70–90 Lehrerinnen/Lehrer auf deutsche Kosten zur Verfügung.

Плацкартный вагон
Die billigste Reisemöglichkeit ist die Bahnfahrt in der 3. Klasse (siehe Seite 196). Erinnern Sie sich noch an Урок 5?

стр. 119

Мне не будут платить зарплату
Zumindest im Jahr 2001 war es noch so, dass in vielen Regionen die Gehälter für von der öffentlichen Hand bezahlte Russen nicht oder mit Verspätung ausgezahlt wurden oder dass, wie im Falle der Bergarbeiter, die Sicherheitsvorschriften grob vernachlässigt wurden – oder beides. Das liegt manchmal am Kompetenzgerangel zwischen der betreffenden Region und Moskau (von wo das Geld z.B. für die Lehrerinnen/Lehrer kommt oder kommen sollte). Meist benutzen die lokalen Verwaltungen das Geld für andere Zwecke, oft für private Spekulationen oder Geschäfte nebenher. Über die Verwaltung in Russland muss man leider sagen, dass Korruption als legaler Nebenerwerb angesehen und von den Bürgerinnen/Bürgern auch hingenommen wird. Das fängt beim Verkehrspolizisten an, dem man eine Strafe in der Regel *ohne Quittung* (und damit ohne Verfahren oder langen Aufenthalt) bezahlen kann, geht über, beispielsweise, das Bauamt, von dem man nur nach Schmiergeld auf verschiedenen Ebenen eine vorgeschriebene Genehmigung erhält, über Professoren, die sich die Note in der Aufnahmeprüfung, mit der man einen Studienplatz bekommt, versilbern lassen, bis in die höchsten Posten des Staates. Meistens ist die Korruption auch organisiert: Der Untergebene muss den Löwenanteil dessen, was

er *einnimmt,* nach oben weitergeben – und wird dafür natürlich gedeckt. Die Korruption ist im übrigen keine Erscheinung der Perestroika oder des sich wandelnden Wirtschaftssystems, sondern hat sich, besonders stark unter der Regierung des 1. Sekretärs der KPdSU, Leonid Breshnew, entwickelt. Wie jemand ohne Gehalt leben kann? Von Nachbarschaftshilfe – wenn dort gerade jemand Gehalt bekommen hat, vom Gehalt des Ehepartners, von der дача. Aber Obst oder Fleisch können viele sich nicht oder nur sehr selten leisten, besonders in den Städten.

стр. 122

Школа не платит

In Russland wird das Lehrergehalt nicht auf ein Konto überwiesen, sondern von der Schule bar ausgezahlt! Dabei wird die tatsächlich gehaltene Stundenzahl vergütet; wer krank wird, bekommt Krankengeld, aber von einer anderen Stelle. Wer aus anderen Gründen einen oder mehrere Tage nicht arbeitet, erhält für diese Zeit auch kein Geld. Dafür wird die Vertretung entsprechend für die Überstunden bezahlt. Bei Fortbildungsmaßnahmen das Gehalt weiter zu zahlen – das können sich die meisten Schulen nicht leisten.

Стыдно за свою страну

Wenn wir Ausländer lesen, dass man Ausländern so etwas überhaupt nicht schreiben kann, dann denken wir in unserem westlichen Verständnis, dass damit die beschuldigt werden, die etwas nicht verstanden haben. Und tatsächlich könnte das Goethe-Institut die Schwierigkeit vieler Lehrerinnen/Lehrer aus Sibirien ja kennen und ihnen die Reise vom Wohnort aus bezahlen, wenn sie anders die Einladung nach Deutschland nicht annehmen können. Russen denken da anders: Wenn ich die Reise nach Moskau nicht bezahlen kann, dann muss ich mich schämen, und zwar zunächst für mein Land, das mir so wenig Gehalt gibt, dass ich die Einladung nicht annehmen kann. Diese Art zu reagieren wird noch verständlicher, wenn man berücksichtigt, dass fast alle Russen ein wirklich ungebrochenes Nationalbewusstsein haben.

Отоваривать (*einlösen*)

Damit in einigen Regionen die Lehrerinnen/Lehrer überhaupt leben können, organisieren die Stadtverwaltungen eine Art Tauschhandel. Anstelle des Gehaltes bekommen die Lehrkräfte eine Art Bezugsscheine, mit denen sie Waren, die in ihrer Gegend hergestellt werden, ohne Bargeld bekommen können. Aber dafür wird ein völlig überhöhter Preis angesetzt: Für ein Paar Schuhe müsste eine Lehrerin/ein Lehrer mehrere Monate umsonst arbeiten. Viele lassen sich trotzdem darauf ein, weil die Schulden des Staates durch die Inflation nach wenigen Monaten sowieso keine Kaufkraft mehr haben.

стр. 125

На Ленинском проспекте

Das Goethe-Institut befindet sich am Leninprospekt 105A. Der Leninprospekt ist die Einfallstraße nach Moskau aus südwestlicher Richtung und die Verbindung ins Zentrum vom Regierungsteil des Flughafens Wnukowo. Über ihn fahren die Staatsgäste oder besonders geehrte Russen. So wurde z.B. Jurij Gagarin nach seinem Flug um die Erde über den Leninprospekt *heim geholt.*

Собирать деньги у коллег

Eine in russischen Schulen selbstverständliche Art, z.B. Gäste der Schule zu bewirten. Sollten Sie eine russische Schule besuchen und sich plötzlich vor einem gedeckten Tisch mit Wein, Sekt, Tee, belegten Broten und Pralinen wiederfinden, dann sind diese Wohltaten mit höchster Wahrscheinlichkeit von Geld bezahlt, das zu diesem Zweck von den Lehrerinnen/Lehrern eingesammelt wurde.

Переговорный пункт

In jedem Stadtviertel anzutreffende Poststellen, in denen man nur telefoniert. Sie sind für Leute ohne Telefon gedacht und für die, die keinen direkten Zugang zum Fernnetz haben: In Russland kostet das Telefon eine bestimmte Gebühr pro Monat, mit der pauschal alle Ortsgespräche abgegolten sind. Wenn man ein fernamtsberechtigtes Telefon hat, muss man sich vor jedem Ferngespräch einen freien Zählautomaten wählen – meistens indem man 8 wählt – und erst, wenn der seinen Antwortton sendet, kann man Vorwahl und Nummer eingeben. Wer kein solches Telefon hat, geht in den переговорный пункт.

стр. 127

Вуз (высшее учебное заведение)
Höhere Lehranstalt. So werden in Russland alle Hochschulen bezeichnet.

DAAD (Deutscher Akademischer Austauschdienst)
Der DAAD befasst sich mit Austausch in beide Richtungen, soweit es sich um Hochschulen handelt.

Inter Nationes
Ist eine Institution, jetzt mit dem Goethe-Institut zusammengelegt, die sich mit Publikationen über Deutschland, auch mit Unterrichtsmaterialien für Deutsch im Ausland, befasst und in der ganzen Welt, besonders in den mittel- und osteuropäischen Staaten in hohem Ansehen steht. Seine Bücher und Broschüren werden im Ausland kostenlos abgegeben.

Урок 10

стр. 145

Fernsehen in Russland
Ähnlich wie bei uns die meisten Bundesländer, so hat in Russland fast jedes Gebiet (Bezeichnung einer Verwaltungseinheit in Russland, manchmal von der Größe eines mittleren deutschen Bundeslandes, manchmal auch so groß wie Frankreich) seine eigene Fernsehstation, teilweise mit dem Programm der ОРТ, teilweise mit eigenen Sendungen. Es gibt eine Reihe von zentralen Fernsehstationen. Die größte ist ОРТ = Общественное русское телевидение, auch unter dem Kürzel Останкино bekannt (nach dem Stadtteil, in dem der Moskauer Fernsehturm steht, benannt). Diese Station kann man im gesamten Gebiet der ehemaligen Sowjetunion empfangen. Das Programm enthält auch gemeinsame Sendungen, die den Zusammenhalt der СНГ (Союз Независимых Государств – Gemeinschaft Unabhängiger Staaten, die bis 1991 Sowjetrepubliken waren) stützen sollen. In ОРТ laufen die unsäglich primitiven Seifenopern, die, in Mexiko hergestellt und völlig mexikanisch gedacht, beim großen Publikum nach wie vor beliebt sind. Die erste Serie lief 1992 an, und zwar unter dem aussagekräftigen Titel Богатые тоже плачут – *Reiche weinen auch*.
РТР = Российская телерадиокомпания
Ist sowas wie unser ZDF. Seine Verbreitung ist auf Russland beschränkt. РТР unterscheidet sich in den Inhalten und der Art der Darstellung kaum von ОРТ.
Die dritte große Fernsehstation ist НТВ = Независимое телевидение. Sie versucht, meistens mit Erfolg, unabhängiges Fernsehen zu machen und bringt kritische Sendungen zur aktuellen Politik in Russland, u.a. auch eine Куклы genannte Sendung, in der die Politiker als satirisch gestaltete Puppen auftreten und sagen, was sie wirklich denken. Wegen dieser außerordentlich beliebten Sendung hat НТВ wiederholt Schwierigkeiten mit der Regierung gehabt, setzt aber den kritischen Journalismus westlicher Prägung bisher unbeirrt fort. Neben den kritischen Sendungen bringt der Sender allerdings auch eine solche Masse von teilweise

uralten und extrem seichten amerikanischen Actionfilmen, dass man sich manchmal wundert, wie überhaupt so viele produziert werden können.

Урок 11

стр. 151

Орёл
350 km südlich von Moskau gelegene Gebietshauptstadt (siehe Seite 198). Die Stadt hat etwa 360 000 Einwohner, ist also dreimal so groß wie Offenbach, macht aber einen wesentlich provinzielleren Eindruck als die im Einzugsgebiet von Frankfurt gelegene deutsche Partnerstadt.

Орёл – город первого салюта
Die Stadt des ersten Saluts. Das bezieht sich auf den Zweiten Weltkrieg, in dem Orjol, lange besetzt, ein Knotenpunkt des deutschen Nachschubs war. Als es befreit wurde, war dies das erste Mal, dass eine Stadt zurückerobert wurde und aus diesem Anlass führte man das Salutschießen in Moskau ein, das dann zu einer Tradition bei jeder zurückeroberten Stadt wurde.

Клуб ‹Орёл – Оффенбах›
Eine noch ungewohnte Erscheinung in Russland: Dort sind Durchschnittsbürger selbst initiativ, ohne finanzielle Unterstützung und ohne Vorteile für die Mitglieder selbst. Der Gedanke des ehrenamtlichen Engagements in nicht offiziellen Vereinigungen ist für Russland noch neu und bisher selten anzutreffen. Für ihr Engagement, besonders für eine Aktion, bei der Orjoler Deutsch-Studenten für jeweils zwei Monate zum Praktikum nach Offenbach eingeladen werden, haben die beiden Klubs im Dezember 2000 in der russischen Botschaft in Berlin aus der Hand des ehemaligen Bundespräsidenten Richard von Weizsäcker sogar einen Preis erhalten. Aber auch ohne Preis ist es ein gutes Gefühl, solche Kontakte zu knüpfen und zu pflegen.

стр. 155

Десять лет отношениям Орла и Оффенбаха
Eine erstaunlich lange Zeit, denn in der sowjetischen Zeit waren Partnerschaften mit dem kapitalistischen Ausland auf die Landeshauptstädte beschränkt. Den Anfang machten Saarbrücken und Tiflis, es folgten Mainz und Baku. Erst nach Beginn der Перестройка konnten kleine Städte wie Offenbach, Rotenburg ob der Tauber, Bad Homburg und viele andere sich um eine Partnerschaft mit einer russischen Stadt bemühen.

Урок 12

стр. 166

Российский университет дружбы народов
Eine Moskauer Universität, in der besonders Studenten aus den Entwicklungsländern eine Hochschulbildung absolvieren können. Das Prinzip besteht darin, dass die ausländischen Studenten mit russischen Studenten gemeinsam wohnen und studieren. Es gibt eine Vorbereitungsfakultät, in der Russisch intensiv unterrichtet wird. Die Universität,

schon zu sowjetischen Zeiten gegründet (damals **Университет дружбы народов имени Патриса Лумумбы**) erfüllt einen wesentlichen Auftrag sowjetischer und russischer Außenpolitik: Die Eliten besonders der Völker von Entwicklungsländern auszubilden und damit natürlichen Einfluss in vielen Staaten der Erde zu erhalten, weil die Führungskräfte in einer entscheidenden Phase ihrer Entwicklung russisch sozialisiert wurden.

стр. 171

Селёдка под шубой

Hering unterm Pelz. Schmeckt prima, probieren Sie's mal aus! Hier das Rezept: Eine Packung Heringsfilet in kleine Stückchen schneiden und auf einem Teller gleichmäßig verteilen, der Boden soll bedeckt sein. Darauf kommt eine dünne Schicht Mayonnaise. Pellkartoffeln pellen und in ebenso kleine Stückchen schneiden; den Hering damit bedecken und wieder eine ganz dünne Schicht Mayonnaise (mit einem Löffel streichen, damit's nicht zu fett wird. Sie können ruhig eine fettreduzierte Mayonnaise nehmen). Die nächste Schicht besteht aus grob geraspeltem Apfel, darauf wieder Mayo, dann gekochte Karotten, grob geraspelt und Mayo. Endlich die letzte Schicht: Gekochte Rote Beete, grob geraspelt und Mayo. Rote Beete schmecken am besten, wenn Sie sie frisch kaufen und garen. Aber es ist auch keine Todsünde, wenn Sie die in den Supermärkten angebotenen gekochten verwenden. Das ganze wird dann nochmal wiederholt, wieder mit Hering beginnend und nach oben sich allmählich ganz leicht verjüngend. Es sieht dann aus wie eine Torte. Auf die Teller kriegen Sie diese Vorspeise mit einem Tortenheber. Селёдка под шубой schmeckt am besten und läßt sich gut schneiden und verteilen, wenn er wenigstens einen Tag gestanden hat (Kühlschrank!). Wenn Sie statt Hering gekochten Lachs nehmen, schmeckt шуба etwas weniger deftig und passt besser zu Wein. Aber ganz richtig ist es eben mit Hering, der gehört nämlich einfach zum Wodka.

Домашние соления

Wörtlich: *Gesalzenes nach Art des Hauses,* unverzichtbarer Bestandteil der Vorspeisenplatte. Gurken, Tomaten, Knoblauch, Zwiebeln … eingelegt in einer Salz-Knoblauch-Öl-Mischung, ohne chemische Konservierungsstoffe! Unverzichtbar sind die соления deshalb, weil es zum Wodka nichts Besseres gibt. So, das war eine objektive Begründung. За ваше здоровье!

Киндзмараули

Eine georgische Weinsorte. Die georgischen Weine haben fast alle solch wunderschöne, für uns nichtsdestotrotz ziemlich zungenbrecherische Bezeichnungen, z.B. Цынандали, Вазисубани, Мукузани … Probieren geht über Studieren! Neben Georgien gibt es auf dem Territorium der ehemaligen Sowjetunion noch Weinanbaugebiete auf der Halbinsel Krim (heute Ukraine) und in Moldawien (heute ebenfalls ein eigener Staat).

Выключили телевизор

Eine verbreitete Unsitte in Russland besteht darin, dass in sehr vielen Familien, auch wenn Gäste da sind und man sich unterhalten möchte, unbedingt der Fernseher laufen muss.

Крепость

Die deutsche Botschaft in Moskau wurde noch während der Zeit des kalten Krieges geplant und macht deshalb den Eindruck einer Festung, was bei ihrer Fertigstellung wirklich nicht mehr zeitgemäß war. Diplomaten, die sich nicht so völlig von der russischen Bevölkerung abschotten wollen, wie das auf dem Botschaftsgelände der Fall ist, wohnen deshalb lieber in der Stadt, z.B. im sogenannten *Deutschen Haus,* einem Altbau an der Schewtschenko-Uferstraße – набережная Шевченко. ‹Deutsches Haus› wird das Gebäude in der deutschen Kolonie genannt, weil dort fast nur Deutsche wohnen. Hier begannen auch die Nachkriegsbeziehungen zwischen der BRD und der Sowjetunion: Die ersten deutschen Diplomaten, die 1955 nach Moskau kamen, wohnten dort und hatten in diesem Haus auch ihre eigene Schule usw.

Грамматика

Sie haben die letzte Unterrichtsstunde versäumt? Kann vorkommen – ist aber mit **Ключи** kein Beinbruch. Auch nicht, wenn Sie mit Ihren Gedanken mal wo ganz anders waren (passiert doch jedem mal) und Ihrer Kursleiterin/Ihrem Kursleiter nicht zumuten wollen, alles noch einmal zu erklären. In solchen Fällen rettet Sie dieser grammatische Anhang, denn genau dafür ist er vorgesehen: Wir erklären hier alles so, dass Sie es auch ohne Lehrerin/Lehrer verstehen können.

! Lesen Sie immer zuerst die Erklärungen, die unter **Грамматика – не беда!** am Ende der einzelnen Lektionen gegeben werden. Wir verweisen hier im Anhang auf die Seiten, auf denen Sie das entsprechende Grammatikkapitel ursprünglich erklärt finden. Viele Erscheinungen der russischen Grammatik wurden innerhalb der Lektion schon ausreichend behandelt. Sie finden deshalb hier im Anhang nur zu einzelnen, komplexeren Grammatikfragen zusätzliche Erläuterungen und praktische Beispiele.

Wir erklären die russische Grammatik nicht um ihrer selbst willen, sondern nur, damit Sie wirklich alles verstehen, was in **Ключи 1** vorkommt. Wenn Sie das grammatische System der russischen Sprache kennen lernen möchten (eine spannende Angelegenheit, wenn man Zeit dazu hat!), sollten Sie sich eine umfassendere Grammatik anschaffen, z.B. die **Russische Übungsgrammatik** (Ulf Borgwardt / Hartmut Mey, Hueber-Nr. 4466).

Das Verb / Глагол

!14 Wenn Sie ein Verb mit der Endung **-ть** vor sich haben, handelt es sich um einen Infinitiv. Die russischen Verben bestehen grundsätzlich aus einem Verbstamm und der an ihn angehängten Endung:

| **ду́ма-** = Infinitivstamm | **-ть** = Endung (Infinitiv) | **-ю** = Endung (1. Person Singular) |

Im Russischen gibt es zwei Konjugationsmuster. Die meisten Verben richten sich nach einer der beiden Konjugationen. Die erste ist die *e-Konjugation* (von der 2. Person Singular bis zur 2. Person Plural steht ein **-e-** in der Endung). Die zweite ist die *i-Konjugation* (von der 2. Person Singular bis zur 2. Person Plural steht ein **-и-** in der Endung).

	e-Konjugation	i-Konjugation
	ду́мать (denken)	**говори́ть** (sprechen)
я	ду́маю	говорю́
ты	ду́маешь	говори́шь
он / она́ / оно́	ду́мает	говори́т
мы	ду́маем	говори́м
вы	ду́маете	говори́те
они́	ду́мают	говоря́т

Wenn Sie diese beiden Muster richtig büffeln, machen Sie im Präsens das meiste schon richtig.

Es gibt aber auch einige Unregelmäßigkeiten und richtige Ausnahmen. Leider gehören dazu sehr häufig benutzte Verben. Hier die wichtigsten, die in **Ключи 1** vorkommen. Auch wenn es bei einigen dieser Verben durchaus Regelmäßigkeiten gibt (Konsonantenwechsel, Betonungswechsel, л-Einschub), lautet unser Rat: Einfach auswendig lernen.

!38

	идти́ (gehen)	**е́хать** (fahren)	**пить** (trinken)	**смотре́ть** (anschauen, besichtigen)
я	иду́	е́ду	пью	смотрю́
ты	идёшь	е́дешь	пьёшь	смо́тришь
он / она́ / оно́	идёт	е́дет	пьёт	смо́трит
мы	идём	е́дем	пьём	смо́трим
вы	идёте	е́дете	пьёте	смо́трите
они́	иду́т	е́дут	пьют	смо́трят

!54

	есть (essen)	**сиде́ть** (sitzen)	**спать** (schlafen)	**брать** (nehmen)
я	ем	сижу́	сплю	беру́
ты	ешь	сиди́шь	спишь	берёшь
он / она́ / оно́	ест	сиди́т	спит	берёт
мы	еди́м	сиди́м	спим	берём
вы	еди́те	сиди́те	спите	берёте
они́	едя́т	сидя́т	спят	беру́т

Wenn Sie diese Muster gut lernen, haben Sie schon eine sehr solide Grundlage in Sachen Verben. Damit Sie neue, nicht regelmäßige Verben schnell einordnen können, finden Sie in den Vokabellisten generell die 1. und 2. Person Singular und die 3. Person Plural angegeben. Die übrigen Formen können Sie davon problemlos ableiten. So, das war's zum Präsens.

Die Aspekte: Futur und Präteritum

Zu Futur und Präteritum gibt es gute und weniger gute Nachrichten. Zunächst die guten: Für das Futur brauchen Sie überhaupt keine neuen Endungen zu lernen und das Präteritum beherrschen Sie, wenn Sie sich nur vier (!) Endungen einprägen. Das ist einfach, aber leider nicht alles. Die Schwierigkeit beim Benutzen der russischen Verben heißt **Aspekte**. Deshalb folgen hier eingehendere Erläuterungen zu dem, was auf den Seiten 100 und 114 steht. Sie wissen schon, dass es im Russischen für fast jedes Verb zwei Formen, die sogenannten **Aspektpartner**, gibt.

Der eine Aspektpartner bezeichnet eine andauernde Handlung, der andere Partner steht bei Handlungen, die einmal passieren und damit auch abgeschlossen sind. Sie müssen jetzt nur noch (!) entscheiden, ob es sich bei einer Tätigkeit um eine andauernde oder um eine abgeschlossene Handlung dreht, dann wissen Sie auch, welchen **Aspektpartner** Sie brauchen. Grob gilt: andauernde Handlung = *unvollendeter* Aspekt, abgeschlossene Handlung = *vollendeter* Aspekt. Aber leider ist diese Entscheidung nicht immer so einfach, wie es sich hier anhört.

Грамматика

1. Unvollendeter Aspekt

Der *unvollendete* Aspekt wird verwendet, wenn es sich um eine ganz allgemeine Aussage handelt. Er steht auch, wenn der Verlauf, die Dauer oder die Wiederholung der Handlung im Mittelpunkt steht.

Das Futur bilden Sie entweder genau wie im Deutschen (Hilfsverb **быть** + *unvollendetes* Verb). Zum Futur vom *vollendeten* Verb finden

2. Vollendeter Aspekt

Der *vollendete* Aspekt wird benutzt, wenn das Ergebnis der Handlung im Mittelpunkt steht. Er steht auch, wenn es sich um eine einmalige, kurzzeitige Tätigkeit oder eine Folge von mehreren abgeschlossenen Tätigkeiten handelt.

Sie weiter unten gezielte Erläuterungen. Gebildet wird es, indem man einfach die Präsensendungen an den Stamm anhängt. Sehen Sie es sich an:

100

1. Unvollendeter Aspekt			2. Vollendeter Aspekt	
я	бу́ду		я	прочита́ю
ты	бу́дешь		ты	прочита́ешь
он / она́	бу́дет	чита́ть	он / она́	прочита́ет
мы	бу́дем		мы	прочита́ем
вы	бу́дете		вы	прочита́ете
они́	бу́дут		они́	прочита́ют

Beim Präteritum gibt es nur eine einzige Form, aber die ist für Maskulinum, Femininum, Neutrum und den Plural. Die Infinitivendung **-ть** wird in der Regel vom Stamm des Verbs abgetrennt und durch die Präteritumendungen

ersetzt. Klar, es gibt auch hier wieder ein paar Ausnahmen, die Sie schlicht und einfach lernen müssen. Die häufigste betrifft das Verb **идти́** und seine Zusammensetzungen (пойти́, найти́, прийти́ usw.).

114

		рабо́тать (arbeiten)		**идти́** (gehen)
Maskulin Singular	я, ты, он	рабо́та-л	я, ты, он	**шёл**
Feminin Singular	я, ты, она́	рабо́та-ла	я, ты, она́	**шла**
Neutrum Singular	я, ты, оно́	рабо́та-ло	я, ты, оно́	**шло**
Plural	мы, вы, они́	рабо́та-ли	мы, вы, они́	**шли**

Da das Ganze theoretisch nur schwer zu verstehen ist, folgen jetzt einige Anwendungsbeispiele, die Ihnen beim Verständnis hoffentlich weiterhelfen werden.

1

Wenn Sie gefragt werden, was Sie nach dem Unterricht noch machen wollen, können Sie sagen: *Ich werde noch lesen*. Wie lange Sie das tun werden, was Sie lesen, ob Sie über dem Artikel in der Illustrierten einschlafen oder ihn bis zu Ende lesen werden – das alles ist in dem Moment, in dem Sie sagen *ich werde noch lesen* völlig offen. Die Russen nennen ein Verb, wenn sie es in diesem Sinn gebrauchen, *unvollendet* und sagen: «Я бу́ду чита́ть.»

2

Beim Präsens hilft es Ihnen, wenn Sie Englisch gelernt haben. Wenn eine Engländerin/ein Engländer liest und noch nicht weiß, wie lange sie/er das tun wird, sagt sie/er: *I'm reading*. Und das ist genau das, was eine Russin/ein

Russe meint, wenn sie/er *я читáю* sagt. Weil es keine entsprechende Form im Deutschen gibt, ist es für uns oft schwierig, richtig zu reagieren.

3
Für das Präteritum können Sie folgenden Fall aus einem Polizeibericht durchdenken: *Der Unbekannte schlug auf sein Opfer immer wieder ein.* Von einer Vollendung ist nichts gesagt, wie lange er schlug, weiß man nicht. Anders im nächsten Beispiel: *Als der Täter bemerkte, dass sein Opfer ihn erkannt hatte, erschlug er den Wehrlosen sofort.* Dieses Schlagen erfolgte im Hinblick auf eine Vollendung. Der Vorgang des Erschlagens hat keine Zeitdauer: Wenn man erschlagen wird, ist man tot. Spürbar ist der Unterschied zwischen *vollendeter* und *unvollendeter* Handlung im Deutschen auch in folgenden Ausagen: *Herr Krämer blickte lange in der Hotelhalle herum. Endlich erblickte er den Bankomat.* Oder: *Wenn jemand ein Haus baut,* weiß man, dass das eine unkalkulierbar lange Zeit dauern kann – *unvollendeter* Aspekt. Sagt man aber *er erbaute ein Haus,* dann ist klar, dass das Haus fertig ist: *vollendeter* Aspekt.

4
Ein Stück weiter führt das Beispiel mit den drei Personen, die eine Runde Wodka trinken, was man aber genau genommen im Präsens gar nicht beschreiben kann. Man kann – während sie die Schnapsgläser heben, nicht sagen – dass sie *gerade ein Glas Wodka austrinken,* denn noch ist ja kein Tropfen im Mund. Das Austrinken geht dann aber so schnell (Kopf leicht nach hinten legen, Wodka reinkippen und sofort runterschlucken), dass man in der kurzen Zeit den Satz *sie trinken den Wodka aus* nicht einmal aussprechen könnte.
Das Verb *austrinken* hat also eigentlich keine Gegenwart, weil man realistisch nur vorher sagen kann, dass die drei gleich einen Wodka austrinken werden. Und danach kann man feststellen, dass sie ihn ausgetrunken haben. Also: *Trinken* kann man sehr lange (*er trinkt und trinkt und trinkt*): *unvollendete* Handlung. *Austrinken* kann man sich als *unvollendete* Handlung nicht vorstellen, weil es schon *vollendet* ist, wenn es geschieht. Während wir von *unvollendeten* Verben alle drei Zeiten benutzen, gebrauchen wir von *vollendeten* also nur das Futur und das Präteritum. Lesen Sie das ruhig noch zwei-, dreimal durch, es ist wirklich nicht einfach, so etwas Kompliziertes gleich im ersten Anlauf zu verstehen.

5
Alles klar? Dann kommt jetzt etwas, was Ihnen viel Büffeln ersparen wird. Von *vollendeten* Verben brauchen wir – wie oben gezeigt – nur das Futur und das Präteritum. *Austrinken* heißt auf Russisch вы́пить. Von diesem Verb können Sie natürlich Präsensformen bilden – я вы́пью, ты вы́пьешь, …, они́ вы́пьют. Da man das Präsens nicht braucht, benutzen die Russen diese Form einfach als Futur des *vollendeten* Verbs: *Sie werden den Wodka gleich austrinken (ausgetrunken haben).* heißt deshalb: Они́ сейчáс вы́пьют вóдку. Für das Futur der meisten *vollendeten* Verben brauchen Sie also keine neuen Endungen zu lernen, es sind die Präsensendungen, die aber Futur bedeuten.

6
Das Futur der *unvollendeten* Verben wird ganz einfach gebildet, ebenfalls ohne neue Endungen. Man muss nur wissen, dass das Hilfsverb *sein* auf Russisch быть heißt und das Futur davon (*werden*) я бýду, ты бýдешь, …, они́ бýдут lautet. Wichtig: Я бýду steht immer mit einem *unvollendeten* Verb: Они́ бýдут пить. Sie haben sich in die Kneipe gesetzt und begonnen zu trinken. Wie lange das dauern wird und womit es enden wird, kann zu diesem Zeitpunkt kein Mensch sagen. ‹Они́ бýдут вы́пить› ist ein kapitaler Fehler – sagen Sie's nie!

7
Theoretisch ist Ihnen das jetzt wahrscheinlich alles klar. Trotzdem sollten Sie es noch an anderen Beispielen durchdenken, damit es Ihnen leichter fällt, auch im Präteritum den

richtigen Aspekt zu finden, wenn Sie selbst etwas sagen. Ein sehr häufiger gedanklicher Fehler sieht so aus: Gegenwart = *unvollendet*, Vergangenheit = *vollendet*. Aber – wie Sie inzwischen ja wissen – ist das nicht der Unterschied, auf den es ankommt: *Sie aß und aß* (Vergangenheit: *unvollendet*) *und schließlich aß* (Vergangenheit: *vollendet*) *sie den* борщ *auf*.

Ein weiteres Beispiel steht auf Seite 100 – lesen Sie es und überprüfen Sie, ob Sie es auch wirklich verstehen. Hier noch zwei Szenen aus dem Alltag einer russischen Familie mit Schulkindern. Уро́ки heißt in diesem Zusammenhang *Hausaufgaben* – und auch russische Kinder machen sie nicht immer gern:

Ма́ма: Оле́г, что ты де́лаешь?
Оле́г: Я слу́шаю му́зыку.
Ма́ма: А уро́ки ты сего́дня сде́лаешь?
Оле́г: Сде́лаю, сде́лаю, ма́мочка!

Hausaufgaben machen kann man, indem man wirklich alles, was man auf hat, auch erledigt – сде́лать. Wenn man nur soviel macht, dass man keine Strafarbeit kriegt, aber längst nicht alles, dann benutzt man auf Russisch де́лать. Оле́г versichert seiner Mutter also, dass er alle Hausaufgaben erledigen wird.

Ма́ма: Ка́тя, что ты де́лаешь? Уро́ки?
Ка́тя: Нет, мам.
Ма́ма: Ты уже́ сде́лала уро́ки?
Ка́тя: Нет, мам.
Ма́ма: А что ты де́лала? Я ду́мала, что ты де́лаешь уро́ки. Уже́ по́здно!
Ка́тя: Я слу́шала но́вый компа́кт-ди́ск гру́ппы НА-НА.
Ма́ма: Ой, Ка́тя, Ка́тя!

8
Und noch ein allerletztes Beispiel, dann lassen wir die Aspekte erst mal auf sich beruhen. Als И́горь Валенти́нович vom Angeln zurückkommt, möchte er gerne wissen, wie seiner Frau Ве́ра Бори́совна der Krimi *Für alles muss man zahlen!* gefallen hat:

– Приве́т, И́горь!
– Приве́т, Ве́ра. Что ты сего́дня де́лала?
– Я чита́ла рома́н Алекса́ндры Мари́ниной ‹За всё на́до плати́ть›.
– Ну, и как – интере́сно?
– О́чень!
– Ты уже́ прочита́ла его́?
– Нет, я ещё чита́ю. А почему́ ты спра́шиваешь?
– Я то́же обяза́тельно прочита́ю его́!

In sehr vielen Fällen werden *unvollendete* Verben durch eine Vorsilbe zu *vollendeten*:

ду́мать/**по**ду́мать	де́лать/**с**де́лать	чита́ть/**про**чита́ть	пить/**вы́**пить

Es gibt aber auch Verben, die ihren vollendeten Partner anders bilden. Leider gehören dazu viele, die sehr häufig benutzt werden. Es gibt keine Regel, wie man den *vollendeten* Aspekt dieser Verben bilden kann; Sie müssen beide **Aspektpartner** auswendig lernen. Um Ihnen das etwas zu erleichtern, haben wir im Wörterverzeichnis die nicht regelmäßigen Formen angegeben:

покупа́ть/купи́ть   kaufen
   куплю́, ку́пишь, ку́пят

Das bedeutet: покупа́ть wird regelmäßig gebildet: я покупа́ю, ты покупа́ешь usw. Bei купи́ть dagegen gibt es Abweichungen: In der 1. Person wird ein **-л-** eingeschoben und die Betonung liegt auf der letzten Silbe. In der 2. Person fällt das **-л-** wieder weg und die Betonung wandert auf die erste Silbe. Ку́пят signalisiert Ihnen: Von der 2. Person Singular bis zur 3. Person Plural ändert sich nichts mehr. Deshalb kommen wir mit diesen drei Formen aus. Lernen Sie sie am besten gleich mit!

Der Imperativ / Повелительное наклонение

Wenn Sie jemanden zu etwas auffordern wollen, benötigen Sie auch im Russischen die so genannte Aufforderungs- oder Befehlsform. Den Imperativ gibt es nur in der 2. Person, und zwar im Singular und im Plural: Смотри́! / Смотри́те! (*Schau! / Schaut!, Schauen Sie!*) Gebildet wird der Imperativ immer vom Präsensstamm. Anstelle der Endungen der 3. Person Plural werden die Imperativendungen angehängt, d.h. aus смотр-**ят** wird смотр-**й/те**!

Beim Singular kommt es darauf an, ob vor der Endung ein Vokal (Imperativ: **-й**) oder ein Konsonant steht (Imperativ: **-и́** oder **-ь**). Bei einem Konsonanten müssen Sie darauf achten, ob die Endung in der 1. Person Singular im Präsens betont (**-и́**) oder unbetont (**-ь**) ist. Dafür ist der Plural einfach. Er ist bei allen Verben gleich: Es wird einfach nur **-те** an die Singularendung angehängt.

	-й	**-и́**	**-ь**
Singular	ду́май!	говори́!	гото́вь!
Plural	ду́майте!	говори́те!	гото́вьте!

Der Konjunktiv / Сослагательное наклонение

Den Konjunktiv sollten Sie ruhig oft verwenden. (Oder genießen Sie es etwa nicht, einen höflichen Gesprächspartner zu haben?) Sie können natürlich auch einfach Э́то не так! oder Э́то непра́вильно! sagen, wenn Sie die Ansicht Ihres Gesprächspartners nicht teilen. Aber damit dürfte das Gespräch beendet sein.

Darüber, warum der Andere so denkt, erfahren Sie nichts. Wenn Sie dagegen den Konjunktiv verwenden, signalisieren Sie Ihr Interesse an der Fortsetzung des Gesprächs und geben gleichzeitig höflich zu verstehen, dass Sie die geäußerte Meinung nicht teilen. Das könnte eine interessante Diskussion werden!

Я сказа́л**(а) бы**, что на э́то мо́жно смотре́ть и по-друго́му.
Ich würde sagen, dass man das auch anders sehen könnte.

Obwohl die Bildung des Konjunktivs sehr einfach ist, machen wir Deutsche doch häufig Fehler bei der Verwendung, denn es ist für uns ungewohnt, für alle drei Zeitstufen immer das Präteritum zu benutzen. Dazu muss man sich manchmal regelrecht zwingen.

он сказа́л она́ сказа́ла оно́ сказа́ло они́ сказа́ли	**бы**	Е́сли у меня́ бы́ло **бы** вре́мя, я пое́хал**(а) бы** в Москву́. *Wenn ich (jetzt) Zeit hätte, führe ich nach Moskau.* *Wenn ich (morgen) Zeit haben würde, würde ich nach Moskau fahren.* *Wenn ich Zeit gehabt hätte, wäre ich nach Moskau gefahren.*

Besondere Verbformen

Reflexive Verben erkennen Sie im Russischen immer an dem Suffix **-ся** bzw. **-сь**. Schauen Sie sich die beiden Beispiele genau an. Übrigens sind nicht alle russischen reflexiven Verben auch im Deutschen reflexiv.

! 148

	стесня́ться (*verlegen sein, sich genieren*)	познако́миться (*sich kennen lernen*)
я	стесня́**юсь**	познако́мл**юсь**
ты	стесня́**ешься**	познако́м**ишься**
он / она́ / оно́	стесня́**ется**	познако́м**ится**
мы	стесня́**емся**	познако́м**имся**
вы	стесня́**етесь**	познако́м**итесь**
они́	стесня́**ются**	познако́м**ятся**

Diese Endung brauchen Sie beim Konjugieren in allen Personen. Beachten müssen Sie, dass nach einem Konsonanten **-ся** und nach einem Vokal immer **-сь** steht.

Einige russische Verben haben im Infinitiv vor dem **-ть** ein **-ова-** (oder **-ева-**). Beachten Sie, dass aus **-ова-** bzw. **-ева-** im Präsens in allen Personen ein **-у-** wird. Ansonsten richten sich diese Verben ganz regelmäßig nach der *e-Konjugation*.

! 148

	рисова́ть (*malen, zeichnen*)	фотографи́ровать (*fotografieren*)
я	рису́ю	фотографи́рую
ты	рису́**е**шь	фотографи́ру**е**шь
он / она́ / оно́	рису́**е**т	фотографи́ру**е**т
мы	рису́**е**м	фотографи́ру**е**м
вы	рису́**е**те	фотографи́ру**е**те
они́	рису́ют	фотографи́руют

Das Substantiv / Имя существительное

Sie wissen schon: *der, die, das* und *einer, eine, eines* gibt es im Russischen nicht – сестра́ heißt entweder *die Schwester* oder *eine Schwester*, je nach dem Zusammenhang, in dem es verwendet wird. Sie brauchen also weder bestimmte noch unbestimmte Artikel zu lernen. Damit Sie im Russischen trotzdem die verschiedenen Fälle unterscheiden können, haben die Substantive in jedem Kasus eine bestimmte Endung.

Und die müssen Sie büffeln, leider:

- Maskulina (männliche Substantive) enden meist auf einen Konsonanten: сын, стол.
- Feminina (weibliche Substantive) enden meist auf **-а** oder **-я**: сестра́, дере́вня.
- Neutra (sächliche Substantive) enden meist auf **-о** oder **-е**: вино́, объясне́ние.

Bei den Maskulina müssen Sie zusätzlich beachten, dass im Russischen zwischen dem natürlichen und dem grammatischen Geschlecht unterschieden wird: па́па endet zwar auf **-a** und ist grammatisch deshalb feminin, aber das natürliche Geschlecht ist ganz klar maskulin. Eindeutig, oder? *Der Tisch* (стол) endet zwar auf einen Konsonanten und ist grammatisch gesehen ein maskulines Substantiv. Gegenstände haben aber auf Russisch immer das natürliche Geschlecht Neutrum.

Dieser Unterschied spielt für die Deklination deshalb eine Rolle, weil bei *belebten* Maskulina der Akkusativ (4. Fall) gleich dem Genitiv (2. Fall) ist, bei *unbelebten* er dagegen mit dem Nominativ (1. Fall) übereinstimmt. Wenn Sie sich das merken, müssen Sie für das Neutrum nicht viele Endungen lernen, denn – außer dem Nominativ und dem Akkusativ – sind alle genauso wie bei *unbelebten* Maskulina.

Die ersten vier Fälle stimmen im Russischen mit den deutschen überein. Neu sind nur der Instrumental (5. Fall) und der Präpositiv (6. Fall). Sie antworten auf die Fragen *mit wem? / mit was? / womit?* bzw. *wo? / über wen? / worüber?*. Näheres dazu auf Seite 220. Da Substantive häufig zusammen mit Pronomen benutzt werden und die natürlich auch Endungen haben, empfehlen wir Ihnen, am besten gleich beide zu lernen.

!24

		Femininum Singular		**Maskulinum Singular (belebt)**	
Nom. (кто?)		моя́	сестра́	твой	сын
Gen. (кого́?)		мое́й	сестры́	твоего́	сы́на
Dat. (кому́?)		мое́й	сестре́	твоему́	сы́ну
Akk. (кого́?)		мою́	сестру́	твоего́	сы́на
Instr. (с кем?)	(с)	мое́й	сестро́й	(с) твои́м	сы́ном
Präp. (о ком?)	(о)	мое́й	сестре́	(о) твоём	сы́не

!38

		Neutrum Singular		**Maskulinum Singular (unbelebt)**	
Nom. (что?)		на́ше	вино́	ваш	стол
Gen. (чего́?)		на́шего	вина́	ва́шего	стола́
Dat. (чему́?)		на́шему	вину́	ва́шему	столу́
Akk. (что?)		на́ше	вино́	ваш	стол
Instr. (с чем?)	(с)	на́шим	вино́м	(с) ва́шим	столо́м
Präp. (о чём?)	(о)	на́шем	вине́	(о) ва́шем	столе́

Wenn Sie jetzt noch einige Besonderheiten beachten, können Sie die meisten russischen Substantive selbstständig deklinieren. Behalten sollten Sie, dass immer dann, wenn **г, к, х** oder ein Zischlaut vor der Endung steht, nie ein **ы**, sondern immer ein **и** folgt: подру́га – подру́ги, госпожа́ – госпожи́.
Wenn Sie dann noch berücksichtigen, dass es im Russischen für fünf Vokale zehn Buchstaben gibt, können Sie das Auswendiglernen der Endungen noch weiter reduzieren, denn vieles lässt sich mit dieser Information erschließen.

а	э	ы	о	у
я	е	и	ё	ю

Warum das mit den Vokalen im Russischen so ist, darüber haben Grammatikspezialisten lange und genau nachgedacht. Es ist interessant, die Regeln zu lesen, die sie herausgefunden haben.

Da aber sicher der überwiegende Teil von Ihnen nicht vorhat, Russisch zu studieren, sondern *nur* Russisch lernen will, vereinfachen wir diese komplizierten Regeln und stellen fest:
Die Zeichen **а** und **я** sind zwei Buchstaben, mit denen man den Vokal [a] schreiben kann, je nachdem, wie er ausgesprochen wird. Wir bezeichnen **а, э, ы, о, у** als die *harte* Variante des jeweiligen Vokals und **я, е, и, ё, ю** als die *weiche* Variante. Wenn Sie das berücksichtigen, dann ist Ihnen auch klar, dass о партнёр**ах** die *harte* Variante und о рубл**ях** die *weiche* Variante ist, dass sich das Deklinationsmuster der beiden Maskulina aber nicht grundsätzlich unterscheidet.
Kompliziert? Ja, leider. Aber hilfreich, besonders wenn Sie sich jetzt gleich an die Pluralendungen machen.

! 68

Feminina (belebt)			Maskulina (unbelebt)		
кто?	мо́й	подру́ги	что?	тво́й	биле́ты
кого́?	мо́их	подру́г	чего́?	тво́их	биле́тов
кому́?	мо́им	подру́гам	чему́?	тво́им	биле́там
кого́?	мо́их	подру́г	что?	тво́й	биле́ты
(с) кем?	(с) мо́ими	подру́гами	(с) чем?	(с) тво́ими	биле́тами
(о) ком?	(о) мо́их	подру́гах	(о) чём?	(о) тво́их	биле́тах

Feminina (unbelebt)			Neutra (unbelebt)		
что?	на́ши	конфе́ты	что?	ва́ши	дела́
чего́?	на́ших	конфе́т	чего́?	ва́ших	дел
чему́?	на́шим	конфе́там	чему́?	ва́шим	дела́м
что?	на́ши	конфе́ты	что?	ва́ши	дела́
(с) чем?	(с) на́шими	конфе́тами	(с) чем?	(с) ва́шими	дела́ми
(о) чём?	(о) на́ших	конфе́тах	(о) чём?	(о) ва́ших	дела́х

Beim Plural müssen Sie bei *allen* Geschlechtern überlegen, ob es sich um ein *belebtes* oder ein *unbelebtes* Substantiv handelt. Davon hängt ab, welche Endung im Akkusativ steht. Sie erinnern sich an die Singulardeklination? Bei *unbelebten* Maskulina ist im Singular der Akkusativ gleich dem Nominativ, bei *belebten* gleich dem Genitiv. Das gilt im Plural für *alle* Substantive, nicht nur für die Maskulina!

Einfach zu merken sind die Endungen im Dativ, Instrumental und Präpositiv. Sie sind für alle drei Geschlechter gleich: **-ам, -ами, -ах** bzw. **-ям, -ями, -ях**. Bleibt der Genitiv. Bei den Maskulina lautet die Endung **-ов / -ев / -ей**. Bei den Feminina und Neutra ist der Genitiv Plural in der Regel endungslos. Eine Besonderheit gibt es bei den Neutra: Die Endung im Nominativ und Akkusativ lautet **-а / -я**: места́, приглаше́ния.

Substantive auf -ия

Feminina mit der Endung **-ия** im Nominativ Singular haben eine eigene Deklination. Da diese Wörter häufig vorkommen, sollten Sie sich die Endungen gut einprägen. Dazu gehören z. B. Герма́ния und Росси́я sowie viele Fremdwörter (ситуа́ция, делега́ция usw.).

!180

Feminina auf -ия

Nom.	Росси**я**		ситуа́ци**я**
Gen.	Росси́**и**		ситуа́ци**и**
Dat.	Росси́**и**		ситуа́ци**и**
Akk.	Росси́**ю**		ситуа́ци**ю**
Instr.	(с) Росси́**ей**	(с)	ситуа́ци**ей**
Präp.	(о) Росси́**и**	(о)	ситуа́ци**и**

Damit haben Sie die Haupttypen der russischen Deklination kennen gelernt. Allzu viel Neues in diesem Bereich kommt auch in **Ключи 2** nicht mehr auf Sie zu. Gut zu wissen, oder?

Die Fälle / Падежи

38

Sie wissen inzwischen, dass es im Russischen nicht nur die vier Fälle Nominativ, Genitiv, Dativ, und Akkusativ gibt, die wir im Deutschen auch kennen, sondern darüber hinaus noch zwei weitere: den Instrumental (5. Fall) und den Präpositiv (6. Fall). Der 6. Fall heißt Präpositiv, weil er immer gemeinsam mit einer Präposition steht. Der Präpositiv antwortet auf die Fragen *wo? / über wen? / worüber?* Sie müssen allerdings beachten, dass im Russischen ein und dieselbe Präposition mit verschiedenen Fällen stehen kann, je nachdem, wonach man fragt:

Bleibt noch der Instrumental, der 5. Fall. Er ist für uns Deutsche nicht ganz so einfach zu durchschauen. Wichtig ist, dass Sie immer genau überlegen, ob Sie etwas *mittels / mit Hilfe von einem Gegenstand* (z.B. einem Fortbewegungsmittel) tun oder ob Sie etwas *zusammen mit etwas* bzw. *mit jemandem* tun. Davon hängt ab, ob Sie die Präposition **с** (*mit*) brauchen oder nicht. Wenn Sie hier Fehler machen, kann Ihre Aussagen für Russen schnell unverständlich werden. Deshalb sollten Sie sich die Regel zum Gebrauch des Instrumentals gut merken:

Где ты живёшь? – В Москве́.
    (*wo?* = Präpositiv)
Куда́ ты пое́дешь? – В Москву́.
    (*wohin?* = Akkusativ)
Где он игра́ет в баскетбо́л? – В па́рке.
    (*wo?* = Präpositiv)
Ба́бушка на тролле́йбусе е́дет в парк.
    (*wohin?* = Akkusativ)

Я пое́ду в институ́т авто́бусом.
    (чем? – *womit?, mit Hilfe von was?*)
Гру́ппа пое́дет в Ли́пецк по́ездом.
    (чем? – *womit?, mit Hilfe von was?*)
Он пое́дет в кино́ с подру́гой.
    (с кем? – *zusammen mit wem?*)
Она́ пое́дет в Ли́пецк с пода́рками в чемода́не.   (с чем? – *zusammen mit was?*)

Soviel zu den beiden Fällen, die Ihnen aus dem Deutschen nicht bekannt sind. Präpositionen begegnen Ihnen aber nicht nur mit dem Instrumental oder Präpositiv. Diese kleinen Wörter bestimmen im Russischen generell, in welchem Fall das nachfolgende Substantiv steht.

Sie sollten deshalb den Kasus immer gleich mitlernen. Einige der Präpositionen können mit mehreren Fällen stehen, z.B. **на** und **в**. Welchen Fall Sie jeweils brauchen, sagen Ihnen die Fragewörter, z.B.: *wohin?* = Akkusativ, *wo?* = Präpositiv.

Грамматика

без	(+ Gen.)	без маши́ны, без Ива́на	на	(+ Akk.)		на у́лицу, на стол
в	(+ Akk.)	в кварти́ру, в па́рк		(+ Präp.)		на у́лице, на этаже́
	(+ Präp.)	в кварти́ре, в па́рке		(+ Präp.)		на метро́, на авто́бусе
до	(+ Gen.)	до свида́ния, до до́ма	о	(+ Präp.)		о сестре́, о сы́не
за	(+ Akk.)	за Ве́ру, за стол	по	(+ Dat.)		по схе́ме, по профе́ссии
	(+ Instr.)	за реко́й, за до́мом	с	(+ Gen.)		с Москвы́, с Берли́на
из	(+ Gen.)	из фи́рмы, из по́езда		(+ Instr.)		с подру́гой, с сы́ном
к	(+ Dat.)	к сестре́, к телефо́ну	у	(+ Gen.)		у Ле́ны, у Макси́ма

etwas haben / besitzen

Im Russischen wird *etwas haben / besitzen* mit der Präposition **у** und dem Genitiv ausgedrückt: **у И́нны, у Михаи́ла**. Das gilt nicht nur für Eigennamen, sondern für alle Substantive und natürlich für die Personalpronomen.

Russen denken nicht *ich habe*, sondern *bei mir (ist)* – **у меня́ (есть)**. Bei den Personalpronomen der 3. Person müssen Sie sich merken, dass nach Präpositionen immer ein **н-** vorgeschaltet wird: **его́ / её / их – у него́, у неё, у них.** Wenn Sie sich daran gewöhnt haben, ist es nicht besonders schwierig.
In der Übersicht steht am Anfang immer das Personalpronomen im Nominativ. Von diesem sind die Formen nach **у** gebildet. Nach der Präposition **у** steht im Russischen immer der Genitiv: *ich – bei meiner*.

я	у меня́		*ich habe*	У меня́ маши́на.
ты	у тебя́		*du hast*	*(Bei mir ist ein Auto)*
он / оно́	у него́		*er / es hat*	Ich habe eine Auto.
она́	у неё	(есть)	*sie hat*	
мы	у нас		*wir haben*	У вас биле́т?
вы	у вас		*ihr habt*	*(Ist bei Ihnen eine Eintrittskarte?)*
они́	у них		*sie haben*	Haben Sie eine Eintrittskarte?

Есть heißt *es ist / sind (vorhanden)* und steht oben in Klammern, weil es nur manchmal auftritt. Es wird nur dann gebraucht, wenn man betonen will, dass jemand etwas auch wirklich (dabei) hat.
Auf eine Frage mit есть wird oft nur knapp mit Есть! geantwortet.

Биле́ты у тебя́?
Hast du die Eintrittskarten (oder hat sie jemand anders)?

Биле́ты у тебя́ есть?
Hast du die Eintrittskarten (dabei oder liegen sie zu Hause)?

Das Personalpronomen / Личное местоимение

Den Genitiv der Personalpronomen haben Sie gerade kennen gelernt. Dann machen wir doch gleich weiter mit der Deklination der Personalpronomen im Überblick.

!164

кто?		я	ты	он / оно́	она́	мы	вы	они́
кого́?		меня́	тебя́	(н)его́	(н)её	нас	вас	(н)их
кому́?		мне	тебе́	(н)ему́	(н)ей	нам	вам	(н)им
кого́?		меня́	тебя́	(н)его́	(н)её	нас	вас	(н)их
(с) кем?	(со)	мной	тобо́й	(н)им	(н)ей	на́ми	ва́ми	(н)и́ми
(о) ком?	(обо)	мне	тебе́	нём	ней	нас	вас	них

Schauen Sie sich in der Tabelle мы, вы oder они́ an: **-ам** oder **-им** im Dativ Plural – das kam schon bei den Substantiven vor. An die Adjektive werden Sie auch erinnert, wenn Sie он, оно́ und она́ betrachten (siehe Seite 223). Lernen Sie die Fragepronomen кто? / что? gleich mit, dann haben Sie es leichter.

Das **н-**, das vor den Pronomen der 3. Person steht, wird dann mitgesprochen (und auch mitgeschrieben!), wenn vor dem Pronomen eine Präposition steht: **у него́, к ней, с ни́ми.** Aber achten Sie darauf: Das gilt nur für die Personalpronomen, nicht für die Possessivpronomen!

| *Personalpronomen* | У него́ маши́на. | *Er hat ein Auto.* |
| *Possessivpronomen* | У его́ бра́та маши́на. | *Sein Bruder hat ein Auto.* |

Jetzt kennen Sie alle Personalpronomen. Viele dieser Formen haben Sie schon oft verwendet. Wenn Sie diese Übersicht gut lernen, fällt es Ihnen in Zukunft garantiert leichter, sofort die richtige Form zu finden. Gleich noch ein Anwendungsbeispiel. Machen Sie sich die Verwendung der Personalpronomen an jeder einzelnen Textstelle genau klar.

Госпожа́ Ва́ндер не была́ на ку́рсе ру́сского языка́, она́ была́ до́ма: у неё высо́кая температу́ра. К ней пришла́ её соку́рсница, госпожа́ Мю́ллер. Она́ прино́сит ей дома́шнее зада́ние и расска́зывает о том, что Татья́на Смирно́ва им объясни́ла. Госпожа́ Ва́ндер разгова́ривает с ней о ку́рсе ру́сского языка́. Госпожа́ Мю́ллер расска́зывает: «Татья́на Смирно́ва спра́шивала о тебе́!»

Das Reflexivpronomen / Возвратное местоимение

!164

Da wir gerade bei den Pronomen sind, hier auch gleich das Reflexivpronomen **себя́** (*mich, dich, sich, uns, euch, sich*): Я чу́вствую себя́ хорошо́. *(Ich fühle mich gut.)* Praktisch ist, dass das Reflexivpronomen für alle Personen (Singular *und* Plural) gleich ist. Es wird dekliniert wie das Personalpronomen ты. Besonderheit: Es gibt keinen Nominativ!

Nom.		—
Gen.		себя́
Dat.		себе́
Akk.		себя́
Instr.	(с)	собо́й
Präp.	(о)	себе́

Aus dem Reflexivpronomen **себя́** hat sich die Endung der reflexiven Verben entwickelt (siehe Seite 217). Das häufig benutzte Pronomen **себя́** wurde beim schnellen Sprechen zu **-ся** bzw. **-сь** reduziert.

Das Adjektiv / Имя прилагательное

Nach Adjektiven fragen Sie im Deutschen immer mit *was für ein(e)?* Im Russischen ist das genauso. Das entsprechende Fragewort lautet: как**о́й** / как**а́я** / как**о́е**?

Како́й э́то фильм?	Э́то но́вый неме́цкий фильм.
Was ist das für ein Film?	*Es ist ein neuer deutscher Film.*
Fragen Sie nicht *Wie ist …?*, denn darauf antwortet immer ein Adverb: *Wie ist der Film?* –	*Er ist neu.* Sondern: *Was für ein Film ist das?* – *Es ist ein neuer Film.*

Femininum Singular			**Maskulinum Singular (unbelebt)**		
	но́в**ая**	сторон**а́**		плацка́ртн**ый**	ваго́н
	но́в**ой**	сторон**ы́**		плацка́ртн**ого**	ваго́н**а**
	но́в**ой**	сторон**е́**		плацка́ртн**ому**	ваго́н**у**
	но́в**ую**	сто́рон**у**		плацка́ртн**ый**	ваго́н
(с)	но́в**ой**	сторон**о́й**	(с)	плацка́ртн**ым**	ваго́н**ом**
(о)	но́в**ой**	сторон**е́**	(о)	плацка́ртн**ом**	ваго́н**е**

Wenn Sie die Endungen des Femininum Singular **-ая, -ой, -ой, -ую, -ой, -ой** auswendig lernen, haben Sie sowohl die Adjektivendungen als auch die des Fragepronomens immer parat. Bei den maskulinen Adjektiven müssen Sie im Singular berücksichtigen, ob sie sich auf ein *belebtes* oder ein *unbelebtes* Substantiv beziehen. Sie erinnern sich: *unbelebt*: Akkusativ = Nominativ, *belebt*: Akkusativ = Genitiv!

Die Neutra unterscheiden sich nur im Nominativ und Akkusativ von den unbelebten Maskulina: как**о́е** ме́ст**о**? – краси́в**ое** ме́ст**о**. Die restlichen Formen stimmen überein. Wenn Sie das beachten, brauchen Sie nicht so viele Endungen zu büffeln. Aber die Adjektivendungen gut zu lernen lohnt sich, denn die Ordnungszahlen und viele unbestimmte Zahlwörter und Pronomen gehen genauso.

пе́рвый / пе́рвая / пе́рвое	*erster/erste/erstes*
второ́й / втора́я / второ́е	*zweiter/zweite/zweites*
тре́тий / тре́тья / тре́тье (!)	*dritter/dritte/drittes*
кото́рый / кото́рая / кото́рое	*der/die/das; welcher/welche/welches*
ка́ждый / ка́ждая / ка́ждое	*jeder/jede/jedes*
како́й / кака́я / како́е	*was für einer/eine/eines*
э́тот / э́та / э́то	*dieser/diese/dieses*

Nun zu den Pluralendungen der Adjektive. Auch hier müssen Sie wieder berücksichtigen, ob das Substantiv, auf das sich das Adjektiv bezieht, *belebt* oder *unbelebt* ist. Sie erinnern sich bestimmt, dass beim Plural der Akkusativ bei *allen* belebten Substantiven (nicht nur bei den maskulinen!) gleich dem Genitiv ist. Insgesamt sind die Pluralendungen der Adjektive aber dafür richtig einfach! Sie sind nämlich für alle drei Geschlechter gleich.

!148

Feminina (belebt)			Maskulina (unbelebt)	
	шко́льные	подру́ги		сло́жные	вопро́сы
	шко́льных	подру́г		сло́жных	вопро́сов
	шко́льным	подру́гам		сло́жным	вопро́сам
	шко́льных	подру́г		сло́жные	вопро́сы
(со)	шко́льными	подру́гами	(со)	сло́жными	вопро́сами
(о)	шко́льных	подру́гах	(о)	сло́жных	вопро́сах

Neutra (unbelebt)			Maskulina (belebt)	
	хоро́шие	чу́вства		ру́сские	учителя́
	хоро́ших	чувств		ру́сских	учителе́й
	хоро́шим	чу́вствам		ру́сским	учителя́м
	хоро́шие	чу́вства		ру́сских	учителе́й
(с)	хоро́шими	чу́вствами	(с)	ру́сскими	учителя́ми
(о)	хоро́ших	чу́вствах	(о)	ру́сских	учителя́х

Beachten Sie bei подру́ги, хоро́шие und ру́сские die г/к/х- bzw. Zischlaute-Regel: Statt ы steht immer и! Und damit Sie auch gleich an einem Beispiel nachvollziehen können, was wir zu den *harten* und *weichen* Varianten der Vokalbuchstaben geschrieben haben (siehe Seite 218), haben wir ihnen учителя́ als Muster für ein Substantiv mit *weicher* Endung geliefert.

Die Steigerungsstufen / Степени сравнения

Wenn Sie etwas miteinander vergleichen wollen, brauchen Sie die Steigerungsformen der Adjektive und Adverbien: *interessant – interessanter – am interessantesten*. Auch im Russischen gibt es zwei Steigerungsstufen, den Komparativ und den Superlativ. Die Formen des Komparativs sind für Adjektive und Adverbien gleich. Anstelle der Endung steht **-ее**.

180

interessant	интере́сный / интере́сно	интере́снее	*interessanter*
angenehm	прия́тный / прия́тно	прия́тнее	*angenehmer*
wichtig	ва́жный / ва́жно	важне́е (!)	*wichtiger*

Das ist wirklich einfach, oder? Dafür kommt jetzt die weniger angenehme Nachricht:

Die Komparative der am häufigsten gebrauchten Adjektive und Adverbien sind unregelmäßig.

хоро́ший	лу́чше	*besser*	бли́зкий	бли́же	*näher*
плохо́й	ху́же	*schlechter*	дешёвый	деше́вле	*billiger*
большо́й	бо́льше	*größer*	дорого́й	доро́же	*teurer*
ма́ленький	ме́ньше	*kleiner*	молодо́й	моло́же	*jünger*
высо́кий	вы́ше	*höher*	ста́рый	ста́рше	*älter*
ни́зкий	ни́же	*niedriger*	коро́ткий	коро́че	*kürzer*
далёкий	да́льше	*weiter*	ра́нний	ра́ньше	*früher*

Manchmal werden Sie auch den Komparativ mit **бо́лее** + Adjektiv hören: бо́лее прия́тный. Wenn Sie zwei Dinge miteinander vergleichen wollen, brauchen Sie das Wörtchen *als*, auf Russisch **чем**. Das ist nicht besonders schwierig, denn es gibt keine Probleme mit den Endungen. Neben dem Vergleichen mit **чем** besteht auch die Möglichkeit, das, was verglichen wird, einfach in den Genitiv zu setzen. Dabei entfällt **чем**. Beide Formen sind gleich gebräuchlich.

Кварти́ра А́нтье немно́го **бо́льше, чем** кварти́ра Гали́ны.
Кварти́ра А́нтье немно́го **бо́льше** кварти́ры Гали́ны.
Antjes Wohnung ist etwas größer als Galinas Wohnung.

Wenn Sie etwas *am (aller)besten* finden, brauchen Sie die zweite Steigerungsstufe, den Superlativ: са́мые серде́чные отноше́ния (*die herzlichsten Beziehungen*). Die Bildung ist einfach. Aber sie gilt leider nur für die Adjektive: са́м**ый**, са́м**ая**, са́м**ое**; са́м**ые** + Adjektiv.

Росси́я **са́мая** больша́я страна́.

Для меня́ Москва́ **са́мый** интере́сный го́род.

А для вас Санкт-Петербу́рг **интере́снее** Москвы́?
Да, Санкт-Петербу́рг мне **бо́льше** нра́вится, **чем** Москва́.

Die zweite Steigerungsstufe bei den Adverbien wird anders gebildet. Sie sagen: **лу́чше всех** (*besser als alle*) oder **лу́чше всего́** (*besser als alles*). Sie müssen also genau darauf achten, ob es sich um ein Adjektiv oder ein Adverb handelt, wenn Sie den Superlativ verwenden wollen.

Госпожа́ Мю́ллер лу́чше всех говори́т по-ру́сски.
Frau Müller spricht am besten (besser als alle) Russisch.
А́нтье Гла́зер ду́мает: «Лу́чше всего́ жить не в посо́льстве.»
Antje Glaser denkt: „Am besten (besser als alles) ist es, nicht in der Botschaft zu wohnen."

Das Zahlwort / Имя числительное

Denken Sie daran, dass im Russischen die Zahlwörter bestimmen, in welchem Fall das folgende Substantiv steht: Nach 1 steht immer der Nominativ Singular, nach 2, 3, 4 der Genitiv Singular und ab 5 der Genitiv Plural. Diese Regel gilt bei allen Zahlen, auch bei langen, zusammengesetzten Zahlwörtern. Es entscheidet immer die letzte Ziffer über den Fall des folgenden Substantivs: оди́н биле́т – два / три / четы́ре биле́т**а** – пять биле́т**ов**.

1 365 931 = миллио́н три́ста шестьдеся́т пять ты́сяч девятьсо́т три́дцать оди́н биле́т

793 352 = семьсо́т девяно́сто три ты́сячи три́ста пятьдеся́т два биле́т**а**

1 135 = ты́сяча сто три́дцать пять биле́т**ов**

! 82

0	ноль / нуль	15	пятна́дцать	100	сто	
1	оди́н / одна́ / одно́	16	шестна́дцать	200	две́сти	
2	два / две	17	семна́дцать	300	три́ста	
3	три	18	восемна́дцать	400	четы́реста	
4	четы́ре	19	девятна́дцать	500	пятьсо́т	
5	пять	20	два́дцать	600	шестьсо́т	
6	шесть	21	два́дцать оди́н	700	семьсо́т	
7	семь	22	два́дцать два	800	восемьсо́т	
8	во́семь	30	три́дцать	900	девятьсо́т	
9	де́вять	40	со́рок	1 000	ты́сяча	
10	де́сять	50	пятьдеся́т	2 000	две ты́сячи	
11	оди́ннадцать	60	шестьдеся́т	3 000	три ты́сячи	
12	двена́дцать	70	се́мьдесят	4 000	четы́ре ты́сячи	
13	трина́дцать	80	во́семьдесят	5 000	пять ты́сяч	
14	четы́рнадцать	90	девяно́сто	1 000 000	миллио́н	

Und damit Sie mit großen Zahlen auch wirklich gut umgehen können, hier die beiden Substantive **ты́сяча** (Femininum) und **миллио́н** (Maskulinum) in den entsprechenden Fällen.

Femininum

1	одна́	ты́сяч**а**	(Nom. Sg.)
2	две	ты́сяч**и**	(Gen. Sg.)
3	три	ты́сяч**и**	↓
4	четы́ре	ты́сяч**и**	
5	пять	ты́сяч	(Gen. Pl.)
6	шесть	ты́сяч	↓
7	…	…	

Maskulinum

1	оди́н	миллио́н	(Nom. Sg.)
2	два	миллио́н**а**	(Gen. Sg.)
3	три	миллио́н**а**	
4	четы́ре	миллио́н**а**	
5	пять	миллио́н**ов**	(Gen. Pl.)
6	шесть	миллио́н**ов**	
7	…	…	

Zum Thema Zahlen gehört auch die Angabe des Datums. Da Ihnen das in **Ключи 1** öfter begegnet, hier einige Anmerkungen dazu.
Heute ist der 24. Januar. drücken Russen so aus:

Сего́дня два́дцать четвёртое (число́) января́.
Heute ist der zwanzig vierte (Tag) des Januar.

Genauso wird mit den Jahreszahlen verfahren. *Im Januar 2001* bedeutet für Russen *im Januar des zweitausend ersten Jahres*: в январе́ две ты́сячи пе́рвого го́да. *Das Jahr 2002* heißt: две ты́сячи второ́й год.

Число́ heißt *Zahl* und ist Neutrum – deshalb die Endung четвёр**тое**. Das Wort число́ wird meistens weggelassen, außer bei der konkreten Frage nach dem Datum:

Как**о́е** (у нас) сего́дня число́?

Was haben wir heute für ein Datum?

Am 25. September fahren wir nach Russland. heißt auf Russisch: Два́дцать пя́того сентября́ мы пое́дем в Росси́ю. Das Wörtchen *am* wird durch den Genitiv wiedergegeben. Eine häufige Fehlerquelle für uns Deutsche!

Grammatische Fachbegriffe

Adjektiv	Eigenschaftswort	Nominativ (Nom.)	1. Fall
Adverb	Umstandswort	Objekt	Satzergänzung
Akkusativ (Akk.)	4. Fall	Personalpronomen	persönliches Fürwort
Dativ (Dat.)	3. Fall	Plural (Pl.)	Mehrzahl
Deklination	Beugung (Substantiv)	Possessivpronomen	besitzanzeigendes Fürwort
Femininum (f.)	weibliches Substantiv	Prädikat	Satzaussage
Futur	Zukunft	Präfix	Vorsilbe
Genitiv (Gen.)	2. Fall	Präposition	Verhältniswort
Imperativ	Befehlsform	Präpositiv (Präp.)	6. Fall
Infinitiv	Grundform	Präsens	Gegenwart
Instrumental (Instr.)	5. Fall	Präteritum	Vergangenheit
Kasus	Fall	Pronomen	Fürwort
Komparativ	1. Steigerungsstufe	Reflexivpronomen	rückbezügliches Fürwort
Konjugation	Beugung (Verb)	Singular (Sg.)	Einzahl
Konjunktion	Bindewort	Subjekt	Satzgegenstand
Konjunktiv	Höflichkeitsform	Suffix	Nachsilbe
Konsonant	Mitlaut	Superlativ	2. Steigerungsstufe
Maskulinum (m.)	männliches Substantiv	Verb	Tätigkeitswort
Neutrum (n.)	sächliches Substantiv	Vokal	Selbstlaut

Abkürzungen

Akkusativ	Akk.	Neutrum	n.
Dativ	Dat.	Nominativ	Nom.
Femininum	f.	Person	Pers.
Genitiv	Gen.	Plural	Pl.
Instrumental	Instr.	Präpositiv	Präp.
Maskulinum	m.	Singular	Sg.

Alphabetische Wortliste

А

а 1 Б, 9	und, aber
а! 1 А, 8	aha!
(а) то 8 В, 111	oder aber, sonst
актёр 8 Б, 107	Schauspieler
актриса 8 Б, 107	Schauspielerin
°акция 11 А, 149	Aktion
ансамбль (m.) 11 А, 151	Ensemble, Gruppe
°ассоциация 11 А, 149	Vereinigung, Verband

Б

бабушка 3 Б, 30	Großmutter, Oma
°банковский 11 В, 158	Bank-
бастовать / за- 9 Б, 119	streiken
беда 1 В, 14	Unglück, Elend
бедно 4 Б, 49	arm, ärmlich
°бедность (f.) 5 Б, 63	Armut
без (+ Gen.) 5 Б, 60	ohne
безработица 5 Б, 63	Arbeitslosigkeit
белый 8 Б, 105	weiß
берите 4 Б, 47	nehmt / nehmen Sie
беседа 12 А, 167	Gespräch, Unterhaltung
беседовать 12 Б, 169	sich unterhalten
бесплатный 6 Б, 76	kostenlos, umsonst
беспокоить 12 А, 165	beunruhigen
билет 5 А, 56	Fahrkarte
°битва 7 Б1, 93	Schlacht
бить 12 В, 174	schlagen
близкий 12 В, 174	nah, vertraut
близость (f.) 12 Б, 171	Nähe
блины (Pl.) 4 Б, 49	Buchweizenpfannkuchen
блюдо 12 В, 174	Gericht, Gang
°бокалы (Pl.) 4 А, 45	Weingläser
больница 11 А, 151	Krankenhaus
больно 12 В, 174	schmerzhaft
больше (не) 4 Б, 49	(nicht) mehr
большинство 9 В, 126	Mehrheit
большое спасибо 3 Б, 32	vielen Dank
большой 4 А, 43	groß
борщ 2 А, 15	Rote-Bete-Suppe
брат 4 В, 52	Bruder
брать / взять 4 Б, 47 / 12 В, 174	nehmen
будете? 5 А, 58	möchten Sie?
будущий 8 Б, 107	zukünftig
бумага 11 Б, 156	Papier
бутылка 4 А, 45	Flasche
бы 10 Б, 139	*Konjunktivpartikel*
бывать 8 Б, 107	zu sein pflegen
бывший 11 Б, 156	ehemalig
°быстренко 7 Б1, 93	ganz schnell
быстро 7 Б1, 93	schnell
бытовой 8 А, 103	Haushalts-
быть (+ Instr.) 8 А, 101	sein

В

в 1 В, 11	in, im
(в) восторге 8 А, 103	(in) Entzücken, begeistert
в гостях (Pl.) 4 А, 43	zu Gast
°в остальном 6 Б, 76	im Übrigen, ansonsten
(в) полдвенадцатого 12 Б, 171	um halb zwölf
в течение 11 Б, 153	im Laufe, während
в чём дело 5 Б, 63	worum es geht
важно 10 Б, 139	wichtig
°валютный 11 В, 158	Währungs-, Valuta-
вам 8 А, 103	Ihnen, euch
ванная 3 В, 34	Badezimmer
°варенье 4 Б, 49	(eingekochte) Konfitüre
вас 2 А, 15	euch, Sie
ваш, ваша, ваше 4 А, 45	euer, Ihr
ваша 2 Б, 19	eure, Ihre
вдруг 10 А, 135	plötzlich
ведь 6 А, 69	doch
°велопробег 11 А, 151	Radrennen
велосипедист 11 Б, 156	Radfahrer
велосипедный 11 Б, 156	Fahrrad-
верить / по- 11 Б, 156	glauben
вернисаж 8 Б, 107	Verkaufsausstellung
вернуть (voll.) 9 Б, 123	zurückgeben
весело 12 В, 174	lustig, heiter
весь, вся, всё 5 Б, 63	alle; ganz
ветчина 3 В, 34	Schinken
вечер 5 А, 58	Abend
вечером 3 А, 25	abends
вечный 8 А, 103	ewig
°вздыхать / вздохнуть 7 А, 89	atmen, seufzen

Словарь

взять (voll.) 12 В, 174	nehmen
вид 7 Б2, 96	Blick; Aussehen
ви́деть 2 В, 22	sehen, erblicken
ви́деть / у- 8 Б, 105	sehen, erblicken
°визи́т 11 Б, 156	(offizieller) Besuch
вино́ 3 В, 34	Wein
°витри́на 8 Б, 107	Schaufenster
включа́ть 5 В, 65	einschalten
вку́сный 4 А, 46	schmackhaft, lecker
вме́сте 5 В, 65	zusammen
вме́сто 9 Б, 119	anstelle (von)
внутри́ (+ Gen.) 9 В, 126	innerhalb von
во вре́мя 8 А, 103	während, zur Zeit (von)
во ско́лько? 3 Б, 32	um wie viel Uhr?
во́время 8 А, 101	rechtzeitig
вода́ 3 В, 34	Wasser
°водеви́ль (m.) 11 Б, 153	Singspiel
°воздви́гнут 8 Б, 107	errichtet (werden)
во́зле 10 А, 137	nahe bei, neben
возража́ть / возрази́ть 12 А, 167	erwidern, widersprechen
вокза́л 5 А, 56	Bahnhof
вокру́г 7 Б1, 93	ringsum
°вообще́ 6 Б, 76	überhaupt
вопро́с 10 А, 137	Frage
воскресе́нье 9 Б, 119	Sonntag
°воспита́тель (m.) 7 А, 87	Erzieher
°воспита́тельница 7 А, 87	Erzieherin
воспи́тывать / воспита́ть 12 В, 174	erziehen, aufziehen
воспомина́ние 10 Б, 140	Erinnerung
°воспринима́ть / восприня́ть 12 В, 174	akzeptieren, hinnehmen
восто́к 9 А, 115	Osten
восьмо́й 7 А, 87	achter
вот 2 А, 15	hier, da (ist)
°впечатле́ние 11 Б, 153	Eindruck
впро́чем 12 В, 174	übrigens
врач 9 Б, 119	Arzt
вре́мя (n.) 7 Б2, 96	Zeit
все 2 В, 22	alle
всегда́ 8 А, 101	immer
°всеми́рный день сбереже́ний 11 В, 158	Weltspartag
всё 4 Б, 47	alles
всё ещё 5 Б, 63	dennoch, trotzdem
всё-таки 8 Б, 107	dennoch, trotzdem
°вслух 4 А, 43	laut (sagen)
вспомина́ть / вспо́мнить 9 Б, 123	sich erinnern
встава́ть / встать 7 Б1, 91	aufstehen
встал (m.) 7 Б1, 93	(er ist) aufgestanden
встре́ча 10 А, 137	Treffen, Begegnung
встреча́ть / встре́тить 8 Б, 105	treffen
встреча́ться / встре́титься 11 Б, 153	sich treffen
второ́й 6 Б, 76	zweiter
°втроём 12 Б, 171	zu dritt
вуз (вы́сшее уче́бное заведе́ние) 11 А, 149	Hochschule (höhere Lehranstalt)
вход 5 А, 58	Eingang
входи́ть / войти́ 7 Б1, 91	hineingehen, eintreten
вчера́ 6 Б, 76	gestern
вы 1 А, 8	ihr, Sie
°выбра́сывать / вы́бросить 7 Б2, 97	wegwerfen, wegbringen
вы́глядеть 7 Б1, 93	aussehen
°вы́годно 11 А, 149	nützlich
выключа́ть 5 В, 65	ausschalten
выключа́ть / вы́ключить 12 Б, 171	ausschalten
вы́пить 4 В, 52	(aus)trinken
°выраста́ть / вы́расти 10 А, 137	aufwachsen
высо́кий 5 Б, 60	hoch
вы́ставка 8 В, 111	Ausstellung
вы́сший 5 Б, 60	höchster
°вытира́ть / вы́тереть 7 Б1, 93	abwischen
выходи́ть 5 А, 55	aussteigen
вы́ше 8 Б, 107	höher

Г

газе́та 2 Б, 19	Zeitung
газе́ты (Pl.) 4 Б, 47	Zeitungen
где? 1 В, 12	wo?
где́-то 6 Б, 76	irgendwo
°глаз 7 Б1, 91	Auge
глубо́кий 11 Б, 156	tief
глубоко́ 7 А, 89	tief
(мы) говори́м 1 Б, 9	wir sprechen
(он / она́) говори́т 1 Б, 9	er / sie spricht
говори́ть 1 Б, 10	sprechen
(я) говорю́ 1 Б, 9	ich spreche
год 6 А, 71	Jahr
°гора́здо 11 Б, 156	bei weitem, weitaus
го́род 5 Б, 63	Stadt
городско́й 6 Б, 76	städtisch, Stadt-
°горшо́чек 4 Б, 49	Tontöpfchen

двести двадцать девять 229

го́рько 6 Б, 76	bitter
госпо́дин (г-н) 1 Б, 9	Herr (*Anrede*)
госпожа́ (г-жа) 1 Б, 9	Frau (*Anrede*)
гостеприи́мный 11 В, 158	gastfreundlich
го́сти (Pl.) 4 А, 43	Gäste
гости́ница 2 В, 22	Hotel
госуда́рственный 11 А, 149	staatlich
гото́в 3 В, 34	fertig, bereit
гото́вить / под- 11 Б, 153	vorbereiten, bereit stellen
гото́вить / при- 7 Б1, 91	kochen, zubereiten
°грань (f.) 5 Б, 63	Schwelle, Rand
грибы́ (Pl.) 6 Б, 73	Pilze
гру́бо 12 Б, 171	grob, unhöflich
гру́стно 10 Б, 140	traurig
гуля́ть 3 Б, 32	spazieren gehen
°гуманита́рный 11 А, 151	humanitär, menschlich

Д

да 2 А, 15	ja
дава́йте 3 А, 27	lasst / lassen Sie uns
дава́йте посмо́трим 3 А, 27	lasst uns besichtigen, wir wollen anschauen
дава́ть 5 В, 65	geben
дава́ть / дать 9 А, 117	geben
давно́ 12 В, 174	seit langem
да́же 5 В, 65	sogar
да́льше 5 А, 55	weiter
дари́ть / по- 7 А, 87	schenken
да́ча 6 Б, 76	Wochenendhaus
дверь (f.) 5 В, 65	Tür
°дво́е 6 А, 69	zwei
двор 7 Б2, 97	Hof
°двухко́мнатный 4 А, 43	2-Zimmer-
двухты́сячный 9 А, 117	zweitausendster
де́вочка 4 А, 43	Mädchen
девя́тый 9 В, 126	neunter
де́душка 5 Б, 63	Großvater, Opa
действи́тельно 4 А, 43	wirklich, tatsächlich
действи́тельность (f.) 9 В, 126	Wirklichkeit
(вы) де́лаете 1 А, 8	ihr macht, Sie machen
де́лать 1 А, 8	machen
де́лать / с- 10 А, 137	tun, machen
де́ло 5 Б, 63	Sache, Angelegenheit
день (m.) 6 Б, 76	Tag
де́ньги (Pl.) 3 А, 27	Geld
дере́вня 5 Б, 63	Dorf

°десятиле́тие 11 Б, 156	Jahrzehnt
де́ти (Pl.) 4 В, 52	Kinder
де́тская 4 А, 43	Kinderzimmer
де́тский сад 7 А, 87	Kindergarten
°дзюдои́ст 11 Б, 156	Judokämpfer
ди́ктор 5 А, 55	Ansager, Sprecher
диплслу́жба (дипломати́ческая слу́жба) 12 Б, 171	diplomatischer Dienst
для (+ Gen.) 6 А, 71	für
днём 3 А, 25	tagsüber
до (+ Gen.) 3 Б, 32	bis, zu
до свида́ния 3 Б, 29	auf Wiedersehen
до сих пор 12 В, 174	bis jetzt
°добавля́ть 6 Б, 76	hinzufügen
добро́ пожа́ловать! 4 Б, 49	herzlich willkommen!
до́брый 5 А, 58	gut
дово́льно 8 А, 103	ziemlich
догова́риваться / договори́ться 12 А, 167	sich einigen, übereinkommen
догово́р 11 А, 149	Vertrag
°долг 9 Б, 123	Schuld
до́лго 5 А, 58	lang
до́лжен, должна́, должно́ 6 А, 71	er / sie / es muss
°должни́к 10 Б, 140	Schuldner
должны́ 6 А, 71	sie müssen
дом 3 В, 34	Haus
до́ма 1 В, 12	zu Hause
дома́шний 7 Б2, 96	häuslich, Haus-
домо́й 3 Б, 32	nach Hause
домрабо́тница 12 В, 174	Haushälterin
°допла́чивать / доплати́ть 12 В, 174	nachzahlen
дореволюцио́нный 8 В, 111	vorrevolutionär
доро́га 12 Б, 171	Weg
до́рого 6 Б, 76	teuer
дорого́й 5 Б, 63	teuer; lieb
°доро́жка 11 Б, 156	Weg, Pfad
до́чка 9 А, 117	Töchterchen
дочь (f.) 3 Б, 30	Tochter
друг 10 А, 137	Freund
друг дру́га 7 А, 89	gegenseitig, einander
друго́й 4 А, 43	anderer
дру́жба 12 А, 165	Freundschaft
дружи́ть (с) 11 Б, 156	befreundet sein (mit)
(вы) ду́маете 1 А, 8	ihr denkt, Sie denken
ду́мать 1 А, 8	denken
(я) ду́маю 1 А, 8	ich denke
°духи́ (Pl.) 7 А, 89	Düfte; Parfüm

°духо́вка 4 Б, 49	Backofen	за́втракать 3 А, 25	frühstücken
душа́ 10 В, 143	Seele	задава́ть / зада́ть 12 В, 174	stellen, aufgeben
		зада́ние 7 Б2, 97	Aufgabe
		зака́зывать 6 Б, 73	bestellen
Е		зака́зывать / заказа́ть 8 В, 111	bestellen
°еврази́йский 11 А, 149	eurasisch	°заключён 12 А, 165	abgeschlossen
е́вро 6 В, 76	Euro (Währung)	заку́ска 4 Б, 49	Vorspeise
его́ 5 Б, 63	sein; ihn	замести́тель (m.) 11 Б, 156	Stellvertreter(in)
°еди́ный 11 Б, 156	einheitlich, gemeinsam	замеча́ть / заме́тить 7 Б1, 93	bemerken
её 9 А, 117	ihr (3. Pers. Sg.)	занима́ться / заня́ться (+ Instr.) 11 В, 158	sich beschäftigen
°ежедне́вник 12 А, 167	Terminkalender	за́нят 12 А, 167	beschäftigt; besetzt
е́здить 1 А, 151	(hin und her) fahren	запомина́ть / запо́мнить 10 А, 137	sich einprägen
ей 7 Б1, 91	ihr (Dat.)	зараба́тывать 6 А, 69	verdienen
ему́ 5 Б, 63	ihm	°за́работок 6 А, 69	(Arbeits-)Lohn, Gehalt
е́сли 4 А, 46	wenn, falls	зара́нее 10 В, 143	frühzeitig
есте́ственно 10 В, 143	natürlich, selbstverständlich	зарпла́та 5 Б, 60	Gehalt, Lohn
есть 4 А, 43	es gibt, es ist vorhanden	затём 11 В, 158	danach, darauf
есть 4 А, 46	essen; sein	зато́ 12 Б, 171	dafür, jedoch
е́хать 2 В, 22	fahren	зачём 10 Б, 140	wofür, wozu
ещё 2 А, 16	noch	°защи́та 6 А, 71	Schutz
(ещё) раз 3 Б, 32	(noch) einmal	защища́ть / защити́ть 8 Б, 105	verteidigen
		заявле́ние 9 А, 115	Antrag
Ж		звони́ть / по- 7 Б2, 96	anrufen, telefonieren
жаль 9 Б, 119	(es ist) schade	звоно́к 12 А, 167	Klingeln, Läuten
°жа́реный 6 Б, 73	gebraten	здесь 8 Б, 105	hier
ждать 5 А, 56	warten	здоро́в 9 Б, 119	gesund
же 4 А, 46	doch	здо́рово! 1 В, 11	toll, prima
жена́ 3 Б, 30	(Ehe-)Frau	здоро́вье 4 А, 46	Gesundheit
же́нский 7 А, 89	weiblich	здра́вствуйте 2 А, 16	guten Tag
же́нщина 3 Б, 30	Frau	зимо́й 10 А, 135	im Winter
жив, -а́ 9 Б, 119	lebendig	знако́миться / по- 10 А, 135	sich bekannt machen
живо́й 10 Б, 140	lebendig		
жизнь (f.) 12 Б, 169	Leben	знако́мство 6 Б, 76	Bekanntschaft
жить 2 Б, 18	wohnen; leben	знако́мые (Pl.) 6 А, 69	(die) Bekannten
		знамени́тый 8 Б, 105	berühmt, bekannt
З		знать 1 В, 11	wissen, kennen
		знать / у- 11 Б, 156	kennen, erfahren
за (+ Akk.) 3 В, 34	für, zu, an; nach	зна́чит 5 В, 65	das bedeutet
за (+ Instr.) 8 Б, 107	hinter	°золото́й 6 Б, 73	gold(en)
°забасто́вка 9 Б, 119	Streik	зри́тель (m.) 11 Б, 153	Zuschauer
забыва́ть 5 Б, 63	vergessen		
забыва́ть / забы́ть 9 Б, 119	vergessen	**И**	
°заведе́ние 11 А, 149	Einrichtung, Anstalt		
заво́д 6 А, 69	Fabrik	и 1 Б, 9	und, auch
за́втра 3 Б, 32	morgen	и ... и 6 В, 78	sowohl ... als auch
за́втрак 7 Б1, 91	Frühstück		

и т. д. (и так далее) 8 А, 103	usw. (und so weiter)	°картошка 5 Б, 63	Kartoffel
играть 1 В, 11	spielen	качество 6 А, 69	Qualität
идти 3 А, 25	gehen	квартира 3 В, 34	Wohnung
из (+ Gen.) 6 А, 71	aus, von ... her	°китайский 6 Б, 73	chinesisch
извини 3 Б, 29	entschuldige	ключи (Pl.) 1 А, 7	(die) Schlüssel
извините 3 Б, 32	entschuldigt / entschuldigen Sie	°ковёр 8 Б, 107	Teppich
		когда? 3 А, 27	wann?; als
°извиняться / извиниться 7 Б2, 96	sich entschuldigen	колбаса 3 В, 34	Wurst
		°количество 6 А, 71	Anzahl
издательство 11 А, 151	Verlag	колонна 8 В, 111	Säule
из-за 5 Б, 63	wegen	комната 3 В, 34	Zimmer
икра 3 В, 34	Kaviar	кому? 11 А, 149	wem?
или 1 В, 12	oder	конечно 4 А, 46	natürlich
им 6 Б, 76	ihnen	°конь (m.) 8 Б, 107	Pferd, Ross
имени (Gen.) 8 А, 101	namens, mit Namen	копейка 6 Б, 76	Kopeke (100 Kopeken = 1 Rubel)
именно 5 Б, 63	besonders, gerade		
иметь 9 Б, 119	haben	°копилка 11 В, 158	Sparbüchse
иногда 6 Б, 76	manchmal	°корень (m.) 10 В, 143	Wurzel
иностранец 10 В, 143	Ausländer	°коробка 5 Б, 60	Schachtel
иностранный 11 А, 149	ausländisch	коротко 12 Б, 171	kurz
иностранцы (Pl.) 5 А, 58	(die) Ausländer	°костёр 6 В, 78	Lagerfeuer
исключение 12 А, 165	Ausnahme	который 6 А, 69	welcher, der
°искренне 10 Б, 140	aufrichtig	°кофеварка 8 А, 103	Kaffeemaschine
исполняться / исполниться 11 Б, 156	sich erfüllen, sich verwirklichen	красивый 5 Б, 60	schön
		красный 3 А, 27	rot
использовать 10 Б, 140	benutzen, verwenden	кредитный 3 А, 27	Kredit-
испытывать / испытать 10 Б, 140	erfahren, spüren	крепость (f.) 8 Б, 105	Festung
		кричать / крикнуть 7 Б1, 93	schreien
их 6 А, 69	sie (3. Pers. Pl.)	кровь (f.) 12 В, 174	Blut
		кроме (+ Gen.) 11 Б, 156	außer
		кто? 2 А, 15	wer?
		куда? 3 Б, 32	wohin?

К

к (+ Dat.) 3 Б, 29	zu	°купейный 5 А, 58	Abteilkauf
к сожалению 4 А, 43	leider	купи 7 Б1, 91	
каждый 7 А, 87	jeder	купить 5 Б, 63	kaufen
кажется 12 А, 167	es scheint	°кусок 6 Б, 76	Stück
как? 2 А, 15	wie?	кухня 3 В, 34	Küche
(как) поживаешь 9 Б, 123	(wie) geht es (dir)		
как раз 12 А, 167	gerade, ausgerechnet		

Л

°как только 7 Б1, 93	gerade (als)	легче 10 Б, 140	leichter
какая 2 Б, 19	was für eine	°ленинский 9 В, 126	Lenin-
какой 5 А, 58	was für ein	лес (в лесу) 9 А, 115	Wald (im Wald)
как-то 10 Б, 140	irgendwie	лет (Gen. Pl.) 9 А, 115	Jahre
°карманный 11 В, 158	Taschen-	лето 10 А, 137	Sommer
картина 8 Б, 107	Bild, Gemälde	летом 6 В, 78	im Sommer
°картинка 7 Б1, 93	kleines Bild	ли 6 Б, 73	ob (oder nicht)
картофель-фри (Pl.) 6 Б, 76	Pommes frites	лицо 10 А, 137	Gesicht
карточка 3 А, 27	Karte, Kärtchen	лично 11 Б, 156	persönlich

Словарь

лишь 10 А, 137	nur, lediglich	мороженое 4 Б, 49	(Speise-)Eis
°лошáдка 7 А, 89	Pferdchen	москвичи́ (Pl.) 3 Б, 32	(die) Moskauer
лу́па 8 В, 111	Lupe	°моско́вский 4 А, 43	Moskauer
лу́чше 4 А, 46	besser	мочь 4 Б, 47	können
°люби́тель (m.) 11 Б, 153	Liebhaber (einer Sache)	мочь / с- 9 А, 117	können
°люби́тельский 11 А, 151	Liebhaber-, Amateur-	моя́ 2 Б, 19	meine
люби́ть 5 Б, 60	lieben, mögen	муж 3 Б, 30	(Ehe-)Mann
любо́вь (f.) 12 В, 174	Liebe	мужчи́на 3 Б, 30	Mann
любо́й 8 А, 103	jeder beliebige	°му́сор 7 Б2, 97	Müll, Abfall
лю́ди (Pl.) 5 Б, 60	Leute, Menschen	мы 1 Б, 9	wir
		мыть / вы́- 7 Б1, 93	waschen, abwaschen
		°мэр 11 Б, 156	Bürgermeister
		мясно́й 4 Б, 49	Fleisch-
		мя́со 4 Б, 49	Fleisch

М

магази́н 5 Б, 63	Geschäft
ма́ленький 3 В, 34	klein
ма́лый 8 Б, 107	klein
ма́льчик 3 Б, 30	Junge
°ма́мин 7 А, 89	Mutter-
мане́жный 8 Б, 107	Manege-
марино́ванный 12 Б, 171	mariniert, eingelegt
март 7 А, 87	März
°мастери́ть / с- 7 А, 89	basteln, werken
мастерска́я 11 Б, 156	Werkstatt, Atelier
маши́на 6 А, 69	Auto
ме́жду (+ Instr.) 11 А, 149	zwischen
междугоро́дный 9 В, 126	Fern-; zwischen Städten
междунаро́дный 7 А, 89	international
меню́ 6 Б, 73	Speisekarte
меня́ 1 Б, 9	mich
(меня́) зову́т 2 А, 15	ich heiße
ме́сто 5 А, 56	Ort, (Sitz-)Platz
ме́сяц 6 Б, 76	Monat
мечта́ 9 А, 115	(Wunsch-)Traum
мечта́ть 8 А, 101	träumen
°мёд 6 Б, 73	Honig
мир 8 А, 103	Welt; Frieden
мне 5 В, 65	mir
мно́гие 11 В, 158	viele
мно́го 6 А, 69	viel
°многонациона́льный 11 Б, 156	Vielvölker-
мо́жет 8 Б, 107	hier: möglicherweise, vielleicht
мо́жно 3 А, 27	(ist es) möglich
мой 3 Б, 30	mein
°мо́крый 7 Б2, 97	nass
молодо́й 10 А, 135	jung
°мо́лча 7 Б2, 97	schweigend
молча́ть 5 Б, 63	schweigen
мо́ре 9 А, 115	Meer

Н

на 1 В, 11	auf
°на́бережная 12 Б, 171	Uferstraße
набо́р 7 А, 87	Garnitur
наве́рное 5 Б, 63	wahrscheinlich
над (+ Instr.) 5 В, 65	über
на́до 9 А, 115	(man) muss, es ist nötig
(год тому́) наза́д 12 В, 174	vor (einem Jahr)
назнача́ть / назна́чить 10 В, 143	bestimmen, ernennen
наконе́ц 2 В, 22	endlich
налива́ть 4 А, 46	eingießen
нам 5 Б, 63	uns
°намно́го 8 А, 101	um vieles
наоборо́т 12 В, 174	umgekehrt, entgegengesetzt
°направля́ть / напра́вить 8 А, 103	schicken, entsenden
напра́сно 8 Б, 107	vergeblich
наприме́р 1 В, 12	zum Beispiel
наро́д 12 А, 167	Volk
наро́дный 5 Б, 60	Volks-
нас 2 Б, 19	uns
настоя́щий 6 А, 71	echt, wirklich
нау́чный 11 А, 149	wissenschaftlich
находи́ть / найти́ 8 Б, 107	finden
находи́ться 9 В, 126	sich befinden
нача́льный 9 А, 117	Anfangs-, Grund-
начина́ть / нача́ть 7 А, 89	anfangen, beginnen
наш, на́ша, на́ше 4 А, 43	unser
не 1 Б, 9	nicht
°невозмо́жно 9 Б, 119	unmöglich
невысо́кий 4 А, 46	nicht groß

неда́вно 8 А, 101	unlängst, kürzlich	о́бласть (f.) 10 А, 137	(Verwaltungs-)Gebiet
недалеко́ 9 А, 115	nicht weit	обме́н 3 А, 27	Wechsel, Tausch
°недово́лен 5 В, 65	unzufrieden	°обме́ниваться /	austauschen
неде́ля 6 Б, 76	Woche	обменя́ться 11 Б, 153	
незнако́мый 10 А, 135	unbekannt	обменя́ть 3 А, 27	wechseln
°нело́вкий 6 Б, 76	nicht locker, unangenehm	°обнима́ть / обня́ть	umarmen
нельзя́ 6 Б, 73	nicht dürfen	7 Б1, 91	
°нема́лый 12 В, 174	nicht klein, groß	обнима́ться / обня́ться	sich umarmen
не́мец 1 Б, 9	Deutscher	12 В, 174	
неме́цкий 6 Б, 76	deutsch	обраща́ться / обрати́ться	sich wenden
немно́го 10 Б, 139	ein bisschen, etwas	11 В, 158	
немно́жко 10 А, 137	ein wenig	°обща́ться 12 Б, 169	verkehren, kommunizieren
не́мцы (Pl.) 5 Б, 63	(die) Deutschen	о́бщество 6 А, 71	Gesellschaft
°непло́хо 5 Б, 63	nicht schlecht	общи́на 10 А, 137	Gemeinde
неплохо́й 6 А, 69	nicht schlecht	°объедине́ние 5 Б, 63	Vereinigung
°непра́вда 4 Б, 47	(das ist) nicht richtig	объявле́ние 5 А, 55	Mitteilung, Erklärung
неpе́дко 12 В, 174	nicht selten	объясне́ние 2 А, 15	Erklärung
не́сколько 6 В, 78	einige	объясня́ть 3 А, 27	erklären
нескро́мный 12 В, 174	unbescheiden	°объя́тие 10 В, 143	Umarmung, offene Arme
нестаби́льность (f.)	Instabilität	обыкнове́нный 11 А, 151	gewöhnlich, normal
12 А, 165		обы́чно 7 А, 89	gewöhnlich
нести́ 4 Б, 49	tragen	обяза́тельно 8 Б, 105	unbedingt
нет 1 Б, 9	nein	о́вощи (Pl.) 6 Б, 73	Gemüse
°неудо́бно 4 А, 43	unbequem	°огуре́ц 5 Б, 63	Gurke
нигде́ 11 Б, 156	nirgends	оде́жда 5 А, 56	Kleidung
ни́зкий 4 А, 46	niedrig	°одиннадцатиле́тний	elfjährig
ника́к (не) 11 Б, 153	keineswegs	10 А, 137	
никуда́ 9 А, 117	nirgendwohin	одно́ и то́ же 7 А, 89	ein und dasselbe
никто́ (не) 6 Б, 76	niemand	°однодне́вный 9 Б, 123	eintägig
ничего́ 4 Б, 47	nichts	одноко́мнатный 4 В, 52	1-Zimmer-
но 2 А, 16	aber	(одну́) мину́точку 3 Б, 29	einen Augenblick
но́вая 2 А, 16	neue	ой! 2 А, 16	oh!
но́вости 9 Б, 119	Neuigkeiten, *hier:* Nachrichtensendung	окно́ 5 Б, 60	Fenster
		°о́коло (+ Gen.) 5 Б, 63	etwa um, ungefähr
но́вый 6 Б, 73	neu	он 1 Б, 9	er
ночь (f.) 8 Б, 105	Nacht	она́ 1 Б, 9	sie (*3. Pers. Sg.*)
нра́виться / по- 8 Б, 107	gefallen	они́ 2 Б, 19	sie (*3. Pers. Pl.*)
ну 5 Б, 63	nun, na	опа́здывать/опозда́ть	zu spät kommen
ну́жно 10 Б, 140	(es ist) nötig	8 В, 111	
ну́жный 9 В, 126	notwendig, nötig	°опла́чивать / оплати́ть	bezahlen
		9 А, 115	
		определённый 6 А, 71	bestimmt

О

		о́пыт 12 В, 174	Versuch, Erfahrung
о (+ Präp.) 1 А, 8	über, an	о́пытный 11 Б, 156	erfahren
о чём 1 А, 8	woran, worüber	опя́ть 9 А, 115	wieder
о́ба, о́бе (Fem.) 9 А, 117	beide	организо́вывать /	organisieren
обеща́ние 9 Б, 119	Versprechen	организова́ть 11 А, 151	
обеща́ть / по- 9 Б, 119	versprechen	°орло́вцы 11 Б, 156	(die) Orjoler
°обижа́ть / оби́деть	beleidigen	освобожда́ть / освободи́ть	befreien
7 Б2, 96		8 Б, 105	
		осе́нний 12 Б, 169	herbstlich

Словарь

особенно 6 Б, 76	besonders	переходить / перейти 12 Б, 169	(hin)übergehen
особый 12 А, 165	besonderer	песня 6 В, 78	Lied
оставаться / остаться 9 Б, 123	bleiben	петь 5 А, 58	singen
от (+ Gen.) 9 А, 115	von	°пиво 12 Б, 169	Bier
отвечать 2 А, 16	antworten	писатель (m.) 8 Б, 107	Schriftsteller
отвечать / ответить 10 Б, 140	antworten	писать 4 Б, 47	schreiben
отдел 11 В, 158	Abteilung	писать / на- 9 А, 115	schreiben
°отдых 10 А, 137	Urlaub, Erholung	письмо 9 Б, 123	Brief
отдыхать / отдохнуть 7 Б1, 93	ausruhen, sich erholen; Urlaub machen	питание 11 В, 158	Verpflegung
		пить 3 А, 25	trinken
°отключён 9 В, 126	abgeschaltet	°питьевой 10 А, 137	Trink-
откровение 12 Б, 169	Eröffnung	пиши 9 Б, 123	schreib
откровенно 6 Б, 76	offen, ehrlich	плакать 10 А, 135	weinen
открывать / открыть 5 А, 58 / 4 А, 46	öffnen	платить / за- 9 Б, 119	(be)zahlen
		плацкартный вагон 9 А, 115	Liegewagen
открытка 7 А, 89	Ansichtskarte	плохо 4 В, 52	schlecht
открытый 10 В, 143	offen, öffentlich	площадь (f.) 3 А, 27	Platz
откуда? 3 Б, 32	woher?	по (+ Dat.) 2 А, 15	von, nach, über
отлично 7 А, 89	ausgezeichnet	°по поводу 11 Б, 156	anlässlich, bezüglich
отличный 6 А, 71	ausgezeichnet	победа 8 Б, 107	Sieg
отношение 12 В, 174	Beziehung	°поближе 12 А, 167	ein bisschen näher
°отоваривать / отоварить 9 Б, 123	in Waren umsetzen	побывать 11 Б, 156	sich aufhalten
		(мне) повезло 11 В, 158	ich hatte Glück
отправление 5 А, 56	Abfahrt	повесить 5 А, 58	hängen
°официант 6 Б, 73	Kellner	повторять 5 А, 55	wiederholen
очень 1 В, 11	sehr	°повышенный 10 А, 137	erhöht
очередь (f.) 12 В, 174	Reihe, Schlange		
°ощущение 11 Б, 156	Gefühl, Empfindung	поговорить 8 В, 111	sich unterhalten
		под (+ Instr.) 12 Б, 171	unter
П		подарок 4 А, 46	Geschenk
		подготовка 1 А, 7	Vorbereitung
памятник 8 Б, 105	Denkmal	°поделиться 10 В, 143	sich mitteilen
°парень (m.) 12 Б, 169	Kerl, Bursche	поднимать 4 А, 46	hochheben
°партнёрский 11 А, 151	partnerschaftlich	°подписан 12 А, 165	unterschrieben
партнёрство 11 А, 151	Partnerschaft	подрабатывать 5 Б, 63	etwas dazu verdienen
пельмени 12 Б, 171	kleine Teigtaschen mit Füllung	подруга 2 Б, 19	Freundin
		по-другому 12 В, 174	anders
первое знакомство 2 А, 15	erste Bekanntschaft	подсказывать / подсказать 10 В, 143	verraten, vorsagen
первый 6 Б, 73	erster		
°перебивать / перебить 8 Б, 107	unterbrechen	подстаканник 8 Б, 107	Teeglashalter
		°подумать 12 А, 167	einige Zeit nachdenken
перевод 9 А, 117	Übertragung, Übersetzung	°подушка 4 А, 46	Kissen
°переговорный пункт 9 В, 126	Ferngesprächsstelle	подходить / подойти 10 А, 135	heran- / herbeikommen
перед (+ Instr.) 8 Б, 107	vor	поезд 5 А, 55	Zug
°переживать / пережить 7 Б2, 96	sich aufregen; etwas überleben	поездка 9 А, 117	Reise
		поехать 8 Б, 105	(los-)fahren
переодеваться 5 В, 65	sich umziehen	пожалуйста 3 Б, 29	bitte
		°пожилой 11 Б, 153	bejahrt, älter

двести тридцать пять **235**

позволя́ть / позво́лить 8 В, 111	erlauben	посо́льство 12 А, 167	Botschaft
позвони́те (+ Dat.) 5 В, 65	ruft / rufen Sie an	°посошо́к 6 В, 78	das letzte Gläschen vor dem Aufbruch
по́здний 12 А, 167	spät	поста́вить 5 А, 58	stellen
°поздрави́тельный 7 А, 89	Glückwunsch-	поста́рше 7 А, 87	etwas älter
поздравля́ть / поздра́вить 7 А, 87	beglückwünschen	постоя́нно 12 А, 167	ständig, dauernd
°пойма́й! 7 Б2, 96	fang!	°постро́ен 12 А, 165	gebaut
пойти́ 5 В, 65	(los-)gehen	поступа́ть / поступи́ть 11 В, 158	eintreten
пока́ 9 Б, 119	einstweilen, vorläufig	°посу́да 7 Б1, 93	Geschirr
пока́зывать 4 А, 43	zeigen	пото́м 3 А, 25	dann
пока́зывать / показа́ть 8 А, 103	zeigen	потому́ что 5 Б, 60	weil, da
°покида́ть / поки́нуть 11 Б, 156	aufgeben, verlassen	похо́д 10 Б, 140	Wanderung
по-кита́йски 6 Б, 73	chinesisch, auf Chinesisch	похо́жий (на) 11 Б, 153	ähnlich (zu)
покоро́че 7 А, 89	etwas kürzer	почему́? 5 Б, 60	warum?
покупа́ть 5 В, 65	kaufen	почти́ 6 А, 71	fast
по́ле 10 А, 137	Feld	поэ́тому 6 Б, 73	deshalb
°по́лка 5 В, 65	Regal, Fach	прав, -а́ 12 Б, 171	Recht haben
по́лностью 10 Б, 140	vollständig, ganz	пра́вда 10 А, 137	*hier:* wirklich, ehrlich
положе́ние 6 Б, 76	Lage, Zustand	пра́вда 9 Б, 123	Wahrheit
положи́ть / класть 7 Б1, 93	legen	пра́вильно 7 Б2, 97	richtig
получа́ть / получи́ть 8 А, 101	erhalten, bekommen	прави́тельство 9 Б, 123	Regierung
по́льза 11 А, 151	Nutzen	пра́здник 7 А, 87	Feiertag
°поменя́ть 12 В, 174	eintauschen	пра́здничный 7 А, 87	feierlich
помидо́р 5 Б, 63	Tomate	пра́здновать 10 В, 143	feiern
по́мнить 10 А, 135	sich erinnern	предлага́ть / предложи́ть 12 Б, 169	vorschlagen
помога́ть 6 Б, 73	helfen	°предоставля́ть / предоста́вить 10 А, 137	erteilen, zur Verfügung stellen
помога́ть / помо́чь 9 В, 126	helfen	председа́тель (*m.*) 11 Б, 156	Vorsitzende(r)
по́мощь (*f.*) 8 В, 111	Hilfe	представи́тель (*m.*) 8 А, 103	Vertreter, Repräsentant
по-неме́цки 1 Б, 9	auf Deutsch	представле́ние 9 Б, 119	Vorstellung
понима́ние 9 Б, 123	Verständnis	представля́ть / предста́вить 8 Б, 105	vorstellen
понима́ть 1 А, 8	verstehen	прекра́сный 6 В, 78	wunderschön
понима́ть / поня́ть 7 А, 96	verstehen	преподава́тель (*m.*) 5 В, 65	Lehrer (*an höheren Schulen, Hochschulen*)
понима́ю 1 А, 8	(ich) verstehe	преподава́ть 9 А, 117	unterrichten, lehren
попро́буйте 4 Б, 47	versucht / versuchen Sie	при (+ Präp.) 8 Б, 107	bei
попро́ще 10 В, 143	(etwas) einfacher	приве́т 1 А, 8	Gruß; hallo!, grüß dich!
пора́ 6 В, 78	(es ist) Zeit	привози́ть / привезти́ 9 Б, 119	bringen, liefern
°порази́ть / поража́ть 11 Б, 156	einen Schlag versetzen	привыка́ть / привы́кнуть 10 А, 137	sich gewöhnen
по-ру́сски 1 Б, 9	auf Russisch	°привя́зываться / привяза́ться 10 Б, 141	lieb gewinnen, Zuneigung empfinden
поря́док 10 А, 135	Ordnung	пригласи́ть 3 Б, 29	einladen
по́сле (+ Gen.) 7 Б1, 93	nach	приглаша́ть 6 Б, 73	einladen
после́дний 11 Б, 156	letzter		
посмотре́ть 3 А, 25	anschauen, besichtigen		
°посо́льский 12 Б, 171	Botschafts-		

Словарь

приглаше́ние 4 А, 46	Einladung
°приду́мывать / приду́мать 11 В, 158	sich ausdenken, auf die Idee kommen
приезжа́ть / прие́хать 7 Б2, 96	gefahren kommen
приём 12 А, 167	Empfang
принеси́те 6 В, 78	bringt / bringen Sie
принима́ть 3 А, 27	annehmen, empfangen
принима́ть / приня́ть 11 А, 149	nehmen
приноси́ть 5 А, 58	bringen
приня́ть уча́стие (в) 11 А, 149	teilnehmen (an)
°приро́да 6 В, 78	Natur
присыла́ть / присла́ть 10 А, 137	herschicken
приходи́ть / прийти́ 7 Б1, 91	ankommen
причи́на 5 Б, 63	Grund
(о́чень) прия́тно 3 Б, 32	(sehr) angenehm
прия́тного аппети́та! 4 Б, 49	guten Appetit!
прия́тный 12 А, 165	angenehm
про́бовать / по- 8 Б, 107	probieren, versuchen
проверя́ть 5 А, 56	überprüfen, kontrollieren
проводи́ть / провести́ 9 А, 115	verbringen; durchführen
проводни́к 9 В, 126	Zugbegleiter
проводни́ца 5 А, 58	Schaffnerin, Zugbegleiterin
провожа́ть / проводи́ть 10 Б, 139	begleiten
°проговори́ть 12 А, 167	die Zeit verplaudern
продава́ть 6 А, 69	verkaufen
продолжа́ть 6 Б, 76	fortsetzen
продолжа́ться / продо́лжиться 12 Б, 169	andauern, weitergehen
продолже́ние сле́дует 3 В, 34	Fortsetzung folgt
проду́кты 7 Б1, 93	Lebensmittel
°производи́ть / произвести́ 11 Б, 156	erzeugen, hervorrufen
проси́ть / по- 12 Б, 169	bitten
проспе́кт 8 А, 103	(breite Pracht-)Straße
про́сто 5 Б, 63	einfach
просыпа́ться / просну́ться 7 Б1, 91	aufwachen
°профсою́з (профессиона́льный сою́з) 9 А, 115	Gewerkschaft
проща́ние 5 В, 65	Verabschiedung
проща́ть / прости́ть 12 В, 174	verzeihen, vergeben
пусто́й 6 В, 78	leer
°путь (m.) 5 А, 58	Weg; Gleis
°пылесо́с 8 А, 101	Staubsauger
пя́тый 9 А, 117	fünfter

Р

рабо́та 5 Б, 60	Arbeit
рабо́тать 5 Б, 60	arbeiten
рабо́чие (Pl.) 6 А, 71	(die) Arbeiter/innen
равнопра́вный 12 В, 174	gleichberechtigt
рад, -а 12 А, 167	froh sein
°радиа́ция 10 А, 137	radioaktive Strahlung
ра́доваться 12 Б, 171	sich freuen
раз 6 Б, 73	mal
ра́зве …? 1 В, 11	(ist das) etwa …?
разводи́ться / развести́сь 12 В, 174	sich scheiden lassen
разгова́ривать 4 В, 52	sich unterhalten
разгово́р 10 Б, 139	Gespräch
°разговори́ться 12 А, 167	ins Reden kommen
ра́зный 10 Б, 141	verschieden
°разреша́ть 6 А, 71	genehmigen, erlauben
разреша́ть / разреши́ть 10 Б, 139	erlauben
°рай 11 Б, 156	Paradies
райо́н 12 А, 167	Region, Gegend
ра́ньше 5 Б, 60	früher
расписа́ние 5 А, 56	Fahrplan
расска́зывать / рассказа́ть 8 А, 103	erzählen
°рассужда́ть / рассуди́ть 12 В, 174	erwägen, überlegen
расчётный 11 В, 158	Rechnungs-
ре́дко 12 В, 174	selten
река́ 9 А, 115	Fluss
°репута́ция 11 А, 149	(guter) Ruf, Reputation
реша́ть / реши́ть 7 А, 89	entscheiden, lösen
рисова́ть / на- 7 А, 89	zeichnen, malen
рису́нок 7 А, 89	Zeichnung
ро́дина 8 Б, 105	Heimat
роди́тели 7 А, 87	Eltern
ролева́я игра́ 1 В, 13	Rollenspiel
росси́йский 12 А, 165	russisch
рубль (m.) 6 Б, 76	Rubel (*Währung*)
ру́сская 1 Б, 9	russisch; Russin
ру́сские (Pl.) 4 Б, 49	russisch; (die) Russen
ру́сский 4 Б, 49	russisch; Russe

ры́ба 3 В, 34	Fisch	скуча́ть 11 В, 158	langweilen, (sich) sehnen (nach)
°рыба́лка 6 В, 78	Angeln, Fischen	ску́чно 1 В, 11	langweilig
°ры́бное ассорти́ (Pl.) 6 Б, 76	gemischter Fisch	сла́ва бо́гу! 10 А, 137	Gott sei Dank!
°рю́мка 4 Б, 49	Schnapsglas	сле́дующий 12 А, 167	nächst, folgend
ряд 12 А, 165	Reihe	слеза́ 7 Б1, 93	Träne
ря́дом 3 Б, 32	neben	°сли́шком 6 А, 69	zu (sehr)
		сло́во 6 Б, 76	Wort

С

		сло́жно 11 В, 158	schwierig
		сло́жный 10 Б, 141	kompliziert
с (+ Gen.) 6 Б, 76	seit; von ... her	слу́шайте 5 А, 55	hört / hören Sie
с (+ Instr.) 2 В, 22	mit	слу́шать 1 В, 12	hören
с удово́льствием 3 Б, 29	mit Vergnügen, gern	слы́шать / у- 8 Б, 105	hören, vernehmen
сам, -á, -ó 7 Б1, 91	selbst	смета́на 4 Б, 49	saure Sahne
са́ми (Pl.) 4 Б, 47	selbst	смея́ться 6 В, 78	lachen
самолёт 9 А, 115	Flugzeug	смотре́ть 2 Б, 19	anschauen, besichtigen
са́мый 11 Б, 156	selbst	смотри́те 4 Б, 47	schaut / schauen Sie
°сберега́тельный 11 В, 158	Spar-	снача́ла 3 А, 27	zuerst, anfangs
сберка́сса 11 А, 151	Sparkasse	сно́ва 4 Б, 49	von neuem
сва́дьба 11 Б, 153	Hochzeit	°собесе́дница 12 А, 167	Gesprächspartnerin
све́жий 6 Б, 76	frisch	собира́ть / собра́ть 7 А, 89	sammeln; sich aufmachen (etwas zu tun)
свет 5 В, 65	Licht		
свобо́ден, -дна 12 А, 167	frei sein	°собира́ться / собра́ться 12 Б, 169	hier: sich aufmachen
свои́ми глаза́ми 9 А, 117	mit eigenen Augen		
свой, своя́, своё 5 В, 65	sein (eigen)	собо́р 8 Б, 105	Dom, Kathedrale
°свяще́нник 10 А, 137	Priester, Pfarrer	со́бственный 10 А, 137	eigen
(с) ним 8 В, 111	(mit) ihm	соверше́нно 12 В, 174	vollständig, ganz
сдружи́ться 11 Б, 156	sich befreunden	сове́т 6 А, 71	Rat
себе́ (Dat.) 8 Б, 105	sich	совме́стный 11 А, 149	gemeinsam
себя́ 12 Б, 169	sich	совреме́нный 8 Б, 107	modern, zeitgemäß
сего́дня 2 Б, 19	heute	совсе́м 7 Б1, 93	ganz, völlig
седьмо́й 3 В, 34	siebter	°соглаша́ться / согласи́ться 10 Б, 139	zustimmen, einverstanden sein
сейча́с 6 В, 78	gleich, sofort		
°селёдка 12 Б, 171	Hering	сок 3 В, 34	Saft
семья́ 3 Б, 30	Familie	соку́рсник 5 А, 58	Kursteilnehmer
серде́чный 12 В, 174	herzlich	соку́рсница 2 А, 16	Kursteilnehmerin
се́рдце 8 Б, 107	Herz	°соле́ние 12 Б, 171	Eingesalzenes
сере́бряный 8 Б, 107	silbern	сон 9 В, 126	Traum; Schlaf
сестра́ 2 Б, 19	Schwester	соревнова́ние 11 А, 151	Wettkampf
°сеть (f.) 9 В, 126	Netz	соси́ска 7 Б1, 93	Würstchen
°сиби́рский 12 Б, 171	sibirisch	состоя́ться 11 Б, 153	stattfinden
сиде́ть 4 А, 46	sitzen	°сотру́дничать 11 А, 149	zusammenarbeiten
сиди́ 7 Б1, 91	sitz	сотру́дничество 11 А, 149	Zusammenarbeit
си́льный 12 В, 174	stark, kräftig		
сказа́ть 6 Б, 76	sagen	сохраня́ть / сохрани́ть 12 В, 174	bewahren, erhalten
сказа́ться 11 Б, 153	sich auswirken		
ско́лько 3 Б, 32	wie viel	°соцреали́зм 8 Б, 107	sozialistischer Realismus (Kunstrichtung)
ско́лько сто́ит ...? 6 Б, 76	wie viel kostet ...?		
		спа́льный 5 А, 55	Schlaf-
ско́ро 5 А, 58	bald	спа́льня 8 А, 103	Schlafzimmer
ско́рый 5 А, 56	Schnell-	спаси́бо 2 А, 16	danke

Словарь

спать 4 А, 43		schlafen
спектáкль (m.) 8 Б, 107		Schauspiel
°спи́сок 11 А, 149		Liste
спокóйно 7 Б2, 96		ruhig
спорти́вный 11 А, 151		sportlich
°спортсмéн 11 Б, 156		Sportler
спрáшивать 2 А, 16		fragen
спрáшивать / спроси́ть 7 Б1, 93		fragen
°сравни́тельно 5 Б, 60		vergleichsweise, relativ
срáзу 4 А, 46		sofort
среди́ (+ Gen.) 9 Б, 123		inmitten von, unter
срéдний 8 А, 101		Mittel-
стакáн 5 А, 58		Glas
°стáлинский 8 А, 103		Stalin-
станови́ться / стать (+ Instr.) 10 Б, 141		werden
стáнция 5 А, 55		Station, Haltestelle
стáрше 12 Б, 169		älter
стáрший 10 А, 137		älter
°стенд 8 В, 111		Stand
стесня́ться / по- 10 Б, 141		verlegen sein
°стирáльная маши́на 8 А, 101		Waschmaschine
стирáть 7 Б2, 97		(Wäsche) waschen
стихи́ 7 А, 87		Verse, Gedicht
стихотворéние 7 А, 89		Gedicht
стóить 9 А, 117		kosten
стол 3 В, 34		Tisch
°стóлик 8 В, 111		Tischchen
стóлько 6 А, 71		(genau) so viel
сторонá 9 А, 115		Seite
стоя́ть 3 Б, 32		stehen
стóящий 8 Б, 107		lohnend
странá 9 А, 117		Land
стрáнный 10 А, 137		merkwürdig
странове́дческий спрá-вочник (спрáвка) 2 А, 17		landeskundliches Wörterbuch
стрáшно 10 А, 137		furchtbar, unheimlich
стр. (страни́ца) 5 А, 58		(Buch-)Seite
строи́тельный 12 А, 165		Bau-
сты́дно 9 Б, 123		peinlich, beschämend
суббóта 8 Б, 107		Samstag
суп 2 А, 15		Suppe
супрýга 12 В, 174		Gattin
°сýтки (Pl.) 9 А, 115		24 Stunden, Tag und Nacht
°существовáть 11 А, 149		existieren, vorhanden sein
счёт 10 Б, 141		Rechnung
считáть 6 Б, 76		zusammenrechnen, zählen
сын 3 Б, 30		Sohn
сыр 4 Б, 49		Käse
сюдá 9 Б, 123		hierher
сюрпри́з 5 В, 65		Überraschung

Т

так 1 В, 12		so
такóй 3 В, 34		solch ein
там 1 В, 12		dort
°твóрческий 11 Б, 153		schöpferisch
театрáл 11 Б, 153		Theaterliebhaber
тебé 5 Б, 60		dir
тебя́ 2 А, 15		dich
°телеви́дение 11 Б, 156		Fernsehen
телеви́зор 5 Б, 63		Fernseher
тем 5 В, 65		damit
тепéрь 5 Б, 60		jetzt
теплотá 12 В, 174		Wärme
ти́хо 6 Б, 76		leise
то … то 7 Б1, 93		bald … bald
тогдá 3 Б, 32		dann
тóже 1 В, 12		auch
тóлько 3 В, 34		nur
°торговáть 8 Б, 107		handeln, feilschen
торгóвый 8 Б, 107		Handels-
тот, та, то 10 А, 137		dieser, jener
тóчно 10 В, 143		genau
трéтий 7 А, 89		dritter
°треть (f.) 5 Б, 63		Drittel
°трóе 9 А, 115		drei
трóнут 7 Б1, 93		gerührt (sein)
трýдно 5 Б, 60		schwierig
трýдный 5 Б, 60		schwierig
тудá 8 Б, 105		dorthin
тут 11 Б, 156		hier, da
ты 1 В, 11		du
°тянýть 12 Б, 169		schleppen, ziehen

У

у (+ Gen.) 4 А, 43		bei, an
убирáть / убрáть 7 Б1, 93		aufräumen, sauber machen
°увéрен 12 В, 174		überzeugt sein
уви́деться 9 Б, 123		sich wiedersehen
увлечённо 12 Б, 171		hingerissen

уво́лить 6 А, 71	entlassen	холоди́льник 7 Б1, 93	Kühlschrank
уезжа́ть / уе́хать 10 Б, 141	wegfahren	°хо́ром 7 Б1, 93	im Chor
°у́жас 12 Б, 169	Entsetzen, Grauen	хоро́ший 6 А, 69	gut
ужа́сно 7 Б2, 96	schrecklich	хорошо́ 2 А, 16	gut
уже́ 3 В, 34	schon, bereits	хоте́л (m.) 7 Б2, 96	(ich) wollte
у́жин 3 В, 34	Abendessen	(мне) хоте́лось 10 А, 137	ich wollte gerne
у́жинать / по- 6 Б, 73	zu Abend essen	хоте́ть 6 А, 71	wollen
у́лица 2 В, 22	Straße	хоте́ться 10 А, 135	etwas gerne wollen
улыба́ться / улыбну́ться 7 Б1, 93	lächeln	хоть 5 В, 65	sogar, wenigstens
уме́ние 8 Б, 107	Fähigkeit, Vermögen	°хотя́ 6 А, 69	obwohl
°уника́льный 8 В, 111	einzigartig	(мне) хо́чется 10 А, 135	ich möchte gerne
упако́вывать 5 А, 56	einpacken	худо́жник 8 В, 111	Künstler
уро́к 1 А, 7	Lektion, Unterrichtsstunde	ху́же 5 Б, 60	schlechter
успе́шно 8 А, 103	erfolgreich		
уступа́ть / уступи́ть 8 В, 111	hier: nachlassen, billiger verkaufen	**Ц**	
°уступа́ть / уступи́ть 12 В, 174	nachgeben	цветы́ (Pl.) 7 А, 89	Blumen
у́тро 7 Б1, 93	(der) Morgen	°целова́ться / по- 7 Б1, 93	sich küssen
у́тром 3 А, 25	morgens	це́лый 7 Б1, 93	ganz
°утю́г 8 А, 103	Bügeleisen	цена́ 8 Б, 107	Preis
уходи́ть / уйти́ 7 Б1, 93	weggehen	цент 6 В, 76	Cent (*Währung*)
уча́стие 11 А, 149	Anteil, Teil	церко́вный 10 А, 137	kirchlich
уча́стник 11 Б, 156	Teilnehmer		
уче́бник 9 Б, 123	Lehrbuch	**Ч**	
уче́бный 11 А, 149	Lehr-, Unterrichts-	чай 4 Б, 49	Tee
учени́к 7 А, 89	Schüler	час 5 В, 65	Stunde
учени́ца 11 Б, 156	Schülerin	части́чно 8 В, 111	teilweise
учи́лище 8 Б, 107	Lehranstalt, Fachschule	ча́стный 12 Б, 171	privat, Privat-
учи́тель (m.) 9 Б, 119	Lehrer	ча́сто 9 Б, 123	oft, öfters
учи́тельница 7 А, 89	Lehrerin	часть (f.) 10 Б, 141	Teil
учи́ть 5 Б, 60	lernen; lehren	чек 9 Б, 123	Scheck, *hier:* Kupon
учи́ть / вы́- 7 А, 89	(auswendig) lernen	челове́к 6 А, 71	Mensch, Person
учи́ться / на- 9 Б, 123	lernen	челове́ческий 12 В, 174	menschlich
ую́тно 4 В, 52	gemütlich	чемода́н 5 А, 56	Koffer
		чем 5 Б, 60	womit?; als (*Vergleich*)
Ф		че́рез (+ Akk.) 9 А, 117	über, durch; nach
фами́лия 2 А, 15	Familienname	°че́тверо 10 А, 137	vier
францу́зский 8 А, 103	französisch	четвёртый 9 В, 126	vierter
°францу́зы (Pl.) 5 Б, 63	(die) Franzosen	°четырёхко́мнатный 4 В, 52	4-Zimmer-
		чи́стый 5 Б, 63	sauber, rein
Х		чи́стыми 8 А, 103	*hier:* (rein) netto
хвата́ть / хвати́ть 9 Б, 123	reichen, genügen; ergreifen	чита́ть / про- 2 Б, 19	lesen
хлеб 6 Б, 76	Brot	член 11 А, 149	Mitglied
		°чо́каться / чо́кнуться 12 Б, 171	anstoßen (mit)
		что 1 А, 8	was; dass
		что́бы 10 Б, 139	um zu, damit

Словарь

что́-то 8 Б, 107	irgendetwas
чу́вство 10 А, 137	Gefühl
чу́вствовать / по- (себя́) 10 Б, 139	(sich) fühlen
°чу́до 4 Б, 49	Wunder
чужо́й 10 В, 143	fremd

Ш

°шахтёр 9 Б, 119	Bergarbeiter, Bergmann
шесто́й 8 А, 103	sechster
шко́ла 5 Б, 60	Schule
шко́льный 7 А, 87	Schul-
шко́льник 11 А, 151	Schüler
°шу́ба 12 Б, 171	Pelzmantel

Щ

щи 2 А, 15	Kohlsuppe

Э

экскурсово́д 8 А, 103	Fremdenführer
э́та 2 А, 16	diese
э́то 1 В, 11	das (ist), dies (ist)
э́тот, э́та, э́то 5 Б, 60	dieser

Я

я 1 А, 8	ich
я́блоко 5 Б, 60	Apfel
язы́к 5 Б, 60	Sprache; Zunge
языково́й 11 В, 158	sprachlich, Sprach-
°яи́чница 6 Б, 76	Rührei
я́сно 10 Б, 141	klar

Internationale Wörter

А
абсолю́тно
аванга́рд
автобиогра́фия
автоба́н
авто́бус
автомоби́ль
автомоби́льный
а́втор
а́дрес
аккордео́н
аккура́тный
акти́вный
акционе́рный
а́кция
алло́
алфави́т
альбо́м
альпини́стский
америка́нский
америка́нцы
анахрони́зм
анекдо́т
анса́мбль
апельси́н
аппети́т
аргуме́нт
архите́ктор
ателье́
а́томный

Б
балала́йка
бале́т
бана́льный
бана́н
банк
банкома́т
бар
барье́р
баскетбо́л
бензи́н
библиоте́карь
бизнесме́н
биле́т
билья́рдный
биогра́фия

бистро́
блока́да
бри́финг
буке́т
бундеста́г
бургоми́стр
бутербро́д
бути́к
бухга́лтер
бухгалте́рия
бюдже́т
бюро́

В
ваго́н
валю́та
валю́тный
вани́льный
вариа́нт
вестибю́ль
видеокассе́та
визи́т
визи́тка
витри́на
во́дка
волейбо́л
волейболи́ст

Г
галере́я
геогра́фия
ге́тто
гимна́зия
гита́ра
гороско́п
грамма́тика
гру́ппа
гуманита́рный

Д
да́та
деклара́ция
депута́т
десе́рт
дета́ль
детекти́в
джаз

диало́г
дива́н
дие́та
дире́ктор
диплома́т
диску́ссия
до́ллар
доце́нт
драмати́ческий
драмтеа́тр

Е
е́вро

Ж
журна́л
журнали́ст

З
зал

И
иде́я
идио́т
и́мпорт
индивидуа́льность
инжене́р
инициати́ва
институ́т
интервью́
интере́с
интере́сно
интерна́т
интерье́р
информа́ция
иро́ния
исто́рия

Й
йогу́рт

К
календа́рь
кампа́ния
кана́л
ка́рта
карусе́ль

карье́ра
ка́сса
кассе́та
катало́г
катастро́фа
кафе́
квадра́тный
килогра́мм
киломе́тр
кино́
кинотеа́тр
класс
кла́ссика
класси́ческий
клие́нт
код
ко́ка ко́ла
кокте́йль
колле́га
комбина́т
комите́т
компа́кт-диск
комплиме́нт
компью́тер
конди́терская
конкре́тно
конкре́тный
конкуре́нция
консервато́рия
ко́нсульство
конта́кт
контраба́с
конфере́нция
конфе́та
конце́пния
конце́рн
конце́рт
коридо́р
корреспонде́нт
костю́м
ко́фе
кран
креди́тный
крем
кри́зис
крите́рия
кри́тика

критиковáть
кроссвóрд
кулинáрный
культýра
купé
курóрт
курс

Л
лáгерь
лáмпа
легéнда
лексикóн
лимóн
лимузи́н
литератýра
литр
лифт

М
мáма
маркéтинг
мáршал
матемáтика
материáл
мéнеджер
мéнеджмент
металлýрг
металлурги́ческий
метрó
миллиóн
минерáльный
ми́нус
минýта
мóда
модéль
мýзыка
музыкáльный
музыкáнт
мю́зикл

Н
национáльность
национáльный
неакти́вный
непрофессионáльный
нерентáбельно
нестаби́льность
нóмер
нормáльно
нормáльный

О
олимпиáда
óпера
оптими́ст
организациóнный
организáция
óрден
оригинáльный
ориенти́роваться
оркéстр
официáльный

П
пакéт
пáника
пантоми́ма
пáпа
парáд
парикмáхерская
парк
партнёр
пáспорт
пассажи́р
пасси́вный
патриóт
педанти́чный
пéйджер
пенсионéр
пéнсия
перестрóйка
перспекти́ва
пи́цца
план
плани́ровать
пластили́н
плюс
поли́тик
поп-мýзыка
популя́рный
портрéт
потенциáл
поэ́т
прáктика
практиковáться
премьéра
пресс-конферéнция
прести́ж
прести́жный
проблéма
прогрáмма
программи́ст

продýкт
проéкт
прóза
протестáнтский
протокóл
профéссия
профессионали́зм
профессионáльный
профéссор
прóфиль
процéнт
пýблика

Р
рáдио
радиоакти́вный
ракéта
реаги́ровать
реáктор
реали́зм
реáльность
революция
региóн
регуля́рный
режиссёр
результáт
рéйнский
реклáма
реклáмный
реконструи́рован
репортáж
ресторáн
рефóрм
рецéпт
рок-грýппа
рок-концéрт
роль
ромáн
романти́ческий
романти́чно
романти́чный
рюкзáк

С
салáт
сати́рик
сберкáсса
сексóлог
сексуáльно
секýнда
семинáр

серви́ровать
си́мвол
симпати́чен
симпати́ческий
симпати́чный
симфони́ческий
систéма
ситуáция
социáльный
соцреали́зм
спектáкль
специали́ст
специáльный
спорт
спортзáл
спорти́вный
стаби́льность
сталь
стандáрт
стати́стика
стереоти́п
стоп
студéнт
сýмма
сувени́р
схéма

Т
такси́
талáнтливый
тáнец
теáтр
театрáльный
текст
телефóн
телефóнный
тéма
температýра
тéннис
террито́рия
тест
тéхника
технологи́ческий
ток-шóу
торт
тост
трагéдия
традициóнный
тради́ция
трáнспорт
туалéт

тури́зм
тури́ст

У
уик-э́нд
универса́льный
университе́т

Ф
факс
факт
факти́чески
федера́ция
филармо́ния
филиа́л
филосо́вствовать
фильм
фина́нсовый
фина́нсы

фанта́зия
фи́рма
фле́йта
фойе́
фонта́н
фо́рма
фо́то
фотоаппара́т
фото́граф
фотогра́фия
фру́кты
футбо́л
футболи́ст

Х
хара́ктер
хи́мик
хо́бби
хокке́й

холл
хруста́льный

Ц
цент
центр
центра́льный
цертифика́т
цирк
ци́фра

Ш
шампа́нское
шарм
шашлы́к
шеф
шика́рный
шокола́д
шофёр

Э
экзо́тика
экологи́ческий
эконо́мика
экономи́ст
экску́рсия
экспре́сс
электро́нная по́чта
эли́тный
энтузиа́зм
эроти́ческий
эта́ж

Ю
юри́ст

Я
япо́нцы
я́хта

Eigennamen

Weibliche Vornamen

А́лла
А́нна
Антони́на
Валенти́на
Ве́ра
Ве́рочка
Гали́на
Да́ша
Екатери́на
Еле́на
Жа́нна
Жа́нночка
Зинаи́да
Зо́я
И́нна
Ири́на
Катю́ша
Ка́тя
Ле́на
Ле́ночка
Лю́да
Людми́ла
Лю́дочка
Ма́йя
Мари́на
Мари́я
Ма́ша
Наде́жда
На́дя
Ната́лья
Ната́ша
Ни́на
Окса́на
О́лечка
О́льга
О́ля
Раи́са
Ри́та
Ро́за
Са́ша
Све́та
Светла́на
Тама́ра
Та́нечка
Та́ня
Татья́на

Männliche Vornamen

Алекса́ндр
Алексе́й
Анато́лий
Андре́й
Анто́н
Бори́с
Валенти́н
Ва́ня
Васи́лий
Ви́ктор
Вита́лий
Влади́мир
Воло́дя
Вячесла́в
Гео́ргий
Гри́ша
Дании́л
Дени́с
Ди́ма
Ди́мочка
Дми́трий
Ефи́м
Его́р
Евге́ний
Ива́н
Игорёк
И́горь
Макси́м
Мара́т
Михаи́л
Ми́тя
Ники́та
Никола́й
Оле́г
Па́вел
Па́влик
Пётр
Са́ша
Семён
Серге́й
Серёжа
Сла́ва
Стас
Фёдор
Ю́ра
Ю́рий

Familiennamen

Бо́ндар
Бочко́в
Бруско́в
Во́лков
Заболо́тский
Засла́вский
Гера́симов
Горшко́в
Кисляко́в
Клочко́в
Кличе́нко
Ильи́н
Коле́сников
Курнако́в
Ку́ликов
Митрофа́нов
Митро́хин
Но́здрин
Смирно́в
Соколо́в
Соловьёв
Удальцо́в
Уре́цкий
Филли́пов
Че́рников

Geographische Namen

Абака́н
А́льпы
Аме́рика
А́нглия
Ба́ли
Белору́ссия
Берли́н
Вала́вск
Ватика́н
Волгогра́д
Герма́ния
ГДР
Го́мельская о́бласть
Гри́мма
Дре́зден
Дю́ссельдорф
Евро́па
Еги́пет
Еле́ц
Ива́ново
Изма́йлово
Испа́ния
Ирку́тск
Ита́лия
Калинингра́д
Кана́ры
Ке́мерово
Кёльн
Кита́й
Красноя́рск
Ленингра́д
Ли́пецк
Майо́рка
Минуси́нск
Москва́
Мю́нхен
Ни́жний Но́вгород
Новосиби́рск
о́зеро Байка́л
Орёл
Оффенба́х
Пари́ж
Пермь
Рейн
Росси́я
Ро́сток
Саксо́ния
Сама́ра
Санкт-Петербу́рг
Сара́тов
Сиби́рь
СССР
Су́здаль

США
То́мск
Украи́на
Фра́нкфурт-на-Ма́йне
Фра́нция
ФРГ
Фри́дрихсдорф
Черно́быль
Черноголо́вка
Шварцва́льд
Э́йзенах
Япо́ния

Sonstige Namen

Абра́у Дюрсо́
А́льфа Ро́мео
Анто́новка
АЭС
Большо́й теа́тр
Бош
Во́лга

ВАЗ
ГАЗ
Горизо́нт
ГТК РФ
ГУМ
Дя́дя Ва́ня
Жигули́
За́падно-Сиби́рский МК
Исааки́евский собо́р
КамА́З
Кра́сная пло́щадь
Кремлёвский дворе́ц
Кремль
Кузне́цкий МК
Лебеди́ное о́зеро
Ле́нинский проспе́кт
Ли́пецкий МК
Магнитого́рский МК
Макдо́налдс
Ма́лый теа́тр
Мари́инский теа́тр

Мане́жная пло́щадь
Мосфи́льмовская ул.
музе́й Маяко́вского
Москви́ч
на́бережная Шевче́нко
Не́вский проспе́кт
Нижнетаги́льский МК
НЛМК
Новоли́пецкий МК
Огонёк
ОКА́
О́пель
Павеле́цкий вокза́л
пе́нтиум
перестро́йка
Петропа́вловская кре́пость
Покло́нная гора́
рестора́н Были́на
рестора́н Центра́льный
Сиби́рский цирю́льник

Си́менс
Снегу́рочка
ст. Калу́жская
ст. Кита́й-го́род
ст. Третьяко́вская
Тверска́я у́лица
теа́тр им. Ермо́ловой
теа́тр Совреме́нник
Тита́ник
УАЗ
ул. Бу́нинская
ул. Во́лгина
ул. Пятни́цкая
Фе́никс
Фиа́т
храм Христа́ Спаси́теля
ЦУМ
Ча́йка
Шереме́тьево
Шпи́гель
Щепкинское учи́лище
Эрмита́ж

Quellenverzeichnis

Der Verlag dankt den folgenden Personen und Institutionen – soweit sie erreicht werden konnten – für die freundliche Genehmigung zum Abdruck von Copyrightmaterial. Für weitere Hinweise sind wir dankbar.

S. 3, Fotos: Zeller (Offenbach); S. 10 re, Foto: Bauer-Negenborn (Weßling); S. 31, Foto: Zeller (Offenbach); S. 35, Realie: © Ruz Co. (Moskau); S. 36, Realien: © Tovary i ceny (Moskau); S. 37, Lied (Musik + Text): Makarewitsch/Grebenstschikow, © Sintez Records, 1997 (Moskau); S. 44 mi, Foto: Bauer-Negenborn (Weßling); S. 57/58, Fotos: Zeller (Offenbach); S. 67, Lied (Musik + Text): Sneshinaja/Pugatschowa, © Extraphone, 1998 (Moskau); S. 69/70/85, Anzeigen: © Argumenty i fakty (Moskau); S. 73, Foto: Zeller (Offenbach); S. 74/80, Realien: © Jolki-palki (Moskau); S. 78, Cartoon: © Moskowskij komsomolez (Moskau); S. 99/184, Anzeigen: © Rasguljaj (Moskau); S. 105, Fotos (außer li): Bauer-Negenborn (Weßling); S. 105 li, Foto: © Aurora Art Publishers (Leningrad/Sankt Petersburg); S. 112, Anzeigen: © Vasch dosug (Moskau); S. 127/149/161/165, Texte (vereinfacht): © Moskowskaja Nemezkaja Gaseta (Moskau); S. 133, Text (Aleksandr Busin, gekürzt) + Anzeigen: © Moskowskij komsomolez (Lipezk); S. 133, Video: © Nowye knigi, 26/1999 (Zürich); S. 139, Anzeigen: © 7 dnej, 34/1998 (Moskau); S. 140, Foto: Zeller (Offenbach); S. 142, Anzeigen (außer unten li): © 7 dnej, 34/1998 (Moskau); S. 142 unten li, Anzeige: © Vasch dosug, 16/157 (Moskau); S. 145, Realie: © Moskowskij komsomolez, 2/7/2000 (Moskau); S. 147, Foto: Zeller (Offenbach); S. 147, Lied (Text + Musik): Mintjaev, © Studio Retro (S+R), 2000 (Moskau); S. 163, Lied (Text + Musik + CD-Cover): Maschina vremeni, © Sintez, 1993 (Moskau); S. 179, Lied (Text + Musik + CD-Cover): Alla Pugatschowa, © Studio Sojuz, 1995 (Moskau); S. 248/U3, Landkarten: © Drofa/DiK, 1999 (Moskau)

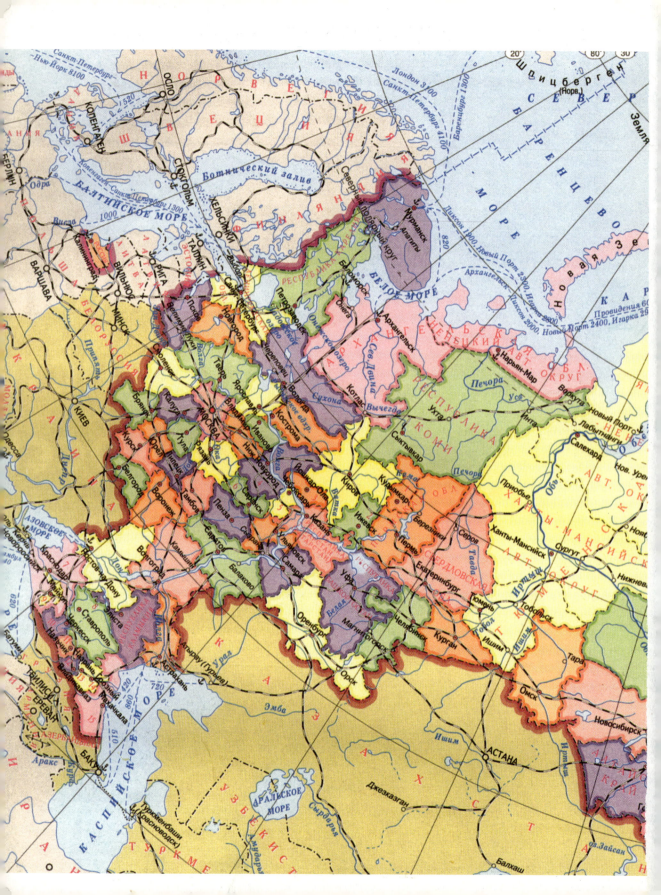